旭日·中国文化丛书

经史之间

中国古典学论集

周春健 著

CBCCI

中山大學

禅宗与中国文化研究院

Chan Buddhism and Chinese Culture Institute

•SUN YAT-SEN UNIVERSITY•

巴蜀书社

图书在版编目(CIP)数据

经史之间:中国古典学论集/周春健著.—成都:巴蜀书社,2018.2

ISBN 978-7-5531-0921-3

Ⅰ.①经… Ⅱ.①周… Ⅲ.①经学—文集 ②史学—中国—文集 Ⅳ.①Z126-53②K092-53

中国版本图书馆CIP数据核字(2017)第322791号

经史之间

——中国古典学论集 周春健 著

责任编辑 李 蓓
出　　版 巴蜀书社
　　　　 成都市槐树街2号 邮编610031
　　　　 总编室电话:(028)86259397
网　　址 www.bsbook.com
发　　行 巴蜀书社
　　　　 发行科电话:(028)86259422 86259423
经　　销 新华书店
照　　排 成都完美科技有限责任公司
印　　刷 四川五洲彩印有限责任公司
版　　次 2018年2月第1版
印　　次 2018年2月第1次印刷
成品尺寸 250mm×175mm
印　　张 24
字　　数 340千
书　　号 ISBN 978-7-5531-0921-3
定　　价 76.00元

题　辞

时光如水，逝者如斯！自武汉徙居岭南，倏忽已逾八载。广州城市空气的自由与包容，中大校园环境的别致与优雅，哲学系学术节奏的紧张与国际化，是我人生中美好的相遇。

由于原来所学不出文史，对于哲学毫无素养，故而在 2009 年承乏中大哲学系讲席后，便十分努力地向身边前辈求教。然因个人资质愚钝，始终无法悟得哲学精义，甚至一度出现“邯郸学步”之窘境，情绪曾经颇为低落。

所幸有周围师友的鼓励与提携，自己亦慢慢重拾信心。中大八年，逐渐形成较为明确的三个学术研究方向：一为四书学，一为诗经学，一为文献学。奉献给读者诸君的这部小书，便可算作中大八年读书问学的一个阶段性总结。书中收录近年来所撰学术论文 17 篇，厘为三组，依照“诗经学研究”、“辽金元四书学研究”、“文献学研究”之次序排列。为了方便读者把握大要，于每篇之前，均撰写了简短提要。

书名题为“经史之间”，用意有二。从内容上讲，无论诗经学、四书学还是文献学，题材所涉均为经、史。从方法上论，个

人对于经学问题的研究，往往采取古典史学的角度；对于史学问题的研究，往往站在传统经学的视野。在研究过程中，有意识地关注经史之间的关联与张力，虽名“之间”，其实却是试图展现传统经史之学的“合一”。至于副标题的“中国古典学论集”，一方面是为了呼应五年前我的第一本论文集《经史散论——从现代到古典》，表明个人的古典学转向；另一方面，近年在学术研究过程中，也试图尽力体现葆养古典文明的古典学特色，本书正可算一点尝试。

本书诸文的写作与发表，曾经得到刘小枫师、陈少明师、杨海文师、梁涛师、陈静师、罗传芳师、聂运伟师、罗萍师、秦燕春师、彭彦华师、肖永明师、徐道彬兄等诸位师友的指点与提携，在此谨致以诚挚谢意！

2014 年底，由中大哲学系资深教授冯达文先生任院长的“中山大学禅宗与中国文化研究院”正式成立，并计划推出“旭日·中国文化丛书”。蒙研究院学术委员会不弃，允准将拙稿列入其中出版，不胜荣幸！拙稿在出版过程中，亦曾得到上海师大石立善兄的帮助，在此表示衷心感谢！

“日月忽其不淹兮，春与秋其代序。”读书治学，总在路上，未来的日子里，惟愿在追索中继续前行！

周春健

丁酉蒲月于中大“习之堂”

目　　录

经
史
之间
JING SHI ZHI JIAN

经 史 之 间
经 史 之 间

诗经学研究

《周南·螽斯》诗教义发微[①]

提要：《毛诗序》对《周南·螽斯》诗教义所作阐说，在经学时代发挥了最为重要的作用。后世经师有反序派、尊序派，对《诗序》的理解并不一致，讨论主要围绕“后妃不妒”和“子孙众多”两个关键词展开。汉郑玄、唐孔颖达等笺疏《诗序》，认为《螽斯》讲“后妃不妒，若螽斯不妒”；宋代“反序派”欧阳修、朱熹等认为《螽斯》讲“后妃不妒，非螽斯不妒”；南宋“尊序派”范处义、张纲等认为《螽斯》讲“由螽斯不妒，而后妃不妒”；又有经师认为《螽斯》讲“非螽斯不妒，非后妃不妒”；今文《韩诗》则认为《螽斯》表现的不仅在于子孙之“多”，更在于其“贤”，所谓“母教圣善，不止不妒而子多”。然而如上诸家，都未从根本上颠覆《毛诗序》之说。“借问中宫谁作范，千秋宜把后妃师”，《螽斯》后世诗教之用多与宫闱相关，且关乎皇室安宁、子孙昌大之“国家大事”，背后蕴藏着深刻的政治意义。“现代诗学”反对《毛诗序》，提倡在“就诗论诗”原则指导下解诗，固然凸显了其文学价值，然实未得“诗经”之

① 本文发表于《中山大学学报》（社会科学版）2011年第2期。

本相，与“古典诗学”相去甚远。

引　子

尽管在古典时期即有不少学者竭力反对《毛诗序》[①]，但自汉代以来[②]，由《诗序》文字所承担的《诗》的风教意义，无疑在中国古代社会发挥着最为重要的作用。“儒家在品质上是政治哲学”[③]，这话说得很到位。《诗》作为儒家经典之一，在长达两千余年的经学时代，也正是主要在政治领域侑助帝王移风易俗，治国安邦。换句话说，《诗》学在经学社会，一直占据着一种“王官学”的政治地位。洞悉这一史实，不惟对于理解“古典诗学”至关重要，而且对于认识整个经学时代，也是一个必要的前提。

然而自现代以来，受“新文化运动”的影响，人们对儒家学说猛烈抨击，视同洪水。对待学术传统，不是扬弃，而是断绝。比如就《诗经》研究而言，郑振铎先生即称：

---

① 在宋代“疑经”思潮下，诸多学者对《诗序》提出了强烈异议，如宋人朱鉴《诗传遗说》卷二云：“《诗》本易明，只被前面《序》作梗。《序》出于汉儒，反乱《诗》本意。且只将四字成句底诗读，却自分晓。”又，宋人杨简《慈湖诗传·自序》云：“《诗》之有《序》，如日月之有云，如鉴之有尘，学者愈面墙矣。观《诗》者，既释训诂即咏歌之，自足以兴起良心。虽不省其何世何人所作，而已剖破正面之墙矣。”又，宋人章如愚《群书考索·别集》卷七云：“《诗序》之坏《诗》，无异《三传》之坏《春秋》。然《三传》之坏《春秋》而《春秋》存，《诗序》之坏《诗》而《诗》亡。”

② 关于《毛诗序》的形成与作者，大致有三种不同观点：其一认为《诗序》成于先秦；其二认为《诗序》出于汉儒；其三认为《诗序》“首序”（即每篇开头一句）成于先秦，“续序”（即每篇首句之后文字）为汉儒增补。故本文暂从汉代说起，汉代也是经学的昌明与极盛时代。参冯浩菲：《历代诗经论说述评·关于诗序》，北京：中华书局，2003年。

③ 刘小枫：《儒教与民族国家·前言》，北京：华夏出版社，2007年。

> 《诗经》也同别的中国的重要书籍一样，久已为重重叠叠的注疏的瓦砾把他的真相掩盖住了。……我们要研究《诗经》，便非先使这一切压盖在《诗经》上面的重重叠叠的注疏、集传的瓦砾爬扫开来，而另起炉灶不可。……在这种重重叠叠压盖在《诗经》上面的注疏、集传的瓦砾里，《毛诗序》算是一堆最沉重最难扫除而又必须最先扫除的瓦砾[①]。

应当说，郑振铎先生是从探求《诗》本义的角度说这番话的，而且在当时的社会背景下，也有其历史“正当性”。糟糕的是，他所提供的“扫除《毛诗序》”的处理方式失于武断，以至于直到今天，“就诗论诗”逐渐成为解说《诗经》的主要原则[②]。《诗经》的文学意义固然得到大力彰显[③]，但同时带来的，却是《诗经》经学意义的排斥与失落。现代再谈起《诗经》，为数不少的读者乃至研究者，都会斥《毛诗序》为“用穿凿附会、比附书史的方法曲解诗义，宣扬封建教化观点”[④]，甚至对之不予理睬。如此一来，便把经学传统也丢掉了。用蒋庆先生的话说，现在的《诗经》研究，很大程度上“犯了‘五四’以来中国学人打破

---

① 郑振铎：《读毛诗序》，《郑振铎全集》第四卷《中国文学研究》（上），石家庄：花山文艺出版社，1998年，第3—6页。

② 参程俊英、蒋见元：《诗经注析·序言》，北京：中华书局，1991年，第1页。

③ 今人刘毓庆《从经学到文学——明代诗经学史论·自序》称：“《诗经》学从汉唐迄宋元的一千多年间，都迷失在了经学与理学的迷雾之中，只有明代《诗》学走出了这迷雾，寻回了自己的路。……明代‘诗经学’是《诗经》研究史上一个重要的阶段，而且是自汉迄清的两千多年间，唯一恢复《诗经》本貌，对其进行文学研究的一个时代。”（北京：商务印书馆，2001年，第15、19页）但是明代科举考试，依然“《诗》主朱子《集传》”（《明史·选举志二》），而《诗集传》在总体倾向上依然“尊序”，《诗经》社会作用的发挥依然是经学的。

④ 夏传才：《诗经研究史概要·宋学诗经研究中的几个问题》，郑州：中州书画社，1982年，第135页。

‘家法’进而不懂‘家法’的通病”①。这一研究格局，是发人深省的。

由此，站在今天，我们应当抱持一种尊重历史的态度，努力探求《诗经》这部经典在历史上的实际影响。在笔者看来，这才是真正接通中国古典并焕发其现代青春的唯一途径。以往常常呼吁，要坚决摒弃《毛诗序》，追索《诗经》的“本相”。诚然，《毛诗序》所解《诗》义，与《诗》之本义或许有所区别，这是“诗本义”和“经学义”的差别问题，容笔者另文再论。问题在于，《毛诗序》阐释系统下的《诗经》面目，也代表着《诗经》历史长河中的一段“本相”。而这段历史，为现代诸多学者所竭力排斥。而我们实际要做的，其实首先应该把《毛诗序》所代表的这段历史弄清楚，再说批判的话②。如此主张，倒不是像有的学者所提倡的那样要“重建儒学王官学”，而更有一点“重启古典诗学”以及“建设中国的古典学”③ 的意味。在这一点上，《周南·螽斯》一诗诗教义的阐说，可以作为一个很好的案例。

在今本《毛诗》系统中，《螽斯》是《周南》的第五篇，共三章，章四句。诗云：

螽斯羽，诜诜兮。宜尔子孙，振振兮。
螽斯羽，薨薨兮。宜尔子孙，绳绳兮。

---

① 蒋庆：《当今儒学存在的问题》，“中山大学高等人文研究院儒学中心讲座讲演稿”，2010 年 4 月 9 日。

② 柯小刚先生《“五四”九十年古今中西学术的变迁与今日古典教育的任务》一文称：“‘五四’的时候，无论坚持传统文化的保守派还是提倡各种新潮主义的新文化健将，普遍有良好的中国古典学养。……今天谈传统文化的复兴，首要的任务很可能不是反思批判‘五四’的反传统立场，而是老老实实补课，补中国古典学养的课。”（氏著：《道学导论（外篇）》第六章）窃以为，反思批判“五四”的反传统立场，与补中国古典学养的课，不妨同时进行。

③ 参刘小枫：《重启古典诗学》，北京：华夏出版社，2010 年。

螽斯羽，揖揖兮。宜尔子孙，蛰蛰兮。

《毛诗序》解题曰："《螽斯》，后妃子孙众多也。言若螽斯不妒忌，则子孙众多也。"对于这段文字，自汉至清，历代学者解说分歧并出，各各不一。梳理各家之说，可以帮助我们认识《螽斯》一诗在经学时代诗教义的呈现与发挥。

在《毛诗序》的这段解说中，有两个关键词值得关注：一是"不妒忌"，一是"子孙众多"。接下来的讨论，便主要围绕这两个关键词展开。

后妃不妒，若螽斯不妒

《螽斯》解题文字，通常的读法是："《螽斯》，后妃子孙众多也。言若螽斯不妒忌，则子孙众多也。"言下之意，是说后妃之所以子孙众多，是因为后妃不妒，就像螽斯生性不妒一样，即所谓"后妃不妒，若螽斯不妒"。毛亨之《故训传》是不给《毛诗序》作解的[①]。郑玄《毛诗传笺》在对《诗》文本的笺释中对《诗序》作了解说。于首章"螽斯羽，诜诜兮"句下，郑氏云："凡物有阴阳情欲者，无不妒忌，维蚣蝑不耳。各得受气而生子，故能诜诜然众多。后妃之德能如是，则宜然。"于"宜尔子孙，振振兮"句下，郑氏云："后妃之德宽容不嫉妒，则宜女之子孙，

① 冯浩菲《历代诗经论说述评·关于诗序》云："至于《毛传》何以不释《序》，只要明白《毛传》训诂条例，就不难理解。一则毛公传《诗》，以简约为特征，凡字句明白易晓者均不加注。在他看来，《序》文易晓，故一般不烦加释；一则间或有所补释，则随对诗辞注释而出，更多的则是表现为《传》《序》互相为用。"前揭，第160页。

使其无不仁厚。”唐人孔颖达撰《毛诗正义》疏解《诗序》及《郑笺》，对这一观点做了进一步推阐，解《诗序》云：“此不妒忌，得子孙众多者，以其不妒忌，则嫔妾俱进，所生亦后妃之子孙，故得众多也。《思齐》云：‘大姒嗣徽音，则百斯男。’《传》云：‘大姒十子，众妾则宜百子。’是也。”解《郑笺》云：“螽斯之虫不妒忌，故诸蚣蝑皆共交接，各各受气而生子。故螽斯之羽诜诜然众多，以兴后妃之身不妒忌，故令众妾皆共进御，各得受气而生子，故后妃子孙亦众多也。”①

接下来我们要问，《诗序》的这种通常解读所体现的诗教意义何在？宋人范处义首先肯定了这种解读背后的教化意义，云：“《螽斯》，亦言后妃不妒忌之效，与《樛木》之意同。《樛木》专美文王所履之福，《螽斯》则言文王则百斯男，本支百世，皆原于后妃之不妒忌，其效岂浅浅哉?”② 明人朱善对这一教化意义析理得更为明了，云：

> 《樛木》美后妃不妒忌，而众妾有祝愿之诚。《螽斯》美后妃不妒忌，而子孙有众多之盛。盖正家之道，始于闺门。尊卑之分虽不可以不严，而必均其施于房帷之间；贵贱之位虽不可以不定，而必霈其泽于衽席之际。故上无嫉妒之心，则下无怨恨之意，和气充溢，瑞庆流衍，福履之绥，子孙之众，自有不期然而然者矣。噫！此文王、大姒之德所以为盛，而有周八百年之业所以必自此而基之也欤③！

---

① 本文《毛诗序》、《毛传》、《郑笺》、《孔疏》文字，均本清阮元校刻《十三经注疏》（北京：中华书局，1980年），下同。

② 南宋·范处义：《诗补传》卷一，文渊阁《四库全书》本。

③ 明·朱善：《诗解颐》卷一，文渊阁《四库全书》本。

由螽斯群飞，而后妃不妒，而正家闺门，而严尊卑之分，而定贵贱之位，而推文王太姒之德，终而崇有周八百年之业，这是经师解《诗》、阐发诗教之典型理路。这与《中庸》所谓“君子之道，造端乎夫妇”体现出的，实际是同样一种儒家政治观念。

后妃不妒，非螽斯不妒

不过到了宋代，疑经改经蔚然成风，在《诗经》研究方面，“反序”、“尊序”之争成为宋代《诗经》学发展的一条主线[①]。如此一来，《毛诗序》之说，包括《毛传》、《郑笺》、《孔疏》之解似乎遭到了严峻挑战。然而当落实到每一首诗的解说时，却不难发现一个很有意思的现象：“反序派”与“尊序派”在维护诗教意义这一点上，绝非完全对立，反倒实现了汇合。所谓“反序”，也无非是从“情理”和“文辞”等方面加以诘难，而这其实又无碍经学本旨之大局。

譬如《螽斯》，北宋“反序派”代表人物欧阳修解说诗旨云：

> 《螽斯》大义甚明而易得，惟其《序》文颠倒，遂使毛、郑从而解之失也。蛰螽，蝗类，微虫尔，诗人安能知其心不妒忌？此尤不近人情者。蛰螽，多子之虫也，大率虫子皆多，诗人偶取其一以为比尔。所比者，但取其多子似螽斯也。据《序》，宜言“不妒忌，则子孙众多，如螽斯也”。今其文倒，故毛、郑遂谓螽斯有不妒忌之性者，失也。振振，

① 参洪湛侯：《诗经学史·诗经宋学·关于反序存序的论争》，北京：中华书局，2002年，第329页。又参戴维：《诗经研究史·宋代诗经研究》，长沙：湖南教育出版社，2001年，第313页。

群行貌。绳绳，齐一貌。蛰蛰，众聚貌。皆谓子孙之多，而毛训仁厚、戒慎、和集，皆非诗意。其大义则不远，故不复云①。

需要注意，欧阳修在这里所反对的是毛、郑“后妃不妒，若螽斯不妒”一说，因为在他看来，螽斯微虫，诗人当无法确知其心是否不妒，认为这有悖人情；而毛、郑之失在于《序》文颠倒，正确语序应该是“不妒忌，则子孙众多，如螽斯也”。换句话说，对于《诗序》，不能理解为“后妃不妒，若螽斯不妒”，而当理解为“后妃不妒，非螽斯不妒”。他所谓“《螽斯》大义甚明而易得”，又说《毛传》“其大义则不远”，则进一步证明了欧阳修在“后妃不妒”一点上的维护与赞同。而这，与《诗序》、毛、郑所主张的诗教本旨并无二致。

清人陈奂则提供了对于《诗序》文字的另外一种读法，他认为当在“言若螽斯”下绝句②，则《诗序》文字就成了“《螽斯》，后妃子孙众多也，言若螽斯。不妒忌，则子孙众多也”。这种句读与通常读法在理解上的不同恰恰在于，照此读法，《诗序》之意当是“后妃不妒，非螽斯不妒”。这与欧阳修颠倒《序》文的用意一样，都试图解决他们看来称“螽斯不妒”在情理上的悖谬。

但欧阳修通过更易《序》文顺序来解《诗》，毕竟有失《诗序》原貌，不能算作解经的严格途径。因此到了朱熹，同样反《序》，却采取了另外一种解决方式，即变“兴”为“比”。其《诗序辨说》卷上“螽斯”条云：“聚处和一而卵育蕃多，故以为

① 北宋·欧阳修：《诗本义》卷一，文渊阁《四库全书》本。
② 清·陈奂：《诗毛氏传疏》卷一，《续修四库全书·经部》影印“吴门南园扫叶山庄陈氏藏版”。

不妒忌，则子孙众多之比。序者不达此诗之体，故遂以不妒忌者归之螽斯，其亦误矣。”其在《诗集传》中则进一步解释：“比者，以彼物比此物也。后妃不妒忌而子孙众多，故众妾以螽斯之群处和集而子孙众多比之，言其有是德而宜有是福也。”① 如此一来，朱熹便巧妙地回避了“螽斯不妒”在情理上的那种悖谬，因为“以为不妒忌”只是一种主观的看法，而非螽斯的确如此，不过“比方”而已。虽然朱熹称“序者不达此诗之体”，说到底也无非是“不达诗体”而已，在《螽斯》诗教之旨上，朱子并未实现对它的颠覆。

由此说来，对于诗教意义的发挥而言，“反序派”学者所做的这些努力，只能说是“由破而立”，他们并没有推倒《诗序》。相反，倒是以这样一种特殊的方式，使诗教意义得到了强化。

由螽斯不妒，而后妃不妒

尽管“反序派”实质上并没有推翻《诗序》，但在“尊序派”看来依然不能接受。在他们的观念当中，螽斯确实“不妒”，而且《诗序》之义的确是“由螽斯不妒，而后妃不妒”，《诗序》之说，不容置疑。如宋人范处义称：

> 序《诗》者谓言若螽斯不妒忌，则子孙众多。或谓螽斯微物，诗人何由知其性？窃以为凡物之能群聚而不相残者，则知其能不妒忌也，孰谓微而不可察哉？今螽斯之群飞，诜诜而众多，薨薨而有声，揖揖而会聚，则性之不妒忌可见

① 南宋·朱熹：《诗集传》卷一，上海：上海古籍出版社，1980 年，第 4 页。

> 也。后妃与左右之贤女相处能如此，故其效见于子孙众多，振振然奋起而自能有立，绳绳然循理而不紊其序，蛰蛰然收敛而不犯非礼，岂不为可美乎①？

如果说范处义所谓“今螽斯之群飞……则性之不妒忌可见也”之论还有失简略的话，那么宋人张纲在《经筵诗讲义》中则不但针对“反序派”的质疑作了明确回应，还从历史经验和《诗经》文句本身找到证据，所论甚备。张氏云：

> 螽斯，蚣蝑也。郑康成云：“凡物有阴阳情欲者，无不妒忌，唯蚣蝑不耳。”然则螽斯于万物中独有不妒忌之性，且生子之多，故诗人取以为况。后之说《诗》者谓螽斯微物，性或难知，是以于此《序》不能无疑。臣窃尝深求之：盖上古穴居野处，日与鸟兽相亲，故能毕知万物之性。三代去古未远，学者皆有师承，研穷物理尚皆精审，故其所言有后世不能及者。且《七月》诗言“斯螽动股”、“莎鸡振羽”，以至历纪在野、在宇、在户之候。《月令》言螳螂生、腐草化，以至獭祭鱼、豺祭兽、鸠拂羽、虎始交，皆非后人所尝见而知者。然载在典籍，垂信万世。由是观之，螽斯之不妒忌，诗人必有以知其性矣，固无足疑也②。

显然，范、张诸人是站在维护《诗序》以及毛、郑立场上立论的，只是他们的立论多了一层“辨说”的色彩。值得注意的是，张纲的这段文字还有两点能引发人更深入的思考：其一，他

① 南宋·范处义：《诗补传》卷一，文渊阁《四库全书》本。

② 南宋·张纲：《华阳集》卷二十五，文渊阁《四库全书》本。又，宋人袁燮《絜斋毛诗经筵讲义》卷一也有类似论说，可参。

提出的“盖上古穴居野处，日与鸟兽相亲，故能毕知万物之性。三代去古未远，学者皆有师承，研穷物理尚皆精审，故其所言有后世不能及者”，不仅仅是支撑他论点的一个理由，更带有学术研究方法论上的普遍意义。这提醒我们，在理解古人思想、古代典籍时，应当采取一种审慎的历史态度，竭力避免犯“以今律古”的错误。换句话说，《诗序》之说是否真的属于“穿凿附会”，还真需要费些思量。其二，他是在作“经筵讲义”，他说这番话的接受对象是当朝帝王。这一方面说明了在古代社会，在最高统治者那里，《诗经》的风教意义是以一种什么样的方式呈现；另一方面我们也可以想见，当帝王接受了这样的诗教思想，反过来自上而下用以治国，它的影响会是怎样广泛。

非螽斯不妒，非后妃不妒

如上三派，都在“螽斯不妒”问题上存在争议，但对“后妃不妒”均无异说。然而在经学时代，的确也有学者在解说《螽斯》时不取“螽斯不妒，后妃不妒”一说。不过这中间，情形又有不同。清人姜炳璋云：

> 后妃能逮下，故子孙众多，而《古序》但言子孙众多者，承上篇“能逮下”之文也。盖《螽斯》者，《樛木》之应也。《后序》“螽斯不妒忌”诸说，言螽耳，何不妒忌之有？陆农师云：草虫鸣于上风，蚯蚓鸣于下风，性不忌，一母百子，故诗人取为不妒忌之况。诗人全篇要写后妃不妒忌，颇难立论，因想到后一层子孙之多，则不妒忌可见，犹

恐实处写之不尽，因想到螽斯作一影子①。

姜氏首先意识到了“后妃不妒”之说“颇难立论”，这便是对《诗序》真正的反动了。只是他又从诗的整篇结构入手，解为“因想到后一层子孙之多，则不妒忌可见，犹恐实处写之不尽，因想到螽斯作一影子”，结果最终又回复到了《诗序》的轨道上。

明人朱谋㙔与姜氏之说不同，称：

> 《螽斯》，后妃子孙众多也，非也。众妾相安相乐之词也。螽类有五，在《尔雅》，此土螽也。其种独蕃，秋冬之际，千百为群，飞集田野，绝不相害，非以股鸣者。振振，言其众盛，非仁厚之谓②。

朱氏不仅反《毛传》的字词训释，更反《诗序》的主题解说。在他看来，《螽斯》一诗，既非螽斯不妒，又非后妃不妒，而是与“后妃”压根没有关系。只是他所谓“众妾相安相乐之词也”，不知根据何在。而朱氏不言“后妃”而归之“众妾”，不过是人物身份不同，并且“众妾”之身份与“后妃”大有干系，因此解诗大概也不出通行诗教义的园囿。

方玉润是清代末年一位很有特色的学者，在《诗经》学史上占有一席之地。学者将其划归“超出各派之争的独立思考派”③，名实可谓相当。他感于历代解《诗》之说纷乱无定，且《诗序》之解“伪托附会”，“乃不揣固陋，反覆涵泳，参论其间，务求得古人作诗本意而止。不顾《序》，不顾《传》，亦不顾《论》，唯

① 清·姜炳璋：《诗序补义》卷一，文渊阁《四库全书》本。
② 明·朱谋㙔：《诗故》卷一，文渊阁《四库全书》本。
③ 参夏传才：《诗经研究史概要·清代诗经研究概说》，前揭，第189页。

其是者从而非者正。名之曰《原始》，盖欲原诗人始意也。虽不知其于诗人本意何如，而循文按义，则古人作诗大旨要亦不外乎是”[1]。他解《螽斯》一诗的主题是“美多男”，并驳《诗序》、《集传》诸说云：

> 《小序》谓“后妃子孙众多”，《大序》因言“若螽斯不妒忌，则子孙众多”，《集传》从之，而微易其辞，以螽斯为不妒忌，固有说欤？即谓后妃不妒忌而子孙众多，亦属拟议附会之词。且谓此诗为众妾所作，则尤武断无稽。周家媵妾纵多贤淑，安见其为女学士耶？当是之时，子孙众多，莫若文王，诗人美之固宜，但其措词仅借螽斯为比，未尝显颂后妃，亦不可泥而求之也。读者细咏诗词，当能得诸言外[2]。

方氏解《诗》，志在探求“古人作诗本意”，于《诗序》多所反动。他与前代诸说的最大不同在于，又进一步否定了《诗序》的“后妃不妒”论，这是方氏解《诗》试图摆脱诗教的一个明证。值得注意的是，他的这种努力仍不彻底，因为他将《螽斯》的颂美对象由“后妃”换成了“文王”，这同样无法从诗文本中直接得出。更何况，《诗序》解《周南》诸诗，多言“后妃之德”、“后妃之本”、“后妃逮下”，而后妃之贤德，岂非正是“文王”教化之所致？另外，方氏实际上也不可能完全否定《诗序》，因为他所确定的诗主题之“美多男”，也正是《诗序》本有之义——“子孙众多”。

① 清·方玉润：《诗经原始·自序》，北京：中华书局，1986年。

② 清·方玉润：《诗经原始》卷一，前揭，第81页。

仲氏君子？螽斯君子？螽斯群子？

这里，请允许我们先宕开一笔，引入上海博物馆战国楚竹书中的《孔子诗论》（简称《诗论》）与《螽斯》一诗相关的解说。这有助于我们理解《螽斯》主题，有助于理解《螽斯》诗教义的发挥。

参照通常释读，《诗论》第27简后半段文字可读为："孔子曰：《蟋蟀》，智难。《中氏》，君子。《北风》，不继人之怨。《子立》，不……"① 这里，《蟋蟀》、《中氏》、《北风》、《子立》都似当是《诗经》篇名，《诗论》此处乃是对四首诗义做出解说。不过，《蟋蟀》、《北风》均可在今本《诗经》中找到对应篇章（分属于《唐风》和《邶风》），而"中氏"、"子立"在今本中不存。"子立"的问题姑置不谈②，且来看"中氏君子"。虽然多数学者将"中氏"作为篇名看待③，但所指并不一致。

---

① 参马承源：《上海博物馆战国楚竹书·一》，上海：上海古籍出版社，2001年，第157页；周凤五：《〈孔子诗论〉新释文及注解》；范毓周：《上海博物馆藏楚简〈诗论〉的释文、简序与分章》（周、范二文均载《上博馆藏战国楚竹书研究》，上海：上海书店出版社，2002年）；陈桐生：《孔子诗论研究》（北京：中华书局，2004年，第271页）等。

② 马承源先生不以为"子立"为篇名，李零疑为篇名，冯胜君则认为很可能是今本中的《郑风·子衿》。参刘信芳：《孔子诗论述学》，合肥：安徽大学出版社，2003年，第251页。

③ 胡平生先生读"中氏"为"仲氏"，且认为"仲氏"指人，非篇名，云："此'仲氏'当与《何人斯》及《燕燕》两篇之'仲氏'皆无关，我们认为，他应当是《大雅·烝民》里的仲山甫。从诗义而言，指仲山甫为君子，当然毫无问题。"（《读上博藏战国楚竹书〈诗论〉札记》，《上博馆藏战国楚竹书研究》，前揭，第285－286页）但这带来两大难题难以解决："一是简文'仲氏'与《烝民》'仲山甫'并不相同；二是根据上下文，'仲氏'应该是篇名。"（杨泽生：《战国竹书研究·上博竹书研究》，广州：中山大学出版社，2009年，第144页）

马承源、李学勤先生等皆读“中氏”作“仲氏”。马承源先生称：“中氏，篇名。今本《诗》中未见。《诗》言‘仲氏’的有《何人斯》‘伯氏吹埙，仲氏吹篪’，此‘仲氏’乃男性。又《国风·邶风·燕燕》：‘仲氏任只，其心塞渊。终温且惠，淑慎其身。’此仲氏是女性，而且《鹖鹖》篇在前已有评述。此评语云‘君子’，是说诗意有君子之德。”① 李学勤先生则径以《仲氏》指今本《燕燕》中的一章，云：“‘《仲氏》君子’，‘仲’字同于甲骨、金文。《仲氏》系指今传本《燕燕》的第四章。查《燕燕》前三章均以‘燕燕于飞’起句，其第四章则为：‘仲氏任只，其心塞渊。终温且惠，淑慎其身。先君之思，以勖寡人。’所叙正合‘君子’的评论。猜想当时此章独立，与今传《毛传》本连于《燕燕》不同。”②

李零、何琳仪先生等则将“中氏”读作“螽斯”。李零先生称：“《螽斯》，原作中氏，原书以为篇名，但没有对出，今以音近读为‘螽斯’（“中”是端母冬部字，“螽”是章母冬部字，古音相近；“氏”是禅母支部字，“斯”是心母支部字，古音也相近）。《螽斯》见今《周南》，是以‘宜尔子孙’祝福别人，所祝者盖即君子。”③ 何琳仪先生亦云：“‘中氏’应读‘螽斯’，即《诗·周南·螽斯》。《诗》序：‘后妃子孙众多也。言若螽斯不妒

① 马承源：《上海博物馆战国楚竹书·一》，前揭，第158页。

② 李学勤：《〈诗论〉与〈诗〉》，《中国古代文明研究·第四辑》，上海：华东师范大学出版社，2005年，第256页。又，今本《邶风·燕燕》诗云：“燕燕于飞，差池其羽。之子于归，远送于野。瞻望弗及，泣涕如雨。//燕燕于飞，颉之颃之。之子于归，远于将之。瞻望弗及，伫立以泣。//燕燕于飞，下上其音。之子于归，远送于南。瞻望弗及，实劳我心。//仲氏任只，其心塞渊。终温且惠，淑慎其身。先君之思，以勖寡人。”

③ 李零：《上博楚简三篇校读记》，北京：中国人民大学出版社，2007年，第20页。

忌，则子孙众多也。’所谓‘不妒忌’，即《诗论》‘君子’应有之德。”①

如上诸说中，笔者倾向于将“中氏”读为“螽斯”。因为李学勤先生“《仲氏》系指今传本《燕燕》的第四章”一说成立的前提，当是他的《燕燕》第四章“当时此章独立”的“猜想”必须得到验证。而马承源先生以《仲氏》指今本《小雅·何人斯》，也会面临两个方面的责难：“首先《何人斯》凡八章，‘仲氏’出现在第七章第二句，《诗》中无此名篇之例。其次《何人斯》是《小雅》中的一篇，依《孔子诗论》的体例，也不大可能在两篇《国风》中间夹杂一篇《小雅》。”② 尽管杨泽生先生从古字通假关系指出，“把‘中氏’读作‘螽斯’还只是可能而不是必然”③，其实对于出土文献研究而言，有这种“可能”已很可贵了。关键是杨先生反对读“中氏”为“螽斯”的更为重要的理由是：“从文义来看，这篇诗的评语‘“君子”，是说诗意有君子之德’，而《周南·螽斯》很难说是讲君子之德的。”这便自然引出了下一个问题——《孔子诗论》中的“君子”果真指“君子”吗？

如果已经确定把“中氏”读作“螽斯”，那么“君子”二字当然是对《螽斯》一篇诗意的评说。绝大多数学者释“君子”乃作“如字”读，即取其本义。如李守奎先生，从《螽斯》文本出发，把“君子”之名与诗意较好地联系起来：

> 旧解以为是歌美“后妃子孙众多也。言若螽斯不妒忌，则子孙众多也”，近乎诗意。与《孔子诗论》之不同，就在

---

① 何琳仪：《沪简〈诗论〉选释》，《上博馆藏战国楚竹书研究》，前揭，第255页。

② 李守奎：《楚简〈孔子诗论〉中的〈诗经〉篇名文字考》，《上博馆藏战国楚竹书研究》，前揭，第346页。

③ 杨泽生：《战国竹书研究·上博竹书研究》，前揭，第145页。

于《毛诗》以为是后妃以不妒之德致福，而《诗论》以为是君子以美德致此多子之福。今本《诗经》中，《螽斯》的前一篇就是《樛木》，《诗论》评其诗有句曰："《梂（樛）木》福斯在君子。"（第二十二简）《螽斯》与《樛木》诗意有相近之处，一是以君子之德致多子之福，一是以君子之德致福禄及身[①]。

不过，《诗论》之"《樛木》福斯在君子"与此处"《螽斯》君子"，语法结构并不一样。"福斯在君子"是一完整语句，"君子"则仅为一名词。把"《樛木》福斯在君子"解释为"君子之德致福禄及身"可通，而把"《螽斯》君子"解释为"君子之德致多子之福"，则有"增字为训"的嫌疑，因此显得牵强，中间还缺少一些逻辑环节。

而王小盾、马银琴先生读"君子"为"群子"，恰恰在一定程度上弥补了这一缺失的环节：

> "中氏"实即《周南》的《螽斯》。所谓"中氏君子"，应读为"《螽斯》群子"。《周书·谥法》："从之成群曰君。"可见"群"意为众多。其义与《诗序》所说"后妃子孙众多"相同[②]。

首先，读"君"为"群"，有着文献依据，不谓无稽；其次，"群子"虽也是名词性的，但在上下文中，却可以视为名词活用作动词，"群子"意即"有群子"（同样是名词性的"君子"，若

① 李守奎：《楚简〈孔子诗论〉中的〈诗经〉篇名文字考》，前揭，第 347 页。

② 王小盾、马银琴：《从〈诗论〉与〈诗序〉的关系看〈诗论〉的性质与功能》，载《文艺研究》2002 年第 2 期。

用作动词则意不可通）。如此一来，《诗论》中关于四诗的评说“《蟋蟀》，智难。《螽斯》，群子。《北风》，不继人之怨。《子立》，不……”，结构方式便趋于一致了。并且，这一解释与《螽斯》之本文，与《诗序》中“子孙众多”之说，恰相吻合。

综上，笔者赞同王、马二先生之说，读“中氏君子”为“螽斯群子”。至于张剑先生认为今本《邶风·燕燕》一诗“前三章与后一章原本是各自独立的两首诗，只是由于后一首诗的前面一章或两章亡佚掉了，故误合给了前一首”①，认为《燕燕》一诗出现了“错简”；而这一错简现象，成为有学者读“中氏君子”为“仲氏君子”的重要根据②。窃以为，下这一结论恐怕还需慎重。几十年前，孙作云先生也曾怀疑《卷耳》、《行露》、《皇皇者华》、《都人士》、《卷阿》诸诗都发生了错简③，然而当我们明晓了《周礼·春官·太师》中所谓“六诗”之“比”与“兴”，乃是西周时期《诗》的两种不同传述方式，即“赓歌”（重唱）与“和歌”（和唱），并因此造成了诗章中普遍存在“复沓”、“单行章段”和“诗章章余”等形式时，我们便不会再轻易地怀疑包括《燕燕》在内的这些诗都存在“错简”现象了④。

母教圣善，不止不妒而子多

如前所述，在以《毛诗序》为代表的诗教观念指导下，学者

① 张剑：《关于〈邶风·燕燕〉的错简》，载《孔子研究》2001年第2期。

② 参杨泽生：《战国竹书研究·上博竹书研究》，前揭，第148页。

③ 孙作云：《诗经与周代社会研究·诗经的错简》，北京：中华书局，1966年，第403页。

④ 参王昆吾：《中国早期艺术与宗教·诗六义原始》，上海：东方出版中心，1998年，第229—239页。

主要围绕两个关键词进行阐发，一是“后妃不妒”，一是“子孙众多”。然而，汉代《毛诗》之外的三家诗解说《螽斯》，却与《诗序》略有不同。在他们看来，《螽斯》一诗所表现的不仅在于子孙之“多”，更在于子孙之“贤”。这当中，以《韩诗》为代表。《韩诗外传》卷九云：

> 孟子少时诵，其母方织。孟子辍然中止，乃复进。其母知其喧也，呼而问之曰：“何为中止？”对曰：“有所失复得。”其母引刀裂其织，以此诫之。自是之后，孟子不复喧矣。孟子少时，东家杀豚，孟子问其母曰：“东家杀豚何为？”母曰：“欲啖汝。”其母自悔失言，曰：“吾怀妊是子，席不正不坐，割不正不食，胎教之也。今适有知而欺之，是教之不信也。”乃买东家豚肉以食之，明不欺也。《诗》曰：“宜尔子孙，承承兮。”言贤母使子贤也。
>
> 田子为相，三年归休，得金百镒奉其母。母曰：“子安得此金？”对曰：“所受俸禄也。”母曰：“为相三年不食乎？治官如此，非吾所欲也。孝子之事亲也，尽力致诚，不义之物，不入于馆。为人臣不忠，是为人子不孝也。子其去之。”田子愧惭走出，造朝还金，退请就狱。王贤其母，说其义，即舍田子罪，令复为相，以金赐其母。《诗》曰：“宜尔子孙，承承兮。”言贤母使子贤也①。

如上两章中，《韩诗》所引诗句“宜尔子孙，承承兮”，正好出于《周南·螽斯》。“承承”，即《毛诗》之“绳绳”。引诗所要说明的道理，乃在于“言贤母使子贤也”。若与《毛诗序》之关

① 许维遹：《韩诗外传集释》，北京：中华书局，1980年，第306—307页。

键词“后妃不妒”、“子孙众多”相对，《韩诗》之解也可提取出两个关键词——“母贤”、“子贤”。首先需要说明的是，《韩诗》此处乃属“引诗用诗”，与《毛诗序》、《孔子诗论》之“解诗说诗”不同。不过，按照王先谦的说法：“《外传》多采杂事，而大义必与《内传》相应证。以‘振振’、‘绳绳’、‘蛰蛰’之义，知韩说此诗，美后妃能使子贤也。”[①] 则《韩诗》解《螽斯》亦美后妃，与《毛诗序》的不同在于：一美其不妒而使子孙“多”，一美其贤德而使子孙“贤”，各有侧重。

后世学者说《诗》时，也明显地意识到了这种差别。清人范家相言：

> 螽斯，蜙蝑，蝗属，害稼之物，说者谓其一生九十九子，以比文之则百斯男，岂可为训？诗盖以螽斯之薨薨和集，兴子孙群处不争之意，取义不在多生。《韩诗外传》曰：“宜尔子孙，绳绳兮，言母贤能使子贤也。”《毛传》：“振振者，仁厚也。绳绳者，戒慎也。蛰蛰者，和集也。”可以见母教之圣善，岂仅云不妒而子多[②]？

清人陈启源亦称：

> 《螽斯》篇，毛不言兴，而郑以兴释之，其答张逸云：“此实兴也，文义可解，故不言。”此善会毛意也。今以为比，恐不然（比兴辨见《总诂》）。又此诗每上二句言螽斯，下二句言后妃者，尔，后妃也。振振、绳绳、蛰蛰，正谓子

① 清·王先谦：《诗三家义集疏》卷一，北京：中华书局，1987年，第35页。
② 清·范家相：《诗沈》卷三，文渊阁《四库全书》本。

孙之贤，《毛诗》释三义甚优。《韩诗外传》引此诗亦云："贤母使子贤也。"意与毛同矣。今以为螽斯之多子，殊少义趣[①]。

然而从"正家之道，始于闺门"诗教义的发挥来讲，《韩诗》与《诗序》皆美后妃贤德，并非互相抵牾。况且，《毛传》释"诜诜"、"薨薨"、"揖揖"分别为"众多也"、"众多也"、"会聚也"，乃言其"多"；而释"振振"、"绳绳"、"蛰蛰"分别为"仁厚也"、"戒慎也"、"和集也"，则分明是言其"贤"。换句话说，在《螽斯》诗教义的阐说上，《诗序》、《毛传》与《韩诗》决非矛盾，乃是相辅而相成。至于范家相所云"不止不妒"一说，其实朱熹早已言明："不妒忌，是后妃之一节，《关雎》所论是全体（方子）。"[②] 也就是说，不妒忌亦是说明后妃贤德，只不过是分说与总说的问题。

借问中宫谁作范？千秋宜把后妃师

经学时代，诗教之用，无所不在。《周南》之诗，曾经作为东周王室正乐，故《诗序》解诗，多归之"后妃"。后世之用，因之亦多与宫闱相关，仅举几例：

《后汉书·顺烈梁皇后纪》："永建三年，与姑俱选入掖庭，时年十三。相工茅通见后，惊，再拜贺曰：'此所谓日角偃月，

① 清·陈启源：《毛诗稽古编》卷一，文渊阁《四库全书》本。

② 南宋·朱熹：《朱子语类》卷八十一，朱杰人、严佐之、刘永翔主编：《朱子全书》第十七册，上海：上海古籍出版社、合肥：安徽教育出版社，2002年，第2775页。

相之极贵，臣所未尝见也。’太史卜兆得寿房，又筮得《坤》之《比》，遂以为贵人。常特被引御，从容辞于帝曰：‘夫阳以博施为德，阴以不专为义，螽斯则百，福之所由兴也。愿陛下思云雨之均泽，识贯鱼之次序，使小妾得免罪谤之累。’由是帝加敬焉。”

《后汉书·襄楷传》：“延熹九年，楷自家诣阙上疏曰：‘……昔文王一妻，诞致十子。今宫女数千，未闻庆育。宜修德省刑，以广《螽斯》之祚。’”

《宋书·孝武文穆王皇后传》：“宋世诸主，莫不严妒，太宗每疾之。湖熟令袁慆妻以妒忌赐死，使近臣虞通之撰《妒妇记》。左光禄大夫江湛孙敩当尚世祖女，上乃使人为敩作表让婚，曰：‘……夫《螽斯》之德，实致克昌。专妒之行，有妨繁衍。是以尚主之门，往往绝嗣。驸马之身，通离衅咎……’”

“君子之道，造端乎夫妇”，《螽斯》诗教之用，观如上三例，已可尽知。“谁不妒忌，妒不妒忌”实在是关乎皇室安宁、子孙昌大的“国家大事”！故此，东晋孝武帝建有“螽斯则百堂”，南朝刘宋建有“螽斯堂”，明代紫禁城亦建有“螽斯门”，里面理所当然都包含着以《诗》为教的政治用意。至于现代不少学者仅将《螽斯》解释成一首“祝贺添子并颂美子孙众多的诗”①，全然不顾“谁不妒忌，妒不妒忌”背后蕴藏的政治意义，则显然是所谓“就诗论诗”原则指导下的纯粹“文学性”的解读。号为探求《诗经》本相，实未得《诗经》本相，与我们心目中的“中国古典诗学”，相去可谓远矣！

最后，让我们以清人金九畴《咏螽斯》二诗作结，以见《螽

---

① 杨合鸣、李中华：《诗经主题辨析》（上），南宁：广西教育出版社，1989年，第16页。

斯》诗教义在历朝的实际发挥：

么渺微虫何所知，借咏一圣讵相宜？只缘生育能繁衍，拟况多男允若兹。

百男佳庆咏螽斯，揖揖诜诜好蔓滋。借问中宫谁作范？千秋宜把后妃师①。

① 刘毓庆：《诗义稽考》第一册，北京：学苑出版社，2006年，第126页。

《周南·樛木》“樛木”、“君子”辨说[①]

提要：《周南·樛木》一诗中，有两个关键词，一为“樛木”，一为“君子”，二词的解说与整首诗义关联密切。无论“樛木”还是“君子”，现代诗学背景下所作说解，与古典诗学背景下之说解均相去甚远。对待传统说解，不能简单斥为“好笑”或“附会”，而应当审慎地理会其背后的历史背景及思想内涵。只有如此，方有可能真正领会《诗》义，并真正实现对学术传统的承续和发扬。

《樛木》是今本《毛诗·周南》的第四首，全诗三章，章四句。诗云：

> 南有樛木，葛藟累之。乐只君子，福履绥之。
> 南有樛木，葛藟荒之。乐只君子，福履将之。
> 南有樛木，葛藟萦之。乐只君子，福履成之。

据马银琴考证：“《樛木》诗云：‘南有樛木，葛藟累之。乐

① 本文发表于《现代哲学》2011 年第 5 期。

只君子，福履绥之。'《小雅·南有嘉鱼》有'南有樛木，甘瓠累之'句，《小雅·南山有台》、《采菽》有'乐只君子'句，《采菽》、《鸳鸯》有'福禄申之'、'福禄绥之'、'福禄宜之'等句。《樛木》通套各诗成句而作，全篇使用套语结构，其创作时代应晚于上述诸诗。另外，根据《樛木》的颂赞内容与上述诸诗相同却不入《雅》来看，时代的先后造成的音乐上的差异应是最主要的原因。据此可以判定《樛木》为东周王室乐歌。"①

整首诗有两个关键词，堪称"诗眼"：一是"樛木"，一是"君子"。二词一为物，一为人，然对其属性作不同解说，对其身份作不同判定，所呈现出来的诗义也迥然相异。抓住了这两个关键词，也便抓住了《樛木》诗义的要害。

值得注意的是，对于"樛木"和"君子"，古代经师和现代学人的解说理路明显有别，由之亦可窥见古典诗学与现代诗学面目不同之一斑。

一、"樛木"义辨

《毛诗序》云："《樛木》，后妃逮下也。言能逮下，而无嫉妒之心焉。"② 毛亨《诂训传》不释《诗序》，于首章"南有樛木，葛藟累之"下解曰："兴也。南，南土也。木下曲曰樛。南土之葛藟茂盛。"《毛传》虽释"樛"曰"木下曲"，但如此解说并看不出与诗义的直接关联。郑玄作《笺》，基本沿遵《诗序》、《毛

① 马银琴：《两周诗史》上编第四章，北京：社会科学文献出版社，2006年，第263页。

② 本文所引《毛诗序》、《毛传》、《郑笺》、《孔疏》文字，皆本清阮元主持《十三经注疏》，北京：中华书局，1980年。

传》并申发其义，首释《诗序》云“后妃能和谐众妾，不嫉妒其容貌，恒以善言逮下而安之”，又解首章云：“木枝以下垂之故，故葛也藟也得累而蔓之，而上下俱盛。兴者，喻后妃能以惠下逮众妾，使得其次序，则众妾上附事之，而礼义亦俱盛。”这里的“木枝下垂”，无疑即《毛传》“木下曲”之意。关键在于，所谓“下逮众妾，上附事之，礼义俱盛”之兴义，便把“木下曲”与《樛木》之诗教义有机结合起来了。

这一诗教义于经学时代的实际应用，在宋人张纲的《经筵诗讲义》中体现得尤为充分：

> 后妃正位宫闱，同体天王。顾夫人、嫔妇之属，贵贱之势，固有间矣。惟贵贱之势有间，故每以逮下为难。《小星》言惠及下而曰：“夫人无妒忌之行。”《樛木》言逮下而曰：“无嫉妒之心。”然则逮下之事，唯无妒忌者能之耳。木上竦曰乔，下曲曰樛。乔则与物绝，故曰“南有乔木，不可休息”；樛则与物接，故曰“南有樛木，葛藟累之”。葛藟，在下之物也，以木之樛，故得附丽以上。喻嫔妇之属，所处在下，以后妃有逮下之德，故亦得进御于其君。若是者，上恩达于下，下情通于上，闺门之内，不失其和矣。文王之治，始于忧勤，终于逸乐。后妃逮下，而闺门以和，则内治成矣。文王安得而不乐哉？惟乐其内治之成，所以能安享福禄，故曰“乐只君子，福履绥之”[①]。

不难看出，张纲解说此诗的一个重要关节点，依然是“樛木”。他不但遵从毛说，释“樛”为“下曲”，而且将“下曲”之

① 南宋·张纲：《华阳集》卷二十五，文渊阁《四库全书》本。

“樛”与“上竦”之“乔”对举，言“乔则与物绝”，“樛则与物接”。据《诗序》义，“樛”断然不可能指“不可休息”[①]之“乔木”。

问题来了，据学者考证，汉代《韩诗》、《鲁诗》之文本与《毛诗》并不相同，“樛”或皆作“朻”。清人王先谦即云：“韩‘樛’作‘朻’。……《释文》（按，指唐人陆德明《经典释文》）：‘木下曲曰樛。马融、《韩诗》本并作“朻”。《说文》以“朻”为“木高”。’胡承珙云：‘马习《鲁诗》，疑鲁本作“朻”，与韩同也。’”[②]而“朻”字之义，《说文·木部》云：“朻，高木也。从木，丩声。”《说文》解“樛”则云：“樛，下句（按，音 gōu，曲也）曰樛。从木，翏声。”显然，“朻”与“樛”形不同，义相异。《说文》“高木”与“下句”相对，则“高木”义近“乔木”。

但如此一来，便与《毛诗序》、郑玄、张纲等人的解说路径发生了冲突。如何看待这一矛盾现象？窃以为，需要把握两个角度：其一，从今文三家诗的角度。若诗句作“南有朻木”，且字义遵《说文》之解，《毛诗》一派确实难以解说圆通，但三家诗与《毛诗》说解并不一致。在三家诗解说系统下，“朻”字之义并非如在《毛诗》系统下显得那样至关紧要。王先谦即云：

> 《文选》潘安仁《寡妇赋》云：“伊女子之有行兮，爰奉嫔于高族。承庆云之光覆兮，荷君子之惠渥。顾葛藟之蔓延兮，托微茎于樛木。”《李注》：“葛、藟，二草名也。言二草之托樛木，喻妇人之托夫家也。《诗》曰：‘南有樛木，葛藟累之。’”案，潘以女子之奉君子，如葛藟之托樛木。李引此

① 《周南·汉广》句，《毛诗》作“休息”，《韩诗》作“休思”。

② 清·王先谦：《诗三家义集疏》卷一，北京：中华书局，1987年，第32页。

诗为释，是古义相承如此，不以“樛木”喻“后妃”、“葛藟”喻“众妾”也。且诗明以“樛木”、“君子”相对为文，无“后妃逮下”、“不妒忌众妾”意。《文选》班孟坚《幽通赋》：“葛绵绵于樛木兮，咏南风以为绥。”《李注》引曹大家曰：“《诗·周南·国风》曰：‘南有樛木，葛藟累之。乐只君子，福履绥之。’此是安乐之象也。”潘、李所用诗义，不能明为何家。大家用齐义而说此诗，亦不及“后妃逮下”，知三家与毛异也①。

可见，三家诗认为此诗乃表“安乐之象”，与“后妃逮下”毫不相干。在这一诗义前提下，即便释“朻”为“乔木”，整诗也仍可以营造出“安乐之象”的氛围；或者至少不会像《毛诗》那样，唯有释“樛”为“下曲”，方可解说其“下逮众妾，上附事之”之“礼义俱盛”局面，进而传达其“后妃逮下，无嫉妒之心”之旨。不过即便如此，王先谦仍释“朻”为“下句”之义，且以“朻”为正字，“樛”为借字：

桂馥云：“（下句曰樛，）此与‘朻’字训互误。《说文》：‘丩，相纠缭也。’与‘下句’意合。‘翏，高飞也。’与‘木高’意合。《释木》（按，指《尔雅·释木》）：‘下句曰朻。’《释文》：‘本又作樛，同。’‘樛’、‘朻’二字，同声相通。”愚案：桂说是，盖古书以二字音同，转写互误，宜据以订正。《文选·高唐赋》《李注》引《尔雅》作“下句曰纠”。“朻”与“纠”音义同，纠缭相结，正枝曲下垂之状，明

① 清·王先谦：《诗三家义集疏》卷一，前揭，第32页。

《释文》“又作”本为误。韩作“朻”，正字。毛作“樛”，借字①。

相对而言，作为今文学家的王先谦释“朻”为“下句”，更带有一点语言修辞学上的意义，而于诗旨无有大碍。若按《毛诗》说，“木上竦曰乔，乔则与物绝”，则是断然不能表达“后妃逮下”之意的。

其二，从《毛诗》维护者的角度。既然《说文》释“朻”为“下句”与《毛诗》诗义解说产生冲突，维护《毛诗》一派学者便从其他文献找寻依据，他们首先想到了《尔雅》。《尔雅·释木》云：“句如羽，乔。下句曰朻，上句曰乔。”“朻”之解与《说文》恰然相反，却正符合《毛诗》之义。在这一前提下，学者们又找到了两条殊途同归的解决路径：一是承认《毛诗》与三家诗用字的不同，而释“朻”为“樛”的声近假借字，“朻”非“乔”义。清代武进人臧琳《经义杂记》卷六“樛木或作朻木”条即云：

《尔雅·释木》：“下句曰朻，上句曰乔。”而《毛传》及诗《正义》作曲者，盖曲、句义同。或古本《尔雅》作曲。又《释木》释文云：“朻，居虯反，本又作樛，同《字林》九稠反。”《诗》释文引《字林》：樛，九稠反；朻，己周反。二字有别。《尔雅》当同《毛传》、《说文》、《字林》作樛，而今本作朻。《说文》樛、朻义别，而《韩诗》及马融本皆作朻，盖是声近假借字，其义则不为高木也（又疑《说文》

① 清·王先谦：《诗三家义集疏》卷一，前揭，第32—33页。

朻为樛之重文，今本是后人窜改)[1]。

另一条解决路径是释“樛”为“朻”之假借字，而以“朻”为正字，并指出《说文》诸注本“删樛存朻”之谬误。清人夏辛铭《读毛诗日记》云：

> 《诗》以樛木之下曲兴后妃之下逮，与《尔雅》“下句曰朻”合，其训为“下句”，其字正当作“朻”矣。樛从翏声，《说文》：“翏，高飞貌。”又《风部》：“飂，高风也。”从翏之字有高义，故高木之字作樛。樛、朻音同义异，而同部得相假借。《诗》作樛木者，正朻之假字。二徐本《说文》于樛下云“下句曰樛”，朻下云“高木也”，必后人传写之误。《尔雅》“下句曰朻”，其字作朻，则《说文》“下句曰朻”亦必作朻可知。若《尔雅》释文朻又作樛，此则后人见诗作樛木，据以妄改耳。朻、樛字虽通假，义实各异。段玉裁《解字注》删樛存朻，并二义而一之，失许氏之旨矣[2]。

臧、夏二家之解，皆从维护《毛诗》立场立论。二人不约而同地依据《尔雅》，并均指摘《说文》及各家注本之误，亦是试图消除《说文》释“朻”为“木高”所带来的与《毛诗》义的矛盾。

与经学时代说解不同，在现代诗学背景下，学者们打破“家法”，不再顾及汉代四家诗的经学分派。即便某些字词训释与《毛诗》或三家诗一致，视角也迥乎不同。现代学者的意图是摆

---

① 刘毓庆：《诗义稽考》第一册，北京：学苑出版社，2006 年，第 121 页。
② 刘毓庆：《诗义稽考》第一册，前揭，第 121—122 页。

脱经学束缚，探求《诗》之本相，可在实际解说过程中又很大程度上遭遇了来自现时代的思想羁绊。比如高亨先生释“樛”为“高木也”，以“葛藟累之”意为“作者以葛蔓攀附高树比喻自己攀附贵族”，而解说全诗主题为“作者攀附一个贵族，得到好处，因作这首诗为贵族祝福”①。又如陈子展先生云：

> 樛木是什么木?《毛传》说：“木下曲曰樛。”这是恶木，无用之木，拿来象征剥削人的统治阶级可算恰切，而且在歌颂之中带有讽刺的意味。三家诗樛或作朻。《说文》“朻”下云：“高木也。”倘若不是因为这二字同声相通，借朻为樛，则朻是高木，拿来象征压迫人的统治阶级倒也未尝不可。不过高木可能有用，不能解作恶木。这样，就只见诗有阶级协调的意义，却看不出它含有阶级斗争的意义，显然三家义不如毛义为长②。

高、陈二家之说，明显地受到了二十世纪中叶以来“阶级论”的很大影响。放到《诗经》学史的历史长河中，他们的解说也不过是《诗经》的“现代义”而已，与“经学义”有别，但均不能等同于“诗本义”。至于扬之水先生采清人桂馥之说，谓：“毛传：‘南，南土也。木下曲曰樛。’樛木之樛，《韩诗》作朻，《说文·木部》：‘朻，高木也。’桂馥《说文义证》以为‘朻’、‘樛’二字之训互讹，‘樛，当云高木也’。按此说是。此‘樛木’作‘高木’解，亦于诗意为合。”③ 其表面与王先谦主张一致，但

① 高亨：《诗经今注》，北京：中华书局，2009年，第6—7页。

② 陈子展：《诗三百解题》卷一，上海：复旦大学出版社，2001年，第20—21页。

③ 扬之水：《诗经别裁》，北京：中华书局，2007年，第11页。

所解诗义却相去甚远：

> 密思深情，多半不离寻常日用之间，体物之心未尝不深细，不过总是就自然万物本来之象而言之，这也正是《诗》的质朴处和深厚处。至于努力为自然灌注道德的内核，则全是后人的心思，如同把《樛木》之意解作“后妃逮下”一样的好笑，这时候才真的感觉到《诗》的时代是一去不复返了①。

王先谦可以算作清代今文经师，扬之水却是纯粹的现代学者。站在现代，我们固然可以说“《诗》的时代是一去不复返了”②，但对待《诗序》“后妃逮下”之说似乎不能只是觉得“好笑”，而应当非常严肃地去探究“后妃逮下”背后的深刻思想内涵。否则，长此以往，现代与传统的裂痕将会越来越无法弥合。

二、“君子”身份辨说

《樛木》诗中，每章之第三句“乐只君子”重章复沓，反复咏唱，是表达诗人情感的又一重要关节。“君子”身份所指，亦与整诗之义密切关联。历代之说，大端有六：

1. “君子”指“文王”，《樛木》为“美后妃逮下”之作。

这一派以《郑笺》、《孔疏》为代表，郑、孔二家大体皆以《毛诗序》为依据。首章“乐只君子，福履绥之”下，《郑笺》

---

① 扬之水：《诗经别裁》，前揭，第13—14页。

② 当代也有思想家倡言“重建儒学王官学”，比如蒋庆先生。

云："妃妾以礼义相与和，又能以礼乐乐其君子，使为福禄所安。"《孔疏》云：

> 言又能以礼乐乐其君子者，妃妾相与既有礼义，又以此礼义施于君子，所以言又也。所以得乐君子者，以内和而家治，则天下化之，四方感德，乐事文王，而此为福禄所安也。

二家皆以"南有樛木，葛藟累之"兴"后妃逮下"之意，"君子"乃相对"后妃"而言，孔颖达则径释为"文王"。

后世不少学者沿遵此说，南宋张纲《经筵诗讲义》，即以"樛木"喻后妃，"君子"指文王。又如明人张次仲引宋吕祖谦之说曰："吕伯恭曰，君子指文王，谓后如如此，乐哉君子，福履绥之矣。"① 清姜炳璋亦云："此言樛木下垂，故葛藟得以上附，喻后妃逮下则众妾皆得依托。此意已包括在上二句内，故下但言文王之福履可矣。君子指文王也。"清范家相则对诗教义有所发挥："乐只君子，指文王也。后妃能逮下，众妾得进事于文王，犹樛木下垂而葛藟得引蔓以上附。有君夫人之贤，而君子之乐可知也。《易》曰：'夫妇得而家道成。'《传》曰：'一正家而国定。'福履是以绥之。"②

2. "君子"指"后妃"，《樛木》为"众妾美后妃"之作。

朱熹《诗集传》云："后妃能逮下而无嫉妒之心，故众妾乐其德而称愿之曰：'南有樛木，则葛藟累之矣。乐只君子，则福履绥之矣。'"③ 朱子这一说解，在全诗主题上与《诗序》并无二

① 明·张次仲：《待轩诗记》卷一，文渊阁《四库全书》本。
② 清·范家相：《诗沈》卷三，文渊阁《四库全书》本。
③ 南宋·朱熹：《诗集传》卷一，上海：上海古籍出版社，1980年，第4页。

致，但“君子”所指发生了变化。《诗集传》又云：“君子，自众妾而指后妃，犹言小君内子也。”按朱子之说，“君子”当指“后妃”，此诗为“众妾美后妃之作”。

朱子之解，盖是针对汉唐郑、孔之说而发。不过甫一提出，即引起了弟子的疑惑。《朱子语类》载：

> （郑可学）问：“《樛木》诗‘乐只君子’，作后妃，亦无害否？”曰：“以文义推之，不得不作后妃。若作文王，恐太隔越了。某所著《诗传》，盖皆推寻其脉理，以平易求之，不敢用一豪私意。大抵古人道言语，自是不泥著。”①

言语之间，朱子显得很自信。但君子“若作文王”，怎么个“太隔越”法？朱子并未直言，其弟子辅广发扬师说云：

> 此诗虽是兴体，然亦兼比意，与《关雎》同。故郑氏以为“木枝以下垂之故，故葛藟得累而蔓之，喻后妃能以意下逮众妾，故众妾得上附而事之”也。但先儒皆以“君子”为指人君而言，故张子曰：“室家安和，故其君子无所忧患。”而东莱先生亦主其说，然觉得语意隔蓦。众妾方乐后妃之逮下，未及美后妃而遂言人君，似非人情，故先生止以为指后妃如“小君内子”之说者，得之。所谓置心平易始知诗者，于此见矣②。

---

① 南宋·朱熹：《朱子语类》卷八十一，朱杰人、严佐之、刘永翔主编《朱子全书》第十七册，上海：上海古籍出版社、合肥：安徽教育出版社，2002 年，第 2775 页。

② 南宋·辅广《诗童子问》卷一，文渊阁《四库全书》本。

元人刘瑾《诗传通释》、梁益《诗传旁通》，明人梁寅《诗演义》等，皆从朱熹之解。当然，后世也有学者反对，以为“君子”仍当指“文王”，如清李光地《榕村语录》载：“问：‘《樛木》篇所云“乐只君子”，《朱传》谓指后妃，犹言小君内子也。窃意“君子”仍指“文王”说。后妃能逮下，如樛木之芘葛藟，以致室家和理，天下化成，则文王膺受多祉矣。文王膺祉，则后妃之福履可知。于礼，祝嘏止及主人而不及主妇，亦以妇从夫故也。若祝后妃而略文王，反觉非体。如此解“君子”二字，不用分疏，意味似尤深长。’曰：‘此说亦好。’”①

3. “君子”指“文王”，《樛木》为“诸侯归心文王”之作。

明代嘉靖年间，出现了两部《诗》学旧籍，一为子贡《诗传》，一为申培《诗说》。后经证实皆为伪作，作伪者或为浙江鄞县人丰坊。二书解《樛木》相似，然与《毛诗序》及朱熹之说均有差异。《伪诗传》云：“南国诸侯慕文王之德，而归心于周，赋《樛木》。”②《伪诗说》云：“《樛木》，诸侯慕文王之德而归心焉，故作此诗。”③ 不难推断，二家皆以“葛藟”与“樛木”乃比“诸侯”与“文王”，“君子”亦当指“文王”。这一说法引发了当时及后世学者的激烈争论。

明人何楷赞同“归心文王”之说，云：“《樛木》，南国诸侯归心文王也。诗以‘南有樛木’发端，与‘南有乔木’、‘南有嘉鱼’一例，自是南国之人咏其所见。子贡《传》、申培《说》皆以为南国诸侯慕文王之德而归心焉，是也。……此言文王之德远及南方，如樛木之荫下，而凡弱小之国有所依归，如葛藟之得所系也，于是以福履祝之。《书》曰文王‘诞膺天命，以抚方夏，

① 清·李光地：《榕村语录》卷十三，文渊阁《四库全书》本。
② 明·陶宗仪：《说郛》卷一下，文渊阁《四库全书》本。
③ 明·徐元太：《喻林》卷一〇六，文渊阁《四库全书》本。

大邦畏其力，小邦怀其德’，正谓此也。”① 清人黄中松则从反对朱熹以“君子”为“后妃”来推崇申培《诗说》：

朱子谓以文义推之，君子不得不指后妃。若指文王，恐太隔越了，故易《笺》义而证以“小君内子”之文。于诗之上下血脉固觉贯通，而后妃有君子之德即以君子目之，如世所称女中丈夫者乎？然此实出自朱子创解，经传称女人为君子者，未之概见，故后人多疑之。此朱子犹未尽去《序》之故也。申公说曰：“南国慕文王之德，归心于周，赋《樛木》。”直指为文王。其书虽伪托，其义实正大，绝去许多葛藤，亦说经之一快也②。

明人朱朝瑛却斥《诗传》、《诗说》“揣摩最巧，最易乱真”，云：

《序》曰：“后妃逮下也。”《伪子贡传》云：“南国诸侯慕文王之德，而归心于周，赋《樛木》。”诚如是，则此诗当为雅，不当为风矣。《序》曰：“以一国之事系一人之本谓之风，言天下之事形四方之风谓之雅。”故凡咏文王之德者皆属之雅，咏后妃之德皆属之风。风者，言化起于幽微无形之可即也。或曰，其属于风者，以音律相近也，是固然矣。然风雅音律之异，必在巨细之间，岂以诸侯颂美方伯而作詹詹细响乎？《伪传》揣摩最巧，最易乱真，不可以不辨③。

① 明·何楷：《诗经世本古义》卷八，文渊阁《四库全书》本。
② 清·黄中松：《诗疑辨证》卷一，文渊阁《四库全书》本。
③ 明·朱朝瑛：《读诗略记》卷一，文渊阁《四库全书》本。

4. “君子”指“国君”，《樛木》为“群臣颂其君”之作。

此类说法，以为“君子”未必确指“文王”，可以推广而至于指“国君”，则《樛木》之诗，当为“群臣颂其君”之作。三家诗即持此说，王先谦《诗三家义集疏》云：“君子，国君也。”崔述《读风偶识》亦云：

> 《螽斯》之旨，当如《序传》所云。若《樛木》，则未有以见其必为女子而非男子也。玩其词意，颇与《南有嘉鱼》、《南山有台》之诗相类，或为群臣颂祷其君亦未可知。此二诗者，皆上惠恤其下，而下爱敬其上之诗。文王、太姒之德固当如是，即被文王、太姒之化及沐其遗泽者，亦当有之[①]。

这一解说，只是对郑、孔之说的一种推衍，在诗旨上并没有实质性的区别。

5. “君子”指“贵族”，《樛木》为“祝福贵族”之作。

如上四说，均属经学时代对《樛木》的解说。进入现代，普遍反对《毛诗序》，解说《樛木》的思路发生了较大的改变。代表性的说法有二：第一种解“君子”为“贵族”，以《樛木》为“祝福贵族”之作。吴闿生《诗义会通》称：

> 此诗但言君子盛德福履之厚，本与后妃无涉。“南有樛木，葛藟累之”者，言木下曲则葛藟缘之以致其高；君子作人，则士依之以成其德。诗意止此。《序》所谓“后妃逮下，无嫉妒之心”，乃拘牵傅会之词，不足置信[②]。

---

① 清·崔述：《读风偶识》卷一，道光四年东阳署中刻本。

② 吴闿生：《诗义会通》，北京：中华书局，1959 年，第 5 页。

前文所及高亨先生之说，亦以“君子”为“贵族”。陈子展先生之解，也还是摆脱不了时代的局限。他说：“这像是奴隶社会里歌颂主子的诗，可能是采自民间风。这诗用葛藟附托樛木的形象，来象征奴隶依从主子的关系。”[①]

6. “君子”指“丈夫”，《樛木》为“祝福丈夫”之作。

现代第二种代表性说法，便是以“君子”为“丈夫”，解《樛木》为“女子祝福丈夫”之诗。在这一前提下，有学者认为《樛木》“贺新婚也”（如闻一多《风诗类钞》）或“这是一首祝贺新郎的诗。这位新郎，作者称他为君子，当然是上层人物”[②]；有学者则认为“诗经中的‘君子’，多是恋爱中的女子对情人或已婚的妇人对丈夫的称谓”[③]，《樛木》一诗纯粹描写妻子对丈夫的祝福。杨合鸣、李中华的说法比较典型：

> 《樛木》确是一首表现女子对丈夫的爱情与美好祝愿的诗。它以大树枝条垂拂隐寓丈夫对自己的爱情与护持之意，又以葛蔓盘裹、蒙盖、缠绕大树隐寓自己对丈夫的相倚相亲之意，并且反复地祝愿丈夫幸福、平安、有所成功，从而表达了她对美好生活的期待[④]。

不管解“君子”为“贵族”抑或“丈夫”，现代意义上的解诗都拥有一个共同特点，就是《樛木》一诗与“后妃逮下”或“文王之化”毫无干系。这是对《毛诗序》的最大反动，也是现

---

① 陈子展：《诗三百解题》卷一，前揭，第20页。

② 程俊英、蒋见元：《诗经注析》，北京：中华书局，1991年，第12页。

③ 杨合鸣、李中华：《诗经主题辨析》，南宁：广西教育出版社，1989年，第14页。

④ 杨合鸣、李中华：《诗经主题辨析》，前揭，第14—15页。

代诗学区别于古典诗学的一个生动体现。

三、“本相”是什么？

在对自古至今关于“樛木”及“君子”的纷纭众说作了一番细致梳理后，我们不禁要问：“樛木”、“君子”到底何所指？《樛木》乃至整部《诗经》的“本相”到底是什么[①]？由《樛木》一诗，我们也清楚地看到了古典诗学与现代诗学在解说理路上的差异。可是，完全摒弃了《毛诗序》的现代诗学，一定比古典诗学更接近《诗》之本相吗？这些问题，似乎都不易回答。“《诗》无达诂”，此话诚然！不过也还是有一些基本原则，可以指导我们能够相对客观地审读理解《诗经》：首先，在看待众说时，不能将其放置在同一个平面，而应充分理会每种说法产生的历史时代及其背后的深层政治学术背景，这也就是孟子所说的“知人论世”；其次，诗义有着多个层次，比如《诗》有本义，有编诗义，有经学义，有现代义等等，而传统“经学诗教义”的形成，也经历了一个“层累”的过程，需要以历史的眼光、审慎的态度仔细

① 其实，产生于战国时期的《孔子诗论》，在论《樛木》时也未指明“君子”的确定身份。第10简云：“《樛木》之时。”第11简云：“《樛木》之时，则以其禄也。”第12简云：“《樛木》，福斯在君子。”尽管马承源先生称：“《樛木》小序云：‘后妃逮下也。言能逮下，而无嫉妒之心焉。’可以说是对诗意的曲解。诗句‘乐只君子，福履绥之’，又‘福履将之’、‘福履成之’，孔子云‘福斯在君子’，点出了诗意。”“福斯在君子”固然是关键句，可是仅据这五字，我们既无法得知“君子”的身份，也无法推测《樛木》一诗的主题。当然，这不能算作《诗论》的“失误”，因为《诗论》本来就与《诗序》有着不同的性质。彭林先生《“诗序”、“诗论”辨》一文称：“《孔子诗论》的主旨是论述《诗》义，故不仅引章摘句，畅论《诗》志，而且不嫌文字重复，属于议论性质的文字，而《诗》序是题解类的文字，因此，断断不能将《孔子诗论》名之为‘《诗》序’，或者‘古《诗》序’。”见《上海博物馆战国楚竹书研究》，上海：上海书店出版社，2002年，第97页。

细绎；复次，在人文社会科学研究领域，切不可简单地以为“今胜于古”，许多思想及学说的形成常常靠某些因缘际会，而这与“古今”的时间概念并无必然联系，所以对于古代学者的论断，我们应该心怀敬意地理析，而不能想当然地斥为“好笑”或“附会”。

对于《樛木》一诗而言，窃以为清代《诗经》学“独立思考派”[①] 之代表人物方玉润，说得较为通达，录之如下：

> 《小序》谓“后妃逮下”，《大序》遂衍为“无嫉妒之心”，《集传》因之，谓众妾之颂后妃，似矣。然诗词并无乐德意，而何以见其无嫉妒心耶？观累、荒、萦等字有缠绵依附之意，如茑萝之施松柏，似于夫妇为近。而《伪传》又云：“南国诸侯慕文王之化，而归心于周。”其说亦是。总之，君臣夫妇，义本相通，诗人亦不过藉夫妇情以喻君臣义，其词愈婉，其情愈深，即谓之实指文王，亦奚不可？而必归诸众妾作，则固矣[②]！

① 夏传才：《诗经研究史概要·清代诗经研究概说》，郑州：中州书画社，1982年，第189页。

② 清·方玉润：《诗经原始》卷一，北京：中华书局，1986年，第80页。

“宴尔新昏，如兄如弟”与儒家伦理[①]

提要：《诗经·邶风·谷风》中的“宴尔新昏，如兄如弟”一句，表明在《诗经》时代，兄弟亲密乃属社会共识，并且兄弟亲密程度在夫妇之上，这在《小雅·常棣》一诗中可以得到印证。究其因，乃在于兄弟关系属天伦，夫妇关系属人伦，人伦不及天伦亲厚。从“宴尔新昏，如兄如弟”的伦理教化意义上讲，有一个从强调兄弟相亲的“亲亲”到强调尊卑等级的“尊尊”的嬗递过程，其思想渊源在于战国晚期以来德性伦理向政治伦理的转换。

《邶风·谷风》是一首著名的“弃妇诗”，与《卫风·氓》一起被誉为《诗经》弃妇诗的“双璧”。全诗凡六章，章八句。其中第二章为：

行道迟迟，中心有违。不远伊迩，薄送我畿。

谁谓荼苦？其甘如荠。宴尔新昏，如兄如弟。

① 本文发表于《孔子研究》2013 年第 1 期。

末二句“宴尔新昏，如兄如弟”，拿丈夫、新人之亲密和乐，与自己被无情逐出家门作一对比，更反衬出女主人公心境之痛楚。

饶有兴味的是，诗人形容丈夫与新人新婚的亲昵恩爱，用了一个“宴尔新昏，如兄如弟”的比喻，即把新婚夫妇间的亲密比作兄弟之间的亲密，这在今天看来颇有点不伦不类。理由是，假如这一比喻能够成立，实际里面暗含了这样的前提：第一，兄弟关系被认为非常亲密，且在社会上达成一种共识，这是取之作喻的前提；第二，兄弟关系的亲密程度要在夫妇关系之上，否则便会导致“似欲密而反疏”[①] 的结果，也就起不到修辞的效用了。然而在现代人的观念中，夫妇关系的亲密程度当然要高于兄弟，比如《中华人民共和国婚姻法》第二章第十条即规定：“遗产按照下列顺序继承：第一顺序：配偶、子女、父母。第二顺序：兄弟姐妹、祖父母、外祖父母。”这虽属法律条文，却是按照与主体关系之亲疏近远来制定的。如此一来，便会引发我们关注这样一些问题：《诗经》时代的夫妇兄弟观念到底是什么样子？这一观念背后的理据是什么？这一观念的伦理意义何在？

一、“兄弟”何指？

《谷风》中的“兄弟”一词，历代有不同解说，大端有二：

1.“共父之亲，同姓宗族”

这也是最通常意义上的“兄弟”所指。《毛传》（《毛诗诂训

---

① 钱锺书：《管锥编》第一册《毛诗正义》，北京：中华书局，1986 年，第 83 页。

传》)、《郑笺》(《毛诗传笺》)、《孔疏》(《毛诗正义》)、《朱传》(《诗集传》)等解经之作，并未对《谷风》中的“兄弟”含义作明确解说。据孔颖达《毛诗正义》：“君子苦己犹得新昏，故又言安爱汝之新昏，其恩如兄弟也。以夫妇坐图可否，有兄弟之道，故以兄弟言之。”从“恩如兄弟”、“兄弟之道”的表述看，《孔疏》乃以“兄弟”指有血缘关系意义上的“共父之亲，同姓宗族”。这一解说，源自孔颖达对《小雅·常棣》中“兄弟”的解释。《常棣·诗序》云：“《常棣》，燕兄弟也。闵管、蔡之失道，故作《常棣》焉。”《孔疏》称：

> 作《常棣》诗者，言燕兄弟也。谓王者以兄弟至亲，宜加恩惠，以时燕而乐之。周公述其事，而作此诗焉。兄弟者，共父之亲，推而广之，同姓宗族皆是也。故经云：“兄弟既具，和乐且孺。”则远及九族宗亲，非独燕同怀兄弟也。

在这里，《孔疏》将《常棣》中的“兄弟”释为“共父之亲”以至“同姓宗族”。在孔氏看来，《谷风》中“兄弟”所指，与之十分接近。按照马银琴的考证，《小雅·常棣》作于西周中后期，《邶风·谷风》作于春秋前期[①]，《常棣》中的兄弟观念可以作为理解《谷风》兄弟观念的一个参照。换句话说，我们可以理解为：《常棣》中的兄弟观念在《谷风》时代依然被接受和产生影响。

2. “婚姻之称”

另外一种意见，是将“兄弟”解释为“婚姻之称”。清人黄

① 马银琴：《两周诗史》，北京：社会科学文献出版社，2006年，第213、331页。

中松《诗疑辨证》卷二解《郑风·扬之水》篇（诗中有“终鲜兄弟，维予与女”、“终鲜兄弟，维予二人”句）云：

> 《集传》定为“淫者相谓”，而于“兄弟”字难通。乃曰“兄弟，婚姻之称”，又引《礼》（《曾子问》曰：不得嗣为兄弟）为证。考《诗》“宴尔新昏，如兄如弟”，如之耳，非真兄弟也。而据《周礼》（大司徒以本俗六安万民，其三曰联兄弟）《郑注》（曰：兄弟谓婚姻嫁娶）、《尔雅》（曰：父之党为宗族，母与妻之党为兄弟；妇之党为婚兄弟，婿之党为姻兄弟）《郭注》（曰：古人皆谓昏姻为兄弟），则“兄弟”之义尚有可通。于“终鲜”，义又难通。

据文义，黄中松乃以《周礼》郑注、《尔雅》郭注为依据，认为《谷风》“宴尔新昏，如兄如弟”之兄弟可以解为“婚姻之称”，只是《扬之水》“终鲜兄弟”之兄弟不当作如是解。不过，将“兄弟”释为“婚姻之称”尽管有据，但放到“宴尔新昏，如兄如弟”的语境中则难以圆通。因为“兄弟”既与“新昏”同义，“如兄如弟”之“如”字便没有了着落，也就无法完成这一比喻。

故此，我们认为“宴尔新昏，如兄如弟”之兄弟，当释为“共父之亲，同姓宗族”。

二、《诗经》时代的“兄弟、夫妇”次序

让我们回到前文所言“宴尔新昏，如兄如弟”这一比喻得以成立的两个前提：1. 社会公认兄弟关系亲密；2. 兄弟亲密胜于

夫妇。这两者，都可以在《小雅·常棣》一诗中找到答案，这也体现了《诗经》时代的“兄弟夫妇观”。

《常棣》一诗凡八章，每章四句，诗云：

1. 常棣之华，鄂不韡韡。凡今之人，莫如兄弟。
2. 死丧之威，兄弟孔怀。原隰裒矣，兄弟求矣。
3. 脊令在原，兄弟急难。每有良朋，况也永叹。
4. 兄弟阋于墙，外御其务。每有良朋，烝也无戎。
5. 丧乱既平，既安且宁。虽有兄弟，不如友生。
6. 傧尔笾豆，饮酒之饫。兄弟既具，和乐且孺。
7. 妻子好合，如鼓瑟琴。兄弟既翕，和乐且湛。
8. 宜尔室家，乐尔妻帑。是究是图，亶其然乎！

首章以“常棣之华，鄂不韡韡”（程俊英译为：“常棣花开照眼明，花萼花蒂同根生。”）起兴，引出真正要表达的“所咏之词”[①] ——“凡今之人，莫如兄弟”，这也是统摄全篇的一个基本观点。《郑笺》云：“人之恩亲，无如兄弟之最厚。”这里的“莫如”、“无如”，表明兄弟、朋友、妻子等诸种伦理关系中，兄弟关系最为亲厚，乃居首位；而“凡今之人”的背后，还包含了这样一层意思：“莫如兄弟”的观念在时人中乃属共识，故孔颖达于《毛诗正义》卷九认为“《传》以‘凡今’者多对‘古’之称，故辨之”，曰：“凡今时之人，恩亲无如兄弟之最厚也。”接下来几章，便是在与“良朋”、“友生”、“妻子”的对比中，从不同角度阐发“莫如兄弟”的观念。

二章举人世间两大巨变“死丧之威”（死亡威胁）和“原隰

① 南宋·朱熹：《诗集传》卷一，上海：上海古籍出版社，1980年，第1页。

衰矣”（陵谷变迁），以证巨变中唯有兄弟最为关怀，正如方玉润所言：“上言死丧，乃人事之变；下言原隰，乃山川之变。总以见势当变乱，始觉兄弟情亲，起下‘急难’、‘外侮’。”①

三章、四章乃言危难之时，“良朋”不若“兄弟”之亲密可靠。依《孔疏》之说，三章言：“于此急难之时，虽有善同门来，兹对之唯长叹而已，不能相救。言朋友之情甚，而不如兄弟，是宜相亲也。”四章言：“于此他人侵侮之时，虽有善同门来见之，虽久也，终无相助之事，唯兄弟相助耳。言兄弟之恩过于朋友也。”

五章的理解，诸家稍有出入。郑玄、孔颖达皆以安宁之时，“兄弟”确实不如“友生”亲密，《郑笺》云：“安宁之时，以礼义相琢磨，则友生急。”《孔疏》释曰：“室家安宁，身无急难，则当与朋友交，切磋琢磨学问，修饰以立身成名。兄弟之多则尚思，其聚集则熙熙然，不能相励以道。朋友之交则以义，其聚集切切节节然，相劝竞以道德，相勉励以立身，使其日有所得，故兄弟不如友生也。”清人姚际恒则以为“虽有兄弟，不如友生”的真正用意，其实仍在申明“莫如兄弟”之意：“盖此时兄弟已亡，所与周旋者唯友生而已，故为深痛，皆反复明其‘莫如兄弟’之意。”②

接下来的六、七、八章，又言兄弟之当“和乐”，只是这里的“兄弟”含义已由“共父之亲”推广至“同姓宗族”。《毛传》释六章“和乐且孺”之“和”云：“九族会曰和。”《郑笺》云：“九族，从己上至高祖、下及玄孙之亲也。”《孔疏》云：“上章已来，说兄弟宜相亲，故此章言王者亲宗族也。”而七章“妻子好

---

① 方玉润：《诗经原始》卷之九，北京：中华书局，1986年，第334页。

② 姚际恒：《诗经通论》卷九，台北：广文书局，1971年，第178页。

合，如鼓琴瑟”，其意为：“王与族人燕，则宗妇内宗之属亦从后于房中。”这里“妻子”的从属地位，虽不是从夫妇亲密程度的角度讲，却也包含了“夫妇”亲密不若“兄弟”的意思，方玉润即称：“良朋妻孥，未尝无助于己，然终不若兄弟之情亲而相爱也。”①

倘要追究《诗经》时代“夫妇”不若“兄弟”亲密的根本原因，乃在于从伦常类型上讲，“兄弟”属“天伦”，“夫妇”属“人伦”，人伦不及天伦亲厚。方玉润云：“盖良朋妻孥以人合，而兄弟则以天合。以天合者，虽离而实合；以人合者，虽亲而实疏。故曰：‘凡今之人，莫如兄弟。’岂不益信然哉？”② 钱钟书先生亦从这一角度解说《谷风》与《常棣》中的兄弟夫妇关系：

> 盖初民重“血族”（kin）之遗意也。就血胤论之，兄弟，天伦也，夫妇则人伦耳，是以“友于骨肉”之亲当过于“刑于室家”之好。新婚而“如兄如弟”，是结发而如连枝，人合而如大亲也。观《小雅·常棣》，“兄弟”之先于“妻子”，较然可识③。

简言之，由《常棣》一诗可知，兄弟关系亲密且亲密程度深于夫妇，这在《诗经》时代是一种共识，这也是《邶风·谷风》“宴尔新昏，如兄如弟”这一比喻得以成立的先决条件。

---

① 方玉润：《诗经原始》卷之九，前揭，第 333 页。
② 方玉润：《诗经原始》卷之九，前揭，第 333 页。
③ 钱锺书：《管锥编》第一册《毛诗正义》，前揭，第 83－84 页。

三、“如兄如弟”的伦理教化：“亲亲”与“尊尊”

谈《诗》自然会谈到诗教，那么，由“宴尔新昏，如兄如弟”所透射出的兄弟夫妇观念，其伦理教化意义何在？还是让我们从《常棣》一诗说起。

《毛诗序》云：“《常棣》，燕兄弟也。闵管、蔡之失道，故作《常棣》焉。”《郑笺》云：“周公吊二叔之不臧，而使兄弟之恩疏。召公为作此诗，而歌之以亲之。”《孔疏》进一步疏释曰：

> 此《常棣》是取兄弟相亲之诗。……昔周公吊二叔之不咸，故封建亲戚以藩屏周。召穆公思周德之不类，故纠合宗族于成周，而作诗曰：“常棣之华，鄂不韡韡。凡今之人，莫如兄弟。”周之有懿德如是，犹曰莫如兄弟，故封建之。其怀柔天下也，犹惧有外侮。捍御侮莫如亲亲，故以亲屏周。（《毛诗正义》卷九）

不难看出，郑玄、孔颖达皆从“亲亲”角度定位《常棣》兄弟关系的伦理意义。然而落到《邶风·谷风》诗中，“宴尔新昏，如兄如弟”的伦理教化意义，却出现了“亲亲”与“尊尊”两种解释路向。

先看“亲亲”的解释路向。最有代表性的当属朱熹之《诗集传》，朱子释“宴尔新昏，如兄如弟”云：“而其夫方且宴乐其新婚，如兄如弟而不见恤。盖妇人从一而终，今虽见弃，犹有望夫之情，厚之至也。”[1] 这一解释，可以理解为朱子乃以兄弟间的亲密来比新婚夫妻的亲密，背后包含着《常棣》一诗兄弟当“相亲”之意。清人朱鹤龄《诗经通义》卷三解《郑风·扬之水》一诗云“兄弟，婚姻之称，《礼》所谓‘不得嗣为兄弟’是也。或又云兄弟如所谓‘宴尔新昏，如兄如弟’者，盖亲之之辞”，更是明确地将“宴尔新昏，如兄如弟”句解为“亲亲”之意。

然而后世更多的解释路向则是偏于“尊尊”，即强调兄弟先于夫妇的尊卑等级观念，这就与《诗经》时代的本初观念有了一定的差距。《孔疏》云：“君子苦己由得新昏，故又言安爱汝之新昏，其恩如兄弟也。以夫妇坐图可否，有兄弟之道，故以兄弟言之。”其中“又言安爱汝之新昏，其恩如兄弟也”仍从“亲亲”角度讲，可是解说新昏如何恩如兄弟时，却给出了“以夫妇坐图可否，有兄弟之道”的理由，这便透露出“尊尊”的味道来了。何谓“以夫妇坐图可否，有兄弟之道”？宋人卫湜《礼记集说》卷四十七云：

> 严陵方氏曰：夫唱而妇和，兄先而弟后，则夫妇固有兄弟之义，故此言“不得嗣为兄弟”也。《诗》不云乎？“宴尔新昏，如兄如弟。”以是而已。

夫唱妇和，兄先弟后，显然突显了夫与妇间、兄与弟间不可更易的伦常次序。以二者有可比性，故取之作喻。

“尊尊”的另外一个更常见义，是指“兄弟”一伦先于“夫妇”一伦，而强调这样一种伦常秩序，乃基于这是中国传统皇权宗法社会奠立的基本格局，不容打破，“宴尔新昏，如兄如弟”

① 南宋·朱熹：《诗集传》卷二，前揭，第21页。

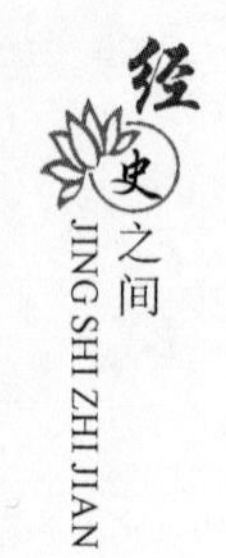

的社会教化意义也便由此而显。清代江苏阳湖人陆继辂《合肥学舍札记》卷三“兄弟夫妇”条称：

> 诗人以“如兄如弟”状夫妇和乐，立言最为有序。孔子举杖磬折，问子贡曰：“子之大亲毋乃不宁乎?”放杖而立曰：“子之兄弟亦得无恙乎?”曳杖而行曰：“妻子家中得毋病乎?”贾子述之，云：“所以明尊卑、别疏戚也。”吾见今人书疏先问妻子、后及兄弟者多矣，岂明于尊卑而昧于疏戚乎？聪应识之①。

孔子与子贡的故事，出自汉代贾谊所撰《新书》卷六。故事的真实性姑且不考，贾子记述这则对话的用意却在表明：通过孔子先问“大亲”、再问“兄弟”、次问“妻子”的先后次序，揭示“明尊卑、别疏戚”的伦常之理。而后世人书疏时多“先问妻子、后及兄弟”，则是“明于尊卑而昧于疏戚”的表现，需要加以修正。

而且，即便将这里的“兄弟”理解为“婚姻之称”，这种伦理教化意义依然不废。康熙年成书的《御纂孝经衍义》卷十录宋儒张载之语云：“《正蒙》曰：‘生有先后，所以为天序（人之生也，先者为长，后者为幼，此所谓得于天者，自然之伦序），天之生物也有序（上天生物，皆有不可易之序），知序然后经以正（知长幼之序，则大经以正）。’”接下来有“臣按”云：

> 《尔雅·释亲》云：“男子先生为兄，后生为弟。父之兄弟，先生为世父，后生为叔父。女子谓先生为姊，后生为

① 见刘毓庆等：《诗义稽考》第二册，北京：学苑出版社，2006年，第486页。

妹。女子同出，谓先生为姒，后生为娣。”《史记》“兄弟之妻相谓为先后宛若”此序之先后，所以起兄弟之名义也。推而广之，天地之间无非先后之序。惟君父至尊，不得以先后言耳。官之有长属，齿之有老少，闻道之有早暮，皆兄弟也。《诗》言：“兄弟无远。”子夏曰：“四海之内皆兄弟也。”则朋友一兄弟也。《尔雅》曰：“妇之党为婚兄弟，婿之党为姻兄弟。”《诗》云：“宴尔新婚，如兄如弟。”《曾子问》：“致命女氏曰，某之子有父母之丧，不得嗣为兄弟。”夫妇一兄弟也。经言父子之道，君臣之义，而事兄事长，亦言之屡矣。惟士有争友，一见于书，而夫妇不之及也，岂非以朋友、夫妇之伦即兄弟而推者哉！是故张子曰：“知序然后经正也。”

这段按语的中心意旨有二：其一，朋友之伦、夫妇之伦，皆居兄弟之伦之后，朋友、夫妇伦常之义，皆可由兄弟之伦推得；其二，探究兄弟之伦的教化意义在于——知序然后经以正，亦即“知长幼之序，则大经以正”。

当然，无论“亲亲”还是“尊尊”，“宴尔新昏，如兄如弟”所体现出的伦理教化意义，都在中国古典社会发挥着持久的作用。

四、从“德性伦理”到“政治伦理”

行文至此，还有两个问题需要回答：第一，既然已经证明了周代以来“兄弟”亲密程度高于“夫妇”，那该如何解释先秦文献中诸多“夫妇居先”的表述？第二，“宴尔新昏，如兄如弟”

的伦理教化意义——亲亲与尊尊，是平行并立关系，还是有一个从先到后的嬗变过程？

首先来看先秦文献中关于“夫妇居先”的表述。《周易·家人卦·彖辞》云：“家人，女正位乎内，男正位乎外。男女正，天地之大义也。家人有严君焉，父母之谓也。父父、子子、兄兄、弟弟、夫夫、妇妇而家道正，正家而天下定矣。”又，《周易·序卦传》云：“有天地然后有万物，有万物然后有男女，有男女然后有夫妇，有夫妇然后有父子，有父子然后有君臣，有君臣然后有上下，有上下然后礼义有所错。”而《中庸》说得更为明确：“君子之道，造端乎夫妇。及其至也，察乎天地。”很显然，无论是“男女正，天地之大义”，还是“有男女然后有夫妇，有夫妇然后有父子”，抑或“君子之道，造端乎夫妇”，无一不表明了“家庭为国家之本，夫妇为人伦之始”的观念。问题是，这与前文所言“凡今之人，莫如兄弟”的观念是否相悖？回答是否定的。究其因，乃在于前文所谓夫妇关系不若兄弟亲密，是在“人伦”与“天伦”的对比中立论；而此处所谓“夫妇居先”，则仅从“人伦”角度展开。从人伦关系的自然产生顺序立言，夫妇当然居于首位。东汉班固《白虎通义》卷上《号》所谓“古之时，未有三纲六纪，民人但知其母，不知其父。能覆前而不能覆后，卧之法法，起之吁吁，饥即求食，饱即弃余，茹毛饮血，而衣皮韦。于是伏羲仰观象于天，俯察法于地，因夫妇，正五行，始定人道”，说的正是这个道理。

其次，如前所述，周代以降，以“宴尔新昏，如兄如弟”推展伦理教化者，既有从“亲亲”着眼者，亦有从“尊尊”着眼者，二者有一交叉关系。但毫无疑问，侧重强调某种尊卑等级秩序的“尊尊”观念，相对要出现得晚一些，这与社会伦理的实际进化历程有关，也与战国末期以来法家思想对儒家伦理的冲击和修正有关。景海峰先生即认为：

> 迟至战国晚期，反对儒家“亲亲”原则的法家人物，就试图用社会等级观念的驾驭和政治权力的操控，来重新厘定人际交往的新规范，建立强制性的伦常秩序。从韩非子开始，其对人伦关系的理解则更为强调社会属性的一面……同时，人伦的血亲色彩也被淡化掉了，在一定程度上抛弃了孔孟传统的“亲亲”原则，而更为强调人伦关系所负载的社会性内容，将社会意义的人际关系置于自然意义的亲缘关系之上，完成了早期形成的血亲人伦意识的一次重大的调整，同时也预示着以“亲亲”原则为基础的德性伦理的淡化[①]。

也就是说，战国末期以来，很大程度上出现了由儒家“德性伦理”向法家“政治伦理”的转换，这一转换也直接影响着汉代“三纲六纪”系统的正式确立。而对于儒家伦理而言，“亲亲”淡化的同时，便是政治意味更浓的“尊尊”的突显，这正是“宴尔新昏，如兄如弟”用以强调尊卑等级的思想渊源所在。

① 景海峰：《五伦观念的再认识》，载《哲学研究》2008 年第 5 期。

也谈《诗经》学史上的“假历史”和“假道学”[①]

提要：台湾历史学家杜正胜先生在《诗经的世界·译者导言》中指出，汉代《毛诗序》解诗不顾诗篇本义，制造了“假历史”和“假道学”，应当竭力批判，回到《诗经》的“歌谣世界”。我们认为，第一，对待《毛诗序》，需要站在周代礼乐制度角度，将其放置于《诗》文本的结集历程中考察。《毛诗》“首序”主要是对诗篇仪式、讽谏之用的一种功能提示，目的不是解说诗本义。《毛诗序》无意也未曾制造《诗经》学史上的“假历史”，郑玄《诗谱》才是始作俑者，但亦应当从一种“经学”视角审度。若以现代史学“科学客观”的标准来衡量《毛诗序》的“讲本事”倾向，则无法解释司马迁在《史记》中对《诗经》文辞的应用。第二，说孔子“郑声淫”开启《诗经》学史上的“假道学”之风，实际是一种误解，孔子所论体现出一种早期诗教观念，并非后世意义上的道学观念。《毛诗》“首序”并无“淫”字，“续序”

① 本文发表于《中国文化》第37期（2013年5月），又载《儒学与古典学评论》第二辑（同济大学出版社，2013年）。

则多以“淫”解诗，这是汉代产生的一种经学观念，启发了朱熹《诗经》“淫诗说”的产生，朱熹所持才是“真道学”。朱熹虽从“诗本义”角度倡言“淫诗说”，但他并未也不可能推倒《毛诗序》的“假历史”。从古典学的角度看，《诗经》学史上的所谓“假历史”和“假道学”，与《诗经》时代的历史，是两种性质不同的“真历史”，需要分别对待和用心“清理”，但不能简单“清除”。

一、引言

2009年6月，台湾历史学家杜正胜先生为他翻译的日本学者白川静著《诗经的世界》的增订版（台湾东大图书公司2009年7月版）写就一篇《译者导言——诗史的开始与回归》。这篇导言，“特别讨论诗史的问题”[①]，是难得一见的关于“诗史”论说的“重量级”文字！副标题的所谓“诗史的开始与回归”，在杜先生看来，“这是历史重建的新学风，还原《诗》篇到作诗时代的历史情境，从诗歌透视历史。换句话说，将两千年脱离历史的《诗》篇回归历史的原貌”（《译者导言》，页11[②]）。史学出身的杜正胜先生，更为关注的是周代历史重建的问题，视《诗》为构建周史的重要“史料”。在此前提下，他批判了两千年来《诗》篇“脱离历史”的主体倾向，进而提出了两个甚为关键的命题：《诗经》学史上的“假历史”和“假道学”。而不论“假历史”还是“假道学”，共同指向的文本，都是汉代的《毛诗序》。因此杜

① 杜正胜：《诗经的世界·增订版说明》。

② 以下凡引用杜正胜先生的话，若非特别注明，皆出自《译者导言》，只标明页码，不再标注出处。

正胜先生对“假历史”与“假道学”的批判，实际也是对《毛诗序》的批判。这是《诗经》学史上的一个重要关节，是认识《诗经》的最关键所在；并且这两个命题带有相当的普遍性，对于认识其他经典亦有启发意义，故而在古典学勃兴的今日，殊有研析的必要。

接下来，我们会如次讨论以下几个问题：其一，厘清杜正胜先生所谓“假历史”和“假道学”的义涵与层次；其二，讨论如何认识这种“假历史”和“假道学”；其三，提出今日对待《诗序》、《诗经》以及整个古代经典的态度。

二、何谓“假历史”和“假道学”？

我们首先要弄清的是，杜正胜先生所谓《诗经》学史上的“假历史”和“假道学”，到底是何所指？分别包含哪些层次？让我们从杜先生的原文入手分析。

第一，所谓《诗经》学史上的“假历史”。

杜先生在《译者导言》中指出，《论语》以来，孔门论《诗》形成了一种“概念化、一般化”（页 34）的传统，孟子便深受这种传统影响。

根据顾颉刚的研究，孟轲对后来诗经学的影响绝不在子夏之下。当孟子信口大言“王者之迹熄而《诗》亡”后，又加上“《诗》亡然后《春秋》作”的论断（《孟子·离娄下》），《诗经》作为历史评论批判的角色就被确定了。其实是周王势衰而《诗》大作，上举的批判诗即是。他教给学生的《诗》学方法论是“说《诗》者，不以文害辞，不以辞害志，以意逆志，是为得之”（《万章上》）。讲《诗》不管文本而出以己意；他的己意就是评论，所以一篇批判统治阶级剥削人民生产所得的魏风《伐檀》，可以被他说成“君子居是国也，其君用之，则安富尊荣；其子弟从之，则孝弟忠信”（《尽心上》）。中国诗经学就笼罩在这种“以意逆志”的“美刺”云雾中了。

汉代《毛诗序》的《诗》学即传承美刺的学风，并且寻找本事，联系历史人物或故事，表面上是在恢复《诗经》的历史情境，其实却走上一条“假历史”的路。此一假历史的《诗》论主宰中国将近两千年，直到二十世纪才彻底解放。

孔门《诗》论早在两千多年前已将《诗》三百篇概念化、道德化、普遍化，抽离其历史时空，其中只字片语作为人生、政治、社会的准则，后人遂称做“经”。普遍化后不久，有些讲《诗》的儒生画蛇添足，又将每篇诗个别化，追索其本事，想由个案衍生出通则，于是形成流传两千年的《毛诗序》。

八十多年前中国进步学者讨论《诗经》时，胡适就明白为《诗经》这部古代歌谣总集定位，它可以做社会史、政治史和文化史的材料，万万不是一部神圣经典（《谈谈诗经》，《古史辨》第三册下编）。这些进步学者不但要解消《诗》篇作为准则的经，也要揭穿《毛诗序》的伪历史，企图还原《诗》篇本来的面目。

《诗经》不是不可以讲本事，少数篇章的确明白指涉当代人物，有的后世比较熟悉，如小雅《正月》的褒姒，《出车》的南仲，《六月》的吉甫，大雅的《嵩高》和《烝民》还是吉甫所作；有的后世文献已难考察，如小雅《十月之交》诗人所批判的皇父集团诸权贵，以及《节南山》的尹氏和大师。其他大部分难以标定个别人物，不过，有的可以确定在某个时段，有的也可以当作延续比较长久的社会文化或是族群特性的现象。所以《诗》的历史化毋宁是诗经学一条可行之路，尤其《诗经》史料化后，更是一条应行之路。走近代这条历史化的新路，首先要清除长期以来根深柢固的假历史。

《毛诗序》把每篇《诗》按上对某王某君，或王后、君夫人的赞美或讥刺，制造了假历史。不但大小雅假历史化，连国风也难逃此一厄运。两千年来的中国人尽是读了这些假历史，他们的历史知识和历史概念当然是不可靠的。（页34—36）

这里，我们不厌其烦地将原文引出，主要是为了便于有针对性地展开讨论。杜先生的这几段文字，不妨概括为如下几个方面：

1. 将每一诗篇“概念化、一般化、道德化、普遍化”，这是孔门论《诗》的传统；孟子提倡“以意逆志”，形成一种“美刺”学风，对后世《诗经》学影响深远。

2. 汉代《毛诗序》传承“美刺”学风，并且为诗篇寻找“本事”，将每篇诗“个别化”，联系历史人物或故事，恢复《诗经》的历史情境，制造了《诗经》学史上的所谓“假历史”。

3. 二十世纪初的进步学者（胡适等），解消《诗经》的经学地位，揭穿《毛诗序》的伪历史，企图还原诗篇本来的面目，主宰中国近两千年的“假历史”才彻底解放。

4.《诗经》可以讲本事，可以走一条“历史化”之路，但前提是将《诗经》“史料化”，只能视其为“社会史、政治史、文化史”的材料，而不能视其为一部“神圣经典”。

5.《诗经》研究走近代这条“历史化”的新路，首先要做的是“清除”长期以来根深柢固的“假历史”。

这便是杜正胜先生所谓《诗经》学史上“假历史”的全部义涵，其中既有破，又有立。一言以蔽之，杜先生认为汉代《毛诗序》脱离诗篇解《诗》，附会“本事”，制造了“假历史”，应当将其“消除”，利用《诗经》本可以建构起“合情合理”的周代兴衰史（页19）。

第二，所谓《诗经》学史上的“假道学”。

所谓“假道学”，与“假历史”密切相关。杜正胜先生在《译者导言》中接着说：

> 除了假历史之外，中国诗经学的另一特色是“假道学”。孔子曾给郑风下了“淫”的论断，并且主张统治者为政的一大任务应该“放郑声”（《论语·卫灵公》）。国风起于民间，传达人民的感情与欲望，为一般人民所喜爱传唱，连封建贵族也不能免，郑风尤其特别，关于男女爱情坦率露骨的歌颂占相当大的分量，孔夫子受不了，加给一个罪名是“乱雅乐”（《论语·阳货》）。其他国风，甚至被道貌岸然化的周南、召南，也有不少类似的作品，但孔子的态度影响世世代代的徒子徒孙，《诗》学者对这类爱情诗通通贴上“淫风大行”、“男女淫奔”的标签，《诗序》是其代表，一千多年后的朱熹（1130—1200）作《诗集传》也承袭这个传统。
>
> 近代《诗经》学者往往强调《诗集传》比《诗序》进步，肯定他敢于说出“淫女之词”或“淫奔之词”的论述。其实朱熹的进步在于解消《诗序》的特定人物指涉，把国风归于某国的风格，于是破除《诗序》的“假历史”，还原为社会事实。譬如邶风的“匏有苦叶”，《诗序》说是刺卫宣公

（前718—前700），“公与夫人并为淫乱”，朱熹只说这是“刺淫乱之诗”，于是就可以用这篇诗来建构古代社会史了。

不过朱熹并未能超越假道学，他还是把这类诗歌当作淫奔之诗，不是近代意义的恋爱诗。他仍然带着浓厚的偏见或成见，郑、卫可以有淫声，周公、召公曾经统治过的领地是不可以有的，于是周南、召南的男女情歌就都因“文王之化……变其淫乱之俗”的结果（《南有乔木》），女子遂知道“以贞信自守”（《摽有梅》）。连那篇非常露骨的男士引诱怀春少女的性爱诗召南《野有死麕》，也被他讲成“南国被文王之化，女子有贞洁自守，不为强暴所污”，故诗人感动赞美。成见之蒙蔽人的思维判断，即使第一流大学者、大思想家也不能免，尤其当成见存在于一个民族长久的历史文化传统时，往往习焉不察，甚至认为是天经地义的道理。

所谓淫声的“假道学”之论是礼教形成、甚至僵化之后才流行的教条，这层不揭开，无法看到礼教化以前的历史，《诗经》所保存的大量历史信息便无法真实显现。（页36—38）

杜先生关于“假道学”的阐说，可以作如下概括：

1. 孔子所谓“郑声淫”、“放郑声”、“乱雅乐”，开启《诗经》学史上的“假道学”之风。

2. 汉代《毛诗序》将《诗经》中的“爱情诗”贴上“淫风大行”、“男女淫奔”的标签，是“假道学”最重要的代表，朱熹《诗集传》承袭了这一传统。

3. 朱熹《诗集传》的进步之处在于，解消《诗序》把国风归于某国的风格，破除《诗序》的“假历史”，还原为社会事实。

4. 朱熹终究未能超越“假道学”，仍带着偏见或成见，视

《诗经》中的“爱情诗”为“淫奔之诗”，而未能将其看成近代意义上的“恋爱诗”。

5. 所谓“淫声”的“假道学”之论，是“礼教”形成甚至僵化之后才流行的教条，应该揭示出“礼教化”之前《诗经》的真实历史。

简言之，杜先生认为：受“礼教”影响，汉代《毛诗序》视《诗经》中的“爱情诗”为“淫风大行”、“男女淫奔”，集中代表了《诗经》学史上的“假道学”，这会妨碍《诗经》历史信息的真实显现。

不难看出，在所谓“假历史”和“假道学”中，《毛诗序》都是最为关键的文本。那么，我们究竟该怎样认识《诗经》学史上的“假历史”和“假道学”呢？《毛诗序》果真完全制造了“假历史”、代表了“假道学”吗？它们果真妨碍了《诗经》历史真相的显现吗？

三、如何认识《诗经》学史上的“假历史”？

应当说，杜正胜先生以“概念化、一般化”来概括孔门论《诗》传统没错，以孟子来倡导一种“美刺”学风没错，甚至汉代《毛诗序》也的确有为诗篇寻找“本事”、将诗篇“个别化”的倾向。但问题是，他所谓“《毛诗序》把每篇《诗》安上对某王某君，或王后、君夫人的赞美或讥刺”（页 36），与其结论“制造了假历史”（页 36）之间，却无法形成必然的逻辑推导。也就是说，《毛诗序》这种“讲本事”的解诗方式，目的未必是要建构起一种什么新的“历史”；并且，《诗序》所讲之“本事”，未必一定追求与诗篇本义之规规然相合——这也正是“假历史”之

“假”的矛头指向，也是历代主张废弃《诗序》、视《诗序》解诗为“穿凿附会”的根本缘由所在！这里，让我们从《毛诗序》的结构分析入手，以期明了《诗序》的性质与功能，包括纠正长期以来存在的对《毛诗序》的认识误区。

1.《毛诗序》及三家诗说未制造“假历史”。

首先应该了解，《毛诗序》非成于一时，非出于一手，是一个有层级的结构。按照马银琴的研究，《毛诗序》从结构上可以分为“首序”（或称“古序”）和“续序”，二者有一个时间上的差距。所谓“首序”，是指每篇《诗序》中开头一句的简练文辞；“续序”，则指“首序”之后相对较长的文字，是对“首序”的引申与发挥。譬如《周南·螽斯》之序云：“后妃子孙众多也。言若螽斯不妒忌，则子孙众多也。”其中“后妃子孙众多也”即为首序，“言若螽斯不妒忌，则子孙众多也”则为续序。学界一般认为，续序及《关雎》之前的《诗大序》出自汉人手笔，但“相传两千多年的《毛诗》首序，应是周代礼乐制度的直接产物，它的产生，至晚应在周代礼乐制度尚未崩坏的春秋末期以前。……它的产生，在诗歌被采辑、编录的同时”[①]。又据马银琴考证，《诗》文本的形成，乃是经历了“康王时代”、“穆王时代”、“宣王时代”、“平王时代”、“齐桓公时代”和“孔子删《诗》”的六次结集[②]。也就是说，从周康王到孔子时代，渐次产生了《诗》之首序，至汉初经师进一步阐发引申而成“续序”，才形成了后世所见包含“首序”与“续序”两个层级的完整的《毛诗序》。

---

① 马银琴：《毛诗首序产生的时代》，载《文学遗产》2002年第2期。

② 刘毓庆先生认为《诗》文本经历了三次结集，分别为“宣王中兴与《诗》之第一次结集”、“平王崇礼与《诗经》的再度编辑”、“孔子删诗与《诗》之三度编辑”。见刘毓庆、郭万金：《从文学到经学——先秦两汉诗经学史论》，上海：华东师范大学出版社，2009年，第3—25页。

显然，杜正胜先生未对《毛诗序》的形成历史作更细致的梳理和区分。

需要特别注意的是，《毛诗》“首序”的解诗模式与周代礼乐制度之间有着内在的对应关系。“首序”的功能，本不是从文辞角度对诗篇之“诗本义”做出某种解说，而主要用以揭示诗篇的“仪式义”或“乐章义”。须知其初，《风》、《雅》、《颂》是按照特定的标准编集在一起，用于仪式合乐奏唱的。也就是林耀潾先生所谓，《诗》最先主要是一种“礼乐用途”，其次才是“义理用途”[①]。马银琴曾将“首序”解诗之法区分为四种模式：一是“言明诗歌的仪式之用”，二是“说解诗歌的乐章义”，三是“从诗人作诗本意出发来解诗”，四是“‘以一国之事系一人之本’，将诗歌的创作与时政联系起来”[②]。其中，只有第三点才算严格意义上的解说“诗本义”，其余三者均可能与“诗本义”存在差距，有时甚至相去甚远。譬如关于最后一种“以一国之事系一人之本”[③]的解诗方式，马银琴认为：

> 这一类序多采用“刺□□也”、“哀□□也”、“闵□□也”等句式，序义多与诗本义不合。如《小雅·车舝》记述新婚，其序云：“《车舝》，大夫刺幽王也。”《小雅·采绿》言少女思嫁，其序云：“《采绿》，刺怨旷也。”《邶风·静女》述两情相悦、相会赠物之事，其序云：“《静女》，刺时也。”《郑风·大叔于田》美“叔”之勇武，其序云：“《大叔于

① 参林耀潾：《先秦儒家诗教研究》第一章，新北：天工书局，1990年，第40页。

② 马银琴：《毛诗首序产生的时代》，载《文学遗产》2002年第2期。

③ 唐·孔颖达《毛诗正义》释云：“诗人览一国之意，以为己心，故一国之事系此一人，使言之也。”

田》，刺庄公也。”以这种模式解诗，多见于《小雅》与《国风》，尤以《国风》最多。联系史籍关于“太师陈诗以观民风”的记载，此种序诗模式，当与周代采诗制度相关[①]。

而历代主张“废序”者，恰恰以“序义”与“诗义”不合指斥《诗序》解诗之“附会”[②]，这实在是对于《诗序》的极大误解。换句话说，《毛诗》首序“是周王室的乐官在记录仪式乐歌、讽谏之辞以及那些为‘观风俗、正得失’的政治目的采集于王朝的各地风诗时，对诗歌功能、目的及性质的简要说明”[③]。这便意味着，《毛诗》首序从产生之初，注定会在大多数情况下与“诗本义”不相一致。

至于汉代产生的《毛诗》“续序”，较诸“首序”有着更为浓重的为诗篇寻找“本事”的色彩，但仍然不能将其作为构建周代史的根据。这中间又可分两种情形：一种是，“首序”极简略地提及本事，“续序”在其基础上叙述稍详，譬如《邶风·日月》诗序云：“卫庄姜伤己也（按，此为首序）。遭州吁之难，伤己不见答于先君，以至困穷之诗也（按，此为续序）。”另一种情形是，“首序”未提及本事，“续序”则据“首序”之意衍生出本事，譬如《魏风·卢令》诗序云：“刺荒也（按，此为首序）。襄公好田猎毕弋，而不修民事，百姓苦之，故陈古以风焉（按，此为续序）。”然而这两种情形有一个共同点，就是无论“首序”之

① 马银琴：《毛诗首序产生的时代》，载《文学遗产》2002年第2期。

② 譬如郑振铎《读毛诗序》云：“《毛诗序》最大的坏处，就在于他的附会诗意，穿凿不通。《毛诗》凡三百十一篇，篇各有序，除《六笙诗》亡其辞，我们不能决定《诗序》的是非外，其余三百五篇之序，几乎百分之九十以上是附会的，是与诗意相违背的。”（《古史辨》第三册，上海：上海古籍出版社，1982年，第388页）

③ 马银琴：《毛诗首序产生的时代》，载《文学遗产》2002年第2期。

义还是“续序”之义，皆与诗之本义方枘圆凿，不相契合①，而且“续序”皆为“首序”基础上的一种自然延伸或阐说。

由此说来，无论“首序”还是“续序”，《毛诗序》的诸种说解，本当从周代礼乐文化制度背景下的“仪式、讽谏用途”角度去理解，而不应当将其作为理解“诗本义”的文字依据（尽管某些诗篇意义是相合的）。同理，尽管《诗序》解诗的确有为诗篇寻找“本事”的倾向，“把每篇《诗》按上对某王某君，或王后、君夫人的赞美或讥刺”（页 36），可是我们不能按照这样一个解说系统去构建所谓的周代历史②，《毛诗序》本无意也未曾构建起《诗经》学史上的“假历史”！而后世之所以认为《毛诗序》制造了《诗经》学史上的“假历史”，究其因，乃是忽略了《诗》最初流传时的周代礼乐制度的历史背景。

其实不惟《毛诗序》未曾制造《诗经》学上的“假历史”，即便是汉代鲁、齐、韩三家诗说，亦未曾制造这种“假历史”。首先，三家诗与《毛诗》解诗方式不同，《毛诗序》注重通过“以一国之事系一人之本”的方式阐说诗歌的“仪式义”或“讽谏义”，其特点便是往往将诗篇与“时政”联系起来；而三家诗则多从诗本身出发阐发“诗本义”，本来就少有与“某王某君”的关联；其次，根据马银琴的研究，“齐、鲁、韩、毛四家诗具

① 按今人程俊英、蒋见元“就诗论诗”的说解，《日月》“是一位弃妇申诉怨愤的诗”，《卢令》“是一首赞美猎人的诗”。见氏著《诗经注析》，北京：中华书局，1991年，第 71、279 页。

② 台湾学者李辰冬《诗序引人走入了迷途》一文称：“由于《诗序》的错误，而中国历史也几乎改了面目。……《诗序》无一篇不是胡扯，可是，不仅经学家引它作证，连历史家与地理家也引它作证，那么中国古代史与地理的可靠性就大有疑问了！”这实际上也是认为《毛诗序》制造了“假历史”。载氏著《诗经研究》，台北：水牛出版社，2002 年，第 206、207 页。

有同源关系”[1]，他们共同的本源正是跟随诗篇进入诗文本时所产生的“首序”。因此，审视三家诗说，也应当站在周代礼乐文化的角度。

2. 郑玄《诗谱》是制造“假历史”的始作俑者。

应当说，第一个有意识地为311篇诗（包括6篇有目无辞的“笙诗”）建构一个历史谱系的，是东汉经学大师郑玄。郑玄撰作《诗谱》，才真正建构起了《诗经》学史上的“假历史”。

其一，郑玄有着明确的为《诗》著“史”的意识。《诗谱序》云：

> 夷、厉已上，岁数不明。太史《年表》自共和始，历宣、幽、平王而得春秋次第，以立斯《谱》。欲知源流清浊之所处，则循其上下而省之；欲知风化芳臭气泽之所及，则傍行而观之，此《诗》之大纲也[2]。

这里的“太史《年表》”，当指西汉司马迁的《史记·十二诸侯年表》。史迁作《十二诸侯年表》，便是为了于春秋时期周王室及鲁、齐、晋、秦等十三诸侯（名为“十二”，实为“十三”）之历史“综其终始”[3]，著史意识极为强烈。郑玄标举“太史《年表》”、“春秋次第”，显然是为着建构“诗史”，所谓“欲知源流清浊之所处”，“欲知风化芳臭气泽之所及”，即其意也。

其二，郑玄撰作《诗谱》，排定《诗经》世次，建构起了完整的“诗史”。这个世次又分为两个层次，第一是十五国风、小

---

① 马银琴：《两周诗史·绪论》，北京：社会科学文献出版社，2006年，第60页。

② 《诗谱》及下文表格中《毛诗序》文字，皆据中华书局1980年《十三经注疏·毛诗正义》，下同。

③ 西汉·司马迁：《史记·周本纪》，北京：中华书局，1959年，第511页。

大雅、三颂的层级，第二是 311 篇诗的层级。第一个层级的排定，其理论依据便是《诗大序》提出的“风雅正变”说。《诗谱序》云：

> 周自后稷播种百谷，黎民阻饥，兹时乃粒，自传于此名也。陶唐之末，中叶公刘，亦世修其业，以明民共财。至于大王、王季，克堪顾天。文、武之德，光熙前绪，以集大命于厥身，遂为天下父母，使民有政有居。其时诗，风有《周南》、《召南》，雅有《鹿鸣》、《文王》之属。及成王、周公致大平，制礼作乐，而有颂声兴焉，盛之至也。本之，由此风、雅而来，故皆录之，谓之《诗》之正经。后王稍更陵迟，懿王始受谮，亨齐哀公。夷身失礼之后，邶不尊贤。自是而下，厉也幽也，政教尤衰，周室大坏，《十月之交》、《民劳》、《板》、《荡》勃尔俱作。众国纷然，刺怨相寻。五霸之末，上无天子，下无方伯，善者谁赏？恶者谁罚？纪纲绝矣。故孔子录懿王、夷王时诗，讫于陈灵公淫乱之事，谓之变风、变雅。

照此，《毛诗》系统中，《周南》11 篇、《召南》14 篇，为“正风”；《小雅》自《鹿鸣》至《菁菁者莪》16 篇，《大雅》自《文王》至《卷阿》18 篇，为“正雅”。这 59 篇作品均产生于西周盛世文、武、成、康时期。而《邶风》以下十三国风计 135 篇，为“变风”；《小雅》自《六月》以下 58 篇、《大雅》自《民劳》以下 13 篇，为“变雅”。这 206 篇主要产生于衰世周懿王、夷王至春秋陈灵公（周定公）时期。至于“周颂”，则产生于成王、周公太平之时。这个层级的《诗谱》，有学者认为“填补了

《诗经》训解中有大序和小序却没有中序的空缺”[1]。

第二个层级，则是郑玄将《诗经》中的每一首诗，都找到了对应的“某王某君”的时代。见下表：

郑玄《诗谱》所定诗篇世次表[2]

所属时代		篇数	具体诗篇
商代	成汤	1	《那》1篇
	中宗太戊	1	《烈祖》1篇
	高宗武丁	3	《玄鸟》、《长发》、《殷武》3篇
周代	文王	40	周南11篇；召南除《甘棠》、《何彼秾矣》外12篇；小雅之《鹿鸣》至《杕杜》9篇；大雅之《文王》至《灵台》8篇
	武王	8	召南之《甘棠》、《何彼秾矣》2篇；小雅之《南陔》至《鱼丽》4篇；大雅之《下武》、《文王有声》2篇
	成王	55	豳风7篇；小雅之《由庚》至《菁菁者莪》9篇；大雅之《生民》至《卷阿》8篇；周颂31篇
	懿王	5	齐风之《鸡鸣》至《东方未明》5篇
	夷王	1	邶风之《柏舟》1篇
	厉王	11	桧风4篇；陈风之《宛丘》、《东门之枌》2篇；大雅之《民劳》至《桑柔》5篇
	共和	1	唐风之《蟋蟀》1篇
	宣王	25	鄘风之《柏舟》1篇；秦风之《车邻》1篇；陈风之《衡门》至《东门之杨》3篇；小雅之《六月》至《无羊》14篇；大雅之《云汉》至《常武》6篇

① 冯浩菲：《郑氏诗谱订考·绪论》，上海：上海古籍出版社，2008年，第9页。

② 此表据洪湛侯《诗经学史》及冯浩菲《郑氏诗谱订考》相关统计制作。

续表

所属时代		篇数	具体诗篇
周代	幽王	46	小雅之《节南山》至《何草不黄》44 篇；大雅之《瞻卬》、《召旻》2 篇
	平王	30	邶风之《绿衣》1 篇；卫风之《淇奥》至《硕人》3 篇；郑风之《缁衣》至《大叔于田》4 篇；魏风之《葛屦》至《十亩之间》5 篇；唐风之《山有枢》至《鸨羽》7 篇；秦风之《驷驖》至《终南》4 篇；王风之《黍离》至《葛藟》6 篇（除去《兔爰》）
	桓王	38	邶风之《燕燕》至《二子乘舟》17 篇；鄘风之《墙有茨》至《鹑之奔奔》4 篇；卫风之《氓》至《有狐》5 篇（除去《河广》）；郑风之《羔裘》至《有女同车》、《褰裳》6 篇；魏风之《伐檀》、《硕鼠》2 篇；陈风之《墓门》1 篇；王风之《兔爰》、《采葛》、《大车》3 篇
	庄王	14	郑风之《山有扶苏》至《扬之水》7 篇（除去《褰裳》、《丰》）；齐风之《南山》至《猗嗟》6 篇；王风之《丘中有麻》1 篇
	厘王	5	郑风之《出其东门》至《溱洧》3 篇；唐风之《无衣》、《有杕之杜》2 篇
	惠王	10	鄘风之《定之方中》至《载驰》5 篇；卫风之《木瓜》1 篇；郑风之《清人》1 篇；唐风之《葛生》、《采苓》2 篇；曹风之《蜉蝣》1 篇
	襄王	15	卫风之《河广》1 篇；秦风之《黄鸟》至《权舆》5 篇；陈风之《防有鹊巢》、《月出》2 篇；曹风之《候人》至《下泉》3 篇；鲁颂 4 篇
	定王	2	陈风之《株林》、《泽陂》2 篇

其三，郑玄所构建的“诗史”是一段“假历史”。应当说，郑氏《诗谱》通过说明某类诗籍的产生地域及历史背景、某篇诗作的某公某王归属等，建构起了一个按照时代排列和解释诗篇的完备体系，对于理解《诗经》提供了极大方便，对后世产生了深

远影响。譬如南宋王应麟著《诗地理考》六卷，便是“全录郑氏《诗谱》，又旁采《尔雅》、《说文》、《地志》、《水经》以及先儒之言”① 而荟萃成编。然而如果我们衡以历史实际，却发现《诗谱》与史实之间存在着不小的差距。换句话说，《诗谱》所构建的“诗史”并不是真历史。譬如《二南》，《诗谱》将《召南》之《甘棠》、《何彼秾矣》归为“武王”，其余23篇皆归“文王”，并称：“周、召之地，为周公旦、召公奭之采地，施先公之教于己所职之国。”而事实上，“余按《诗》、《书》之文，周公、召公皆至武王之世始显，至成王之世始分陕而治。于文王时，初未尝有所表见也”②。因此《诗谱》将《二南》多数归于“文王时代”，显然有违史实。而郑玄之所以如此处置，究其因，乃在于他排定诗篇世次的理论依据是《毛诗序》，“他的论列，完全继承了《毛诗序》‘《风》《雅》正变’和‘美刺’之说，并且作了进一步的发挥。这些论列，如按诗篇内容来加以考核，根本不能成立”③。也就是说，郑玄对《诗经》世次的排定实际基于一种“经学”考量，而非“史学”。加之因《毛诗》超越三家诗后来居上，郑玄《诗谱》、《诗笺》诸说得以附于《毛诗》而获得极大范围的流行与传播。

3. 史迁真的留下一个“令人不解的谜”吗？

杜正胜先生认为，《诗经》不是不可以讲本事，《诗经》也可以走一条“历史化”之路，但前提是将《诗经》“史料化”，只能视其为“社会史、政治史、文化史”的材料，而不能像经学家那样视其为一部“神圣经典”。走近代历史化的新路，首先要清除

---

① 清·永瑢等：《四库全书总目》卷十五，北京：中华书局，1965年，第126页。

② 清·崔述：《读风偶识》卷一，道光四年东阳署中刻本。

③ 洪湛侯：《诗经学史》第二编，北京：中华书局，2002年，第204页。

长期以来根深柢固的“假历史”。杜正胜先生乃是受了胡适《谈谈诗经》一文的很大影响，很显然，这是一种现代史学的立场。

正是在《诗经》“史料化”的前提下，杜正胜先生指出，可以“讲本事”的诗篇，仅是那些“明白指涉当代人物”的“少数篇章”（页36），譬如“小雅《正月》的褒姒，《出车》的南仲，《六月》的吉甫”等等。得出这一结论，很大程度上依然是出于对《毛诗序》功能的误解，因为若将《毛诗序》理解为是对“诗本义”的阐说，自然会在多数情况下彼此不合，故而无法完成一种真实历史的建构。

如何“讲本事”？站在现代史学的立场，自然要以“科学、客观”为标准来衡量。比如《小雅·正月》一诗，讽刺了西周末年衰败腐化的政治情势，不过“虽然小雅《正月》有‘赫赫宗周，褒姒灭之’的指责，但《诗经》所述王朝的衰亡，集体因素比个人因素复杂得多：大抵是内政不修，外战不止，统治阶级分裂，民生凋弊（敝），至于日蚀、地震，当代及稍后的诗人并不特别强调”（页19—20）。于是，杜先生细致剖析《十月之交》、《小旻》、《节南山》、《北山》诸诗，揭示出西周亡国前夕朝政的实际状况。在他看来，如此处置，才建构起了西周覆亡的“真历史”。

然而，史家司马迁却没有这样做。史迁在撰作《史记·周本纪》时，恰是主要依据《正月》中的“赫赫宗周，褒姒灭之”一句勾勒出西周灭亡的基本线索，这使得杜正胜先生深感不解。在他看来，司马迁据《诗经》中《生民》、《公刘》、《緜》、《皇矣》、《大明》等史诗所构建的西周“建国史”尚为可信。

> 不过，《史记》所记西周王朝的灭亡，司马迁运用史料的方法和态度上，却与建国史完全两样。西周覆亡这件历史大事，大史家司马迁的撰述与其说是历史，不如说是小说。

他把国家的灭亡简单归之于一个妇人褒姒，一方面因为她的出生是几百年前的妖孽造成的——周王宫廷小女奴沾上夏王朝时代留下的龙精而受孕；另一方面是周幽王举烽火召来诸侯以博褒姒一笑，诸侯发现被骗，等到犬戎真的入寇，不来勤王，周王朝遂亡。这篇故事前段采自《国语·郑语》，史伯给桓公讲的古代神话，后段根据《吕氏春秋·疑似》篇的传说。

我们不是以后世铜器铭文研究成果或考古新资料来责备贤者，即使是以司马迁所熟悉的传统文献，尤其是《诗经》，都可以建构一个合情合理的王朝衰亡史，他却没这样作。这是司马迁史学令人不解的谜。（页 19）

那么，究竟该怎样解答司马迁史学这个“令人不解的谜”？究竟该怎样理解杜正胜先生的这个疑惑呢？

首先，杜先生所言史迁所构建之“西周覆亡史”与实情恐有差距。因为史迁在《周本纪》中，其实并没有完全“把国家的灭亡简单归之于一个妇人褒姒”。《周本纪》即载：“幽王以虢石父为卿，用事，国人皆怨。石父为人佞巧善谀好利，王用之。又废申后，去太子也。申侯怒，与缯、西夷犬戎攻幽王。幽王举烽火征兵，兵莫至。遂杀幽王骊山下，虏褒姒，尽取周赂而去。于是诸侯乃即申侯而共立故幽王太子宜臼，是为平王，以奉周祀。”[1]可见，史迁笔下的西周败政，起码有两方面的表现：一是重用奸佞，二是宠幸褒姒，而这实际上恰是西周覆亡两个至关重要的因素。另外，杜先生所谓“至于日蚀、地震，当代及稍后的诗人并不特别强调”亦有待商榷，《周本纪》便记载了“幽王二年，西

① 西汉·司马迁：《史记·周本纪》，前揭，第 149 页。

周三川皆震”，“是岁也，三川竭，岐山崩”[①] 的灾异天象，并借伯阳甫之口做出与政事密切关联的解释。

其次，关于史迁在构建西周覆亡史时“却没这样作”，恐怕还需历史地看。一方面，因为史迁熟悉《诗经》，所以他就应当博采《正月》、《十月之交》、《小旻》诸篇“建构一个合情合理的王朝衰亡史”，这恐怕只是一种理想化的设想，逻辑与历史未必相符；另一方面，关于褒姒的事迹，因为史迁取材《国语》、《吕氏春秋》，其中有诸多神话传说之语，便称《史记》之文“与其说是历史，不如说是小说”，亦略显现代。因为在史迁时代，并无后世意义上的“史学”观念；更何况“在天人问题上，司马迁并没有摆脱天命神学的历史观”[②]，出现如此面目的记述，实属正常。

如此说来，《史记》如此构建西周覆亡史，其实本不神秘。然而，史迁在作史过程中的确通过这种“小说”笔法突显了褒姒个人的破坏作用，这背后是否隐藏着某种深意？让我们来看《史记》中的两处记载。《周本纪》载：

> 三年，幽王嬖爱褒姒。褒姒生子伯服，幽王欲废太子。太子母申侯女，而为后。后幽王得褒姒，爱之，欲废申后，并去太子宜臼，以褒姒为后，以伯服为太子。周太史伯阳读史记曰：“周亡矣。”[③]

又，《秦本纪》载：

---

① 西汉・司马迁：《史记・周本纪》，前揭，第 145、146 页。

② 金春峰：《汉代思想史》第七章，北京：中国社会科学出版社，2006 年修订第 3 版，第 229 页。

③ 西汉・司马迁：《史记・周本纪》，前揭，第 147 页。

> 孝王欲以为大骆适嗣。申侯之女为大骆妻，生子成为适。申侯乃言孝王曰："昔我先郦山之女为戎胥轩妻，生中潏，以亲故归周，保西垂，西垂以其故和睦。今我复与大骆妻，生适子成。申骆重婚，西戎皆服，所以为王。王其图之。"于是孝王曰："昔伯翳为舜主畜，畜多息，故有土，赐姓嬴。今其后世亦为朕息马，朕其分土为附庸。"邑之秦，使复续嬴氏祀，号曰秦嬴。亦不废申侯之女子为骆适者，以和西戎①。

由《周本纪》的这段记载不难看出，史迁乃以幽王欲废申后、去太子宜臼、立褒姒子伯服为太子，作为西周败亡的一个重要因由。而之所以这一废一立如此利害攸关，根本原因在于《秦本纪》所载透射出的这样一个重要讯息："周孝王时代，在以姬姜联盟为基础的西周政权中，居住于骊山的姜姓申侯对维护周王室西部边陲安宁所发挥的举足轻重的作用。……幽王之废申后、立褒姒，不仅仅是对一个女子的冷落和对另一个女子的宠爱。废宜臼而立伯服为太子，也不仅是一般意义上的嫡庶太子之争。更重要的是，这件事意味着以幽王为代表的姬姓政权力量对以申侯为代表的姜姓诸侯政治势力的打击。"② 难怪这会触怒申侯，从而联合犬戎杀死幽王，最终灭周。由此，褒姒缘何不加以浓笔重彩！

至于史迁在褒姒身上所采用的"小说"笔法，除去前文提到的"天命神学历史观"的局限外，其实还可以有一个审度视角：

① 西汉·司马迁：《史记·秦本纪》，前揭，第177页。
② 马银琴：《两周诗史·西周诗史》，前揭，第245—246页。

史迁本不是现代意义上的仅仅注重“秉笔直书”的“史家”，他同时也是一个“究天人之际，通古今之变，成一家之言”的“经师”！史迁的这种“小说笔法”，不妨可以理解为一种“春秋笔法”，他似乎在着意提醒读者：在西周覆亡过程中，需要特别注意这个带有浓厚神话色彩的褒姒，需要特别关注西周时代婚姻关系所包含的强烈政治意义。

不过，在现代史家的视阈里，史迁的这种经学思考，难免会让人觉得费些思量。

四、如何认识《诗经》学史上的“假道学”？

杜正胜先生所谓“假道学”，应当是从“古板迂腐，拘泥礼法”这个意义上说的。他把孔子、《诗序》、朱熹归为一类，认为他们都把《诗经》中的“恋爱诗”视为“淫诗”，是一种维护封建礼教的“假道学”。他认为应当去除这些“浓厚的偏见或成见”（页 37），从诗本义出发“构建古代社会史”（页 37）。然而在我们看来，杜先生无论对孔子、《诗序》抑或朱熹，都存在着某种误解，孔子及汉代以来的经学家倡导《诗》之教化义，不当视为“偏见或成见”，因为那也代表了《诗经》学的一段真实历史，与从诗本义角度构建的古代社会史其实是两个不同的论域。

1.“郑声淫”与“真道学”：从孔子到朱熹

关于“郑声”，《论语》中有两处提及：

> 《卫灵公》：“颜渊问为邦。子曰：‘行夏之时，乘殷之辂，服周之冕，乐则《韶》、《舞》。放郑声，远佞人，郑声淫，佞人殆。’”

《阳货》："子曰：'恶紫之夺朱也，恶郑声之乱雅乐也，恶利口之覆邦家者。'"

孔子之所以对"郑声"持一种"放"和"恶"的态度，理由是"郑声淫"。但果真是因为《郑风》中"关于男女爱情坦率露骨的歌颂占相当大的分量，孔夫子受不了"（页37）吗？按照杜正胜先生的断语，显然是将"郑声"理解成了"郑诗"，将"淫"理解成了"淫邪"、"淫秽"之意。然而，"声"与"诗"、"淫"与"婬"意义有别，杜先生之解，恐怕有违孔子本意。关于这点，古人已有指摘。明人杨慎云：

《论语》"郑声淫"，淫者，声之过也。水溢于平曰淫水，雨过于节曰淫雨，声滥于乐曰淫声，一也。郑声淫者，郑国作乐之声过于淫，非谓郑诗皆淫也。后世失之，解郑风皆为淫诗，谬矣①。

又，清人陈启源云：

夫孔子言"郑声淫"耳，曷尝言郑诗淫乎？声者，乐音也，非诗辞也。淫者，过也，非专指男女之欲也。古之言淫多矣，于星言淫，于雨言淫，于水言淫，于刑言淫，于游观田猎言淫，皆言过其常度耳。乐之五音十二律，长短高下皆有节焉。郑声靡曼幻眇，无中正和平之致，使闻之者导欲增悲，沉溺而忘返，故曰淫也②。

① 明·杨慎：《丹铅摘录》卷五，影印文渊阁《四库全书》本。
② 清·陈启源：《毛诗稽古编》卷五，影印文渊阁《四库全书》本。

可见，孔子所谓“郑声淫”其实是就当时淫滥之“郑声”新乐而言，并非指与文辞对应的“郑诗”（即《诗经》中之《郑风》）而言；所谓“淫”，亦非指内容“淫秽”（“婬”之本义），而是指其乐狭邪靡滥，淆乱雅乐。因此，孔子绝不会因为《郑风》之诗在文辞内容上“坦率露骨”、“受不了”而提出“放郑声”。

那么，如此解说是否与孔子所言“《诗》三百，一言以蔽之，曰思无邪”（《论语·为政》）相矛盾呢？回答是否定的。一方面，淫与不淫，邪与不邪，不同时代有不同的标准，后世认为淫邪的，孔子之世或其前代未必是同样观念，理解诗义切不可“以今律古”。比如《郑风·溱洧》有“维士与女，伊其相谑，赠之以勺药”的诗句，朱熹《诗集传》解为：“此诗淫奔者自叙之词。”[①]而据《周礼·地官·媒氏》，周代有这样的风俗：“仲春之月，令会男女，于是时也，奔者不禁。若无故而不用令者，罚之。司男女之无夫家者而会之。”男女以时相会，不但不禁，反而提倡，绝非后世“道学”观念之“淫奔”行为。另一方面，就“思无邪”三字本义来讲，“盖‘思无邪’者，诗教之体也，其义有二，一曰重真情流露、自然质朴之表达，一曰重归于人类情性之正”[②]。孔子删订《诗》文本，保留《郑风》、《卫风》等如此众多后世看来属于“淫词”的诗，正是基于这一“诗教”观念。

值得深味的是宋儒朱熹对待“郑声淫”的态度。尽管朱子在《论语集注》中也意识到了“声”与“诗”的差别，云“郑声，

---

① 南宋·朱熹：《诗集传》卷四，上海：上海古籍出版社，1980年新1版，第56页。

② 林耀潾：《先秦儒家诗教研究》第三章，前揭，第124页。

郑国之音”[1]，但在《诗集传》中却试图消泯这种差别。朱子称：

> 郑卫之乐，皆为淫声。然以诗考之，卫诗三十有九，而淫奔之诗才四之一；郑诗二十有一，而淫奔之诗已不翅七之五。卫犹为男悦女之辞，而郑皆为女惑男之语。卫人犹多刺讥惩创之意，而郑人几于荡然无复羞愧悔悟之萌。是则郑声之淫，有甚于卫矣。故夫子论为邦，独以郑声为戒而不及卫，盖举重而言，固自有次第也。《诗》可以观，岂不信哉[2]！

在这里，朱子实际上是将“郑声淫”的命题偷换成了“郑诗淫”，而“淫”之义，乃取“淫乱”、“淫邪”之意，而这并不符合孔子原意。在此基础上，朱熹进一步提出“淫诗说”，将《邶风·静女》、《鄘风·桑中》等三十二首诗定为“淫诗”[3]，并对后世理学家如王柏、王阳明、茅坤、程敏政等产生了重要影响。

那么，朱子如此解诗的意图何在？陈启源即曾这样质疑过朱子：

> 朱子以郑声为郑风，以淫过之淫为男女淫欲之淫，遂举《郑风》二十一篇尽目为淫奔者所作。幸免者，惟《缁衣》、

---

① 南宋·朱熹：《四书章句集注·论语集注卷八》，北京：中华书局，1983年，第164页。

② 南宋·朱熹：《诗集传》卷四，前揭，第56—57页。

③ 这三十二首“淫诗”分别为：《邶风·静女》；《鄘风·桑中》；《卫风》之《氓》、《有狐》、《木瓜》；《王风》之《大车》、《采葛》、《丘中有麻》；《郑风》之《将仲子》、《叔于田》、《遵大路》、《有女同车》、《山有扶苏》、《萚兮》、《狡童》、《褰裳》、《东门之墠》、《丰》、《风雨》、《子衿》、《扬之水》、《出其东门》、《野有蔓草》、《溱洧》；《齐风》之《东方之日》；《陈风》之《东门之枌》、《东门之池》、《东门之杨》、《防有鹊巢》、《月出》、《株林》、《泽陂》。

《大叔于田》、《清人》、《羔裘》、《女曰鸡鸣》五篇而已。其余虽思君子如《风雨》，刺学校废如《子衿》，亦排众论而指为淫女之词。夫孔子删《诗》以垂世立训，何反广收淫词艳语，传示来学乎[①]？

要理解这点，还是应当把朱熹放到宋代理学大兴的时代背景中。正如台湾学者文幸福所言："盖其时道学盛行，礼教渐密，于男女言情之作，辄视之为淫篇秽辞而绝之。"[②] 如此说来，朱熹提倡"淫诗说"才真正体现出了所谓的《诗经》"道学"观念，而在孔子那里其实本没有，孔子那里有的只是儒家早期的"诗教"观念。不过说到底，朱熹的道学观念也是一种诗教观念，只是属于经学范围内，与孔子的诗教观念有所区别。我们甚至可以说，朱熹的这种诗教观念其实是一种"真道学"，只是现代认为这种解说不符合《诗经》本义才称之为"假道学"；但无论如何不能把它看成一种"浓厚的偏见或成见"，因为朱子毕竟也是想通过这样一种经学阐说达到"经夫妇，成孝敬，厚人伦，美教化，移风俗"（《诗大序》）的目的，也代表了一段真实的"经学历史"。经学时代中的朱子，不可能跳脱这种历史局限，不可能指望这样一个经师"超越假道学"（页 37），把这些诗解释成"近代意义上的恋爱诗"（页 37）。

2. "淫诗说"：从《毛诗序》到《诗集传》

如前所述，朱熹在解说《诗经》时提出"淫诗说"，体现出一种强烈的"道学"观念，其实并不符合孔子本意。若要追溯朱熹"淫诗说"的渊源，按照文幸福先生的研究，当远追《毛诗

---

① 清·陈启源：《毛诗稽古编》卷五，影印文渊阁《四库全书》本。

② 文幸福：《孔子诗学研究》第七章，台北：学生书局，2007 年修订 1 版，第 165 页。

序》，近追宋人欧阳修《诗本义》、郑樵《诗辨妄》[①]。杜正胜先生也说：“《诗》学者对这类爱情诗通通贴上‘淫风大行’、‘男女淫奔’的标签，《诗序》是其代表，一千多年后的朱熹（1130—1200）作《诗集传》也承袭这个传统。”（页 37）这究竟该怎样理解呢？

先让我们来做一个统计和对比。综观《毛诗》“首序”，并未出现“淫”之类的字眼，汉代问世的“续序”则大量出现以“淫”解诗（且取“淫秽”、“淫邪”之义）的实例[②]。这些诗，皆在“国风”中，见下表：

《诗序》以“淫”解诗对照表

诗篇		首序	续序
国属	篇名		
邶风	雄雉	刺卫宣公也	淫乱不恤国事，军旅数起，大夫久役，男女怨旷，国人患之而作是诗
	匏有苦叶	刺卫宣公也	公与夫人并为淫乱
	谷风	刺夫妇失道也	卫人化其上，淫于新昏而弃其旧室，夫妇离绝，国俗伤败焉
鄘风	君子偕老	刺卫夫人也	夫人淫乱，失事君子之道，故陈人君之德，服饰之盛，宜与君子偕老也
	桑中	刺奔也	卫之公室淫乱，男女相奔，至于世族在位，相窃妻妾，期于幽远，政散民流而不可止
	蝃蝀	止奔也	卫文公能以道化其民，淫奔之耻，国人不齿也

① 参文幸福：《孔子诗学研究》第七章，前揭，第 161 页。

② 有些诗“续序”中虽出现“淫”字，却不能算作以“淫”解诗，如《召南·野有死麕》首序云：“恶无礼也。”续序云：“天下大乱，强暴相陵，遂成淫风，被文王之化，虽当乱世，犹恶无礼也。”又如《邶风·凯风》首序云：“美孝子也。”续序云：“卫之淫风，流行虽有七子之母，犹不能安其室，故美七子能尽其孝道，以慰其母心而成其志尔。”

续表

诗篇		首序	续序
国属	篇名		
卫风	氓	刺时也	宣公之时，礼义消亡，淫风大行，男女无别，遂相奔诱，华落色衰，复相弃背。或乃困而自悔，丧其妃耦，故序其事以风焉。美反正，刺淫泆也
王风	大车	刺周大夫也	礼义陵迟，男女淫奔，故陈古以刺今，大夫不能听男女之讼焉
郑风	溱洧	刺乱也	兵革不息，男女相弃，淫风大行，莫之能救焉
齐风	鸡鸣	思贤妃也	哀公荒淫怠慢，故陈贤妃贞女，夙夜警戒相成之道焉
	东方之日	刺衰也	君臣失道，男女淫奔，不能以礼化也
	南山	刺襄公也	鸟兽之行，淫乎其妹，大夫遇是恶，作诗而去之
	敝笱	刺文姜也	齐人恶鲁桓公微弱，不能防闲文姜，使至淫乱，为二国患焉
	载驱	齐人刺襄公也	无礼义，故盛其车服，疾驱于通道大都，与文姜淫，播其恶于万民焉
陈风	宛丘	刺幽公也	淫荒昏乱，游荡无度焉
	东门之枌	疾乱也	幽公淫荒，风化之所行，男女弃其旧业，亟会于道路，歌舞于市井尔
	东门之池	刺时也	疾其君之淫昏，而思贤女以配君子也
	株林	刺灵公也	淫乎夏姬，驱驰而往，朝夕不休息焉
	泽陂	刺时也	言灵公君臣淫于其国，男女相说，忧思感伤焉
桧风	隰有苌楚	疾恣也	国人疾其君之淫恣，而思无情欲者也

读上表可知，“首序”乃是从诗篇“讽谏功能”的揭示角度立言，与某国时政联系起来，距离“淫诗说”甚远，“续序”则大量以“淫”解诗。据此，文幸福先生称：

其中除《邶风·雄雉》刺卫宣公淫乱不恤国事，《匏有苦叶》刺卫宣公与夫人并为淫乱，《鄘风·君子偕老》刺卫夫人淫乱，《齐风·南山》、《载驱》刺襄公淫乎其妹文姜，《敝笱》刺文姜淫乱，《陈风·宛丘》刺幽公淫荒昏乱，《株林》刺灵公淫乎夏姬，为个案特例外，其余续序皆直斥其"淫"，或刺淫，或止淫，或疾淫，不一而足，虽类皆就其人、其地、其时而刺之，然实启朱子淫诗之说也[①]。

这中间有两个问题需要特别注意：其一，杜正胜先生认为《诗集传》受了《毛诗序》的影响，这大概是不错的，但有必要对《诗序》的层次做一区分，不能笼统言之。因为对《诗集传》造成影响的主要是"续序"，而非"首序"。其二，虽然不否认《毛诗序》对《诗集传》以"淫"解诗有所启发，但《毛诗序》解诗所形成的"道学"与《诗集传》解诗所形成的"道学"并不全同。除去时代远近带来的差异，还有一点就是各自立论的出发点有所区别。汉代"续序"成文乃缘于对"首序"的引申与发挥，"首序"的功能性质决定了这种阐释不追求与诗本义的一致；而朱熹提倡"淫诗说"的一个基点，则是追求与诗文本义的相合。朱熹在《诗序辨说》中，恰恰就基于这点对《毛诗序》有所批判：

近世诸儒多以《序》之首句为毛公所分，而其下推说云云者为后人所益，理或有之。但今考其首句，则已有不得诗人之本意而肆为妄说者矣，况沿袭云云之误哉！……故此《序》者遂若诗人先所命题，而诗文反为因《序》以作，于

① 文幸福：《孔子诗学研究》第七章，前揭，第161页。

是读者转相尊信，无敢拟议。至于有所不通，则必为之委曲迁就，穿凿而附合之，宁使经之本文缭戾破碎，不成文理，而终不忍明以《小序》为出于汉儒也[①]。

正缘于此，有学者对朱熹“淫诗说”大力阐扬，认为其实质乃在于昭示着《诗经》学“从经学走向文学”[②] 的重大转变。

不过，杜正胜先生认为：“朱熹的进步在于解消《诗序》的特定人物指涉，把国风归于某国的风格，于是破除《诗序》的‘假历史’，还原为社会事实。”（页 37）笔者认为，这中间既存在对《毛诗序》的误解，也存在对朱熹的误解。首先，如前所述，《毛诗》“首序”是周代礼乐制度的直接产物，《诗序》无意也未曾制造出《诗经》学史上的“假历史”，真正建构起“假历史”的是东汉郑玄所著《诗谱》。其次，朱熹并未也不可能“破除《诗序》的‘假历史’”，即如《诗经》首篇的《关雎》，郑玄《诗谱》继承《毛诗序》“《风》《雅》正变”和“美刺精神”而将其归于“文王时代”，《诗集传》不但亦归为文王时代，而且将“君子”、“淑女”径释为文王、太姒，云：“女者，未嫁之称，盖指文王之妃太姒为处子时而言也。君子，则指文王也。”[③] 究其因，朱熹终究还是一位经师，他不可能推倒《诗经》学得以展开的基本依据——《毛诗序》。再次，无论《诗序》制造的历史是“真”或者“假”，它对后世的影响确然存在，而且只能从“经学”角度去理解（尤其是《诗大序》，集中代表了汉代经学的诗教理

① 载南宋·朱熹撰，朱杰人、严佐之、刘永翔主编：《朱子全书》册一，上海：上海古籍出版社、合肥：安徽教育出版社，2002 年，第 353 页。

② 参莫砺锋：《从经学走向文学：朱熹“淫诗说”的实质》，载《文学评论》2001 年第 2 期。

③ 南宋·朱熹：《诗集传》卷一，前揭，第 1 页。

念)，这与所谓“朱熹只说这（按，指《邶风·匏有苦叶》）是‘刺淫乱之诗’，于是就可以用这篇诗来建构古代社会史了”（页37)，应当是两个论域的事情——一个是“古典经学”，一个是“现代史学”，二者不可混为一谈。

五、结　语

第一，对待《毛诗序》，应当“知人论世”，站在周代礼乐制度的角度分析，将其放到《诗》文本的结集历程中考察。《毛诗》“首序”是对诗篇在仪式、讽谏之用中的一种功能提示，目的不是解说诗本义。《毛诗序》无意也未曾制造《诗经》学史上的“假历史”，郑玄《诗谱》才是始作俑者，但亦应当从一种“经学”视角审度。若以现代史学“科学客观”的标准来衡量《毛诗序》的“讲本事”倾向，则无法解释司马迁在《史记》中对《诗经》文辞的应用。

第二，说孔子“郑声淫”开启《诗经》学史上的“假道学”之风，实际是一种误解，“郑声”非“郑诗”，“淫”非“婬”，孔子所谓“郑声淫”体现出一种早期“诗教”观念，并非后世意义上的“道学”观念。《毛诗》“首序”并无“淫”字，“续序”则多以“淫”字解诗，这是汉代产生的一种经学观念，启发了朱熹《诗经》“淫诗说”的产生，朱熹所持才是“真道学”。朱熹虽从“诗本义”（准确地说是“诗字面义”，与“诗本义”并不等同，详参车行健著《诗本义析论》，台湾里仁书局2002年）角度倡言“淫诗说”，但他并未也不可能推倒《毛诗序》的“假历史”。

关于如何对待《毛诗序》及整个《诗经》，还有如下三个问题需要讨论：

1. “迷雾”还是另一种“真历史”?

杜正胜先生在《译者导言》中说:“廓清两千年诗经学迷雾的第一响炮,出自法国社会学家兼汉学家葛兰言,一九一九年出版《中国古代之祭祀与歌谣》,从祭典和情歌的角度解读《诗经》。”(页38)而约五十年后,日本学者白川静撰《诗经的世界》,着重开掘“古代歌谣世界”,正是秉承和“延续葛兰言开启的新路径”(页40)。但葛兰、白川二人果然廓清了两千年来的“诗经学迷雾”吗?进一步追问:《诗经》学史上的“假历史”和“假道学”果然是一种“迷雾”吗?我们认为,恐怕不能如此下断语。其实,葛兰、白川所做的工作,乃是从《诗经》本文入手探究西周时代的“真历史”,是一种现代史学及社会学的角度,他们关注的是所谓“礼教化以前的历史”(页38);而《毛诗序》以来的所谓“假历史”和“假道学”绵延两千余年,确然存在并着实产生影响,形成了一段古典经学的历史,这也是一段“真历史”,同样值得研究,切不可视为“迷雾”而加以扫荡摒除。

另外,若讲“假道学”,其实还应该再往前追溯,因为在周公“制礼作乐”的历史背景下,诗篇自采集、创作进入《诗》文本开始,便在一种“礼教”意义上发挥社会教化作用,“假道学”之论,其实并非是“礼教形成、甚至僵化之后才流行的教条”(页38)。“假道学”的历史与《诗经》时代的历史,是两种性质不同的“真历史”。

2. “清除”、“扫除”还是“清理”?

今日该以何种方式对待和处置《毛诗序》以及《诗经》学史上所谓的“假历史”和“假道学”?杜正胜先生提供的方案是——“清除”。他说:“走近代历史化的新路,首先要清除长期以来根深柢固的‘假历史’。”(页36)按照《辞源》的解释,“清除”的意思是“扫除干净”,如此对待经书,恐怕有些不妥。

二十世纪前叶，郑振铎先生曾就《毛诗序》打过一个著名的比方：

> 《诗经》也同别的中国的重要书籍一样，久已为重重叠叠的注疏的瓦砾把他的真相掩盖住了。……我们要研究《诗经》，便非先使这一切压盖在《诗经》上面的重重叠叠的注疏、集传的瓦砾爬扫开来，而另起炉灶不可。……在这种重重叠叠压盖在《诗经》上面的注疏、集传的瓦砾里，《毛诗序》算是一堆最沉重最难扫除而又必须最先扫除的瓦砾[①]。

应当说，郑振铎先生是从探求“诗本义”的角度说这番话的，试图将《诗经》从“经学”降而为“文学”，这在当时的社会背景下有其一定的“历史正当性”。糟糕的是，他所提供的“扫除”的处理方式同样有失武断。因为，“殊不知瓦砾也代表了一段历史的真相，可以‘清理’，但却不是可以简单地‘扫除’的”[②]。

3.《诗经》研究中的“迂”和“妄”

今天的我们到底该如何做？我们认为有两种倾向都应避免。俞平伯先生在《葺芷缭衡室读诗札记》中指出：“古今人各有所蔽，古之蔽也迂，今之蔽也妄。”[③] 杜正胜先生认为：“迂即是上文所论的‘假历史’和‘假道学’，妄则是缺乏小学考辨的无稽之谈。”（页39）对于“迂”，我们要有一种“古典”的眼光，不

① 郑振铎：《读毛诗序》，载《郑振铎全集》第四卷，石家庄：花山文艺出版社，1998年，第3—6页。

② 王昆吾：《诗六义原始》，载《中国早期艺术与宗教》，上海：东方出版中心，1998年，第219页。

③ 载《古史辨》第三册，前揭，第478页。

能简单否定。即如《诗序》，固然其解并不符合“诗本义”，但一方面渊源有自，一方面在此基础上所生发的“经学义”在古典社会切实发挥过持久而正面的作用。因此，《诗序》的历史是我们透视古典社会的重要窗口，应当给以足够重视。至于“妄”，很大程度上比“迂”更为可怕，也是今人最易犯的错误，因此依然要求我们静下心来，老老实实补古典学养的课。

综言之，对待《诗经》学史上的“假历史”与“假道学”，对待《诗序》、《诗经》以及所有古代经典，我们需要本着尊重传统的态度，以“古典”的眼光，走近古人，感受智慧，涵泳经典，进德修业，这才是焕发古代经典之现代生机的康庄坦途！

辽金元四书学研究

◎ 辽金元三代的经学发展及其特征

◎《孟子》在辽金时期的传播与影响

◎ 试论金人赵秉文的孟子学

◎ 金人王若虚《孟子辨惑》考论

◎ 著述体式与元代四书学

◎ 元代“年谱传记类”孟学著述三种考议

◎ 论元人的“四书六经观”

◎ 元西域人廉希宪与孟子学

◎ 辽金元三《史》读札

◎ 元代科举之罢与蒙汉观念之“冲突”

辽金元三代的经学发展及其特征[①]

提要：辽、金、元三朝均是由少数民族建立起来的政权，在政治和文化方面都有其特殊性。三朝与中原文明皆存在一定隔膜，经学基础较为薄弱，就经学成就来讲，的确无法同汉唐两宋比肩。但辽金元经学决非一无是处，而是有其独立品格，尤其是在经史观、夷夏观、道统论、四书六经观等方面，还提出了符合政治、学术情势的新观点，体现出北地经学的独特风貌。可以说，辽金元三代经学是中国经学史上不可或缺的一环，它在中国思想史上并未缺席。

一

辽（916－1125）、金（1115－1234）、元（1271－1368）三个朝代，分别是由契丹族、女真族、蒙古族建立起来的北方少数民族政权，无论政治方面还是文化方面，在中国历史上都有其特殊性。

① 本文发表于《福建论坛》2015年第1期。

由于文化背景和地理位置等原因，辽、金、元三朝与中原文明皆存在一定隔膜，经学基础相对薄弱，在经学历史上得到的也往往是负面评价。清人皮锡瑞即将宋以后之经学列为“积衰时代”，理由是“宋以后，非独科举文字蹈空而已，说经之书，亦多空衍义理，横发议论，与汉唐注疏全异”[①]，又称“论宋、元、明三朝之经学，元不及宋……宋儒学有根柢，故虽拨弃古义，犹能自成一家。若元人则株守宋儒之书，而于注疏所得甚浅”[②]。

然而，对待辽、金、元这样的“征服王朝”[③] 的经学发展，似乎不能采取与汉、唐等典型“汉族朝廷”同样的标准，因为那样容易抹去辽、金、元三朝经学发展的特殊意义，也无法对这三朝的实际经学地位做出客观评价。譬如三朝的经学基础较为薄弱，因此在当时，经学知识及观念“普及”的任务大于“提高”；譬如三朝地处北方，最初均存在一个“南北道绝，载籍不相通”[④] 的现实问题，因此中原经学著述的北传便显得尤为重要；譬如三朝皆为少数民族政权，统治者对于传统经学的接纳均有一个反复过程，而汉族儒生在这一过程中均有不懈的努力和坚持；譬如三朝汉族儒士面对现实的“道势冲突”，均形成了特殊的经学态度及观念，体现出北地经学的独特风貌，等等。只有理析清楚这些问题，才能对辽、金、元三朝经学有客观的认识，也才可以更深入地了解经学与政治、社会的密切关联。

---

① 清・皮锡瑞：《经学历史・九》，北京：中华书局，2004 年，第 198 页。

② 清・皮锡瑞：《经学历史・九》，前揭，第 205 页。

③ 美国学者魏特夫（K. A. Wittfogel）之说。

④ 《元史・赵复传》，北京：中华书局，1976 年，第 4314 页。

二

契丹本为北方游牧民族，其初“草居野次，靡有定所”[①]，太祖时逐渐对儒术有所重视和选择，至景宗、圣宗、道宗朝，无论在科举政策、学校教育，还是经筵进讲、刊刻翻译方面，都取得了明显实绩，推动着辽代经学的发展。《辽史·文学传上序》载“辽起松漠，太祖以兵经略方内，礼文之事固所未遑。及太宗入汴，取晋图书、礼器而北，然后制度渐以修举。至景、圣间，则科目聿兴，士有由下僚擢升侍从，骎骎崇儒之美”，讲的便是此一过程。

辽太祖耶律阿保机，初因战事紧急未暇顾及礼文之事，后而有尊儒倾向，神册三年（918）“诏建孔子庙”、神册四年（919）“帝谒孔子庙”即为明证。诏建孔庙、拜谒孔庙，其实意味着对经学儒术的认可；而此一行为由辽代皇帝发出，更意味着契丹部族对于中原文化自上而下的接纳与推广。当然，之所以推尊儒术，其意在于维护耶律政权的稳固与久长。辽代经学，正是在这一背景之下铺展开来的。

1. 辽代科举与经学

据《辽史》，圣宗统和六年（988），“诏开贡举，放高举一人及第”[②]。一般认为，此次诏开贡举，标志着辽代科举制度的正式确立。辽代科考科目当中，便有“经义”一门，宋人叶隆礼《契丹国志》卷二十三云：“程文分两科，曰诗赋，曰经义，魁各分

① 《辽史·营卫志中·部族上》，北京：中华书局，1974年，第377页。

② 《辽史·圣宗纪三》，前揭，第133页。

焉。”又据金人李世弼《金登科记》：“天会四年，始设科举，有词赋，有经义，……词赋之初，以经传子史内出题，次又令逐年改一经，亦许注内出题。以《诗》、《书》、《易》、《礼》、《春秋》为次，盖犹辽旧也。”可知，辽代经义进士正以“五经”为据，并为金代所承。虽然经义科居词赋科之后，并曾一度被取消，表明经学在辽代科举中地位有限，然而《五经》传注在此一国家“抡才大典”制度的指挥下，依然得到了很大程度的传播。譬如圣宗太平十一年（1031）擢进士乙科的安次人杨皙，便“幼通《五经》大义”[1]。

2. 辽代学校与经学

辽代各级学校的经学传播及推广，要略晚于科举之制。《辽史·道宗纪一》载，清宁元年（1055）十二月“戊戌，诏设学养士，颁《五经传疏》，置博士、助教各一员”。不惟将《五经传疏》作为学校教材，还设置专门的博士官及助教，可见对经学的重视。并且，非但作为贵族子弟专门教育机构的国子监“命以时祭先圣先师”[2]，而且五京、州、县等辽代各级学校，均有经学内容的设置。《宣府镇志·学校考》载：“契丹初兴，惟尚武艺，燕赵间学校俱仍唐旧。间罹兵燹，十存二三，取用文士，多由自奋。兴宗重熙五年，始御元和殿，以《日射三十六熊赋》、《幸燕诗》试进士，于廷著为令式。至道宗，乃诏设学养士，于是有西京学，有奉圣、归化、云、德、弘、蔚、妫、儒八州学，各建孔子庙，颁赐《五经》诸家传疏，令博士、助教教之，属县附焉。”清人厉鹗认为：“此但据西京、诸州言之，五京、诸州俱有学也。”[3] 而从经学教化角度讲，收效亦十分明显，《续文献通考》

① 《辽史·杨皙传》，前揭，第1351页。

② 《辽史·道宗纪一》，前揭，第258页。

③ 清·厉鹗：《辽史拾遗》卷十六《补选举志》。

卷五十《学校考》即载："咸雍时，太公鼎为良乡令，省徭役，务农桑，建孔子庙学，部民服化。太康时，耶律孟简为高州观察使，修学校，招生徒，以循吏著。"

3. 辽代经筵进讲、进谏与经学

以《五经》中的义理、实例等对帝王进讲、进谏，属于经学的致用范畴，这在辽代多有其例。进讲方面，道宗大安二年（1086）正月"癸丑，召权翰林学士赵孝严、知制诰王师儒等讲《五经》大义"[①]；又，大安四年（1088）四月，"召枢密直学士耶律俨讲《尚书·洪范》"[②]。这均表明，道宗乃崇尚经籍，主动从经学义理中寻求治国之策，比如《洪范》属《尚书·周书》，讲的便是周武王伐殷后向箕子询问治国安民的大法。进谏方面，圣宗统和元年（983），南京人室昉以《尚书·无逸篇》进谏，得到太后的嘉奖。《无逸篇》亦属《周书》，其内容在于告诫成王要顾念稼穑艰难，不可贪图逸乐。正由于长期受经学的熏染，道宗才于大安五年（1089）"诏谕学者，当穷经明道"[③]。

4. 辽代经籍校雠刊刻与经学

辽代对经学的接纳和重视，还体现在对经学书籍的校雠刊刻上。《辽史·道宗纪二》载，清宁十年（1064）"丁丑，诏求乾文阁所阙经籍，命儒臣校雠"。乾文阁为辽代经籍保藏刊刻之所，命儒臣校雠整理的，当有经学书籍。至于辽代经学著述，台湾学者张厚齐先生统计黄虞稷《千顷堂书目》、钱大昕《补元史艺文志》、黄任恒《补辽史艺文志》等多种目录书，共得辽代书目414种，其中与经学相关者，计有《孝经译》、《尔雅译》、《周易卜筮断》、《论语注译》、《论语小义》、《论语新义》、《投壶仪》、《龙龛

---

① 《辽史·道宗纪四》，前揭，第276页。
② 《辽史·道宗纪五》，前揭，第296页。
③ 《辽史·道宗纪五》，前揭，第298页。

手鉴》8 种，而除《龙龛手鉴》作者僧行均确为辽人外，其余书籍作者或为西夏人，或为高丽人，均不得列为辽代经学著作。也就是说，《龙龛手鉴》“是辽代唯一遗留下来的经学相关著作”[①]。

有辽一代，虽然经学著述不丰、经学研究尚浅，但作为少数民族政权，为了实现对中原地区的统治，毕竟开始在一定范围内接受和传播经学典籍及思想，并取得了明显成效；并且无论在国家制度层面（如科举制）还是经学思想层面（如夷夏观），对金、元二朝都产生了直接影响。

三

一般来讲，金朝的汉化程度比辽代要高许多，以至于历史上有“辽以释废，金以儒亡”[②] 的说法。当然，这与程朱理学在南宋统治地位的确立和巩固有关。金朝诸位帝王也倾心儒术，喜读儒家经史，譬如熙宗皇统元年二月：“上亲祭孔子庙，北面再拜。退谓侍臣曰：‘朕幼年游佚，不知志学，岁月逾迈，深以为悔。孔子虽无位，其道可尊，使万世景仰。大凡为善，不可不勉。’自是颇读《尚书》、《论语》及《五代》、《辽史》诸书，或以夜继焉。”[③] 海陵王也“嗜习经史，一阅终身不忘，见江南衣冠文物朝仪位署而慕之”[④]。在这一历史背景下，经学在金代也得到了更大范围的接纳与流传。

---

① 张厚齐：《辽代经学概述》，载《经学研究论丛》第 18 辑，台北：学生书局，2010 年，第 93 页。

② 《元史·张德辉传》，前揭，第 3823 页。

③ 《金史·熙宗纪》，北京：中华书局，1975 年，第 77 页。

④ 南宋·叶隆礼：《契丹国志》卷十三《海陵炀王上》。

1. 金代科举与经学

金承辽制，兼采唐宋程式，实行科举。与金朝对待汉文化的倾心态度有关，科举考试在金朝的实际地位，既超过了前代的辽、西夏，也超过了后来的蒙元。金代科举众科目中，亦多有自《六经》、《论》、《孟》中出题者。第一，律科。世宗大定二十九年（1189）六月规定："律科举人止知读律，不知教化之原，必使通治《论语》、《孟子》，涵养器度。遇府、会试，委经义试官出题别试，与本科通定去留为宜。"[①] 并且，"令自今举后，复于《论语》、《孟子》内试小义一道，府会试别作一日引试，命经义试官出题，与本科通考定之"[②]。需要注意，"知教化之原"，"涵养器度"，是朝廷规定律科举人须研习《论语》、《孟子》的基本目的，这于社会风气的移易、个人修养的提升大有裨益。第二，进士诸科。章宗明昌元年（1190）正月，诏定群经出题之制，明确规定从《六经》传注中出题。《金史·选举志一·进士诸科》载："会试所取之数，旧止五百人，比以世宗敕中格者取，乞依此制行之。……以《六经》、《十七史》、《孝经》、《论语》、《孟子》及《荀》、《扬》、《老子》内出题，皆命于题下注其本传。"第三，经童科。金朝经童科初置于金熙宗天眷元年（1138），至于考题，亦包含经传诸子多种。《金史·选举志一·经童科》载："经童之制，凡士庶子年十三以下，能诵二大经、三小经，又诵《论语》诸子及五千字以上，府试十五题通十三以上，会试每场十五题，三场共通四十一以上，为中选。所贵在幼而诵多者，若年同，则以诵大经多者为最。"

关于"二大经、三小经"具体所指，一时无法确考。元·马

---

① 《金史·章宗纪一》，前揭，第 210 页。

② 《金史·选举志一·律科》，前揭，第 1148 页。

端临《文献通考》卷三十一《选举考》载："哲宗元祐二年，更科场法，……以《诗》、《礼记》、《周礼》、《左氏春秋》为大经，《书》、《易》、《公羊》、《穀梁》、《仪礼》为中经。愿习二大经者听，不得偏占两中经。"但此处"大经"、"中经"之说乃北宋科举制之规定，金代与之或有不同。又，南宋·王应麟《玉海》卷四十二《艺文》云："……'九经'之名，又昉乎此。其后明经取士，以《礼记》、《春秋左传》为大经，《诗》、《周礼》、《仪礼》为中经，《易》、《尚书》、《春秋公、穀》为小经，所谓九经也。国朝方以《三传》合为一，又舍《仪礼》而以《易》、《诗》、《书》、《周礼》、《礼记》、《春秋》为六经，又以《孟子》升经，《论语》、《孝经》为三小经，今所谓'九经'也。"而《金史·选举制》言"能诵二大经、三小经，又诵《论语》诸子及五千字以上"，则证明金代"小经"所指必不包含《论语》，而与应麟所言南宋之制有别。

2. 金代国子监与经学

国子监是中国宗法时代的中央官学，以贵胄子弟为教育对象，并且自古以来具有儒学教育性质。据《金史·海陵亮纪》，金代国子监初置于海陵王天德三年（1151）正月甲午，其中一个重要任务便是刊印经史著作，授诸学校。《金史·选举志一·序》云："凡经，《易》则用王弼、韩康伯注，《书》用孔安国注，《诗》用毛苌注、郑玄笺，《春秋左氏传》用杜预注，《礼记》用孔颖达疏，《周礼》用郑玄注、贾公彦疏，《论语》用何晏集注、邢昺疏，《孟子》用赵岐注、孙奭疏，《孝经》用唐玄宗注。……皆自国子监印之，授诸学校。"如此一来，经学著作及经学思想便在金代学校教育领域得到了广泛的传播。

3. 金代译经与经学

金朝有本民族使用的文字——女真文（或曰女直文），其中女真大字创制于金太祖完颜旻天辅三年（1119），女真小字创制于金熙宗完颜亶天眷元年（1138）。文字的创制在于宣明民族国家的形象，女真字主要用于金朝官方文件的书写，而将汉文典籍翻译为女真文，也是金朝加强民族统治的重要举措，其中便包含了诸多经书的翻译。金朝以女真字翻译经书始于金世宗大定四年（1164）。《金史·选举志一·序》载："自大定四年，以女直大小字译经书颁行之。后择猛安谋克内良家子弟为学生，诸路至三千人。"三十年后，则设置了专门掌管校译经史的机构"弘文院"，据《金史·章宗纪二》，章宗明昌五年（1194）"三月……戊子，置弘文院，译写经书"。

金代有两次重要的译经活动：其一是世宗大定十五年（1175）诏译诸经，而成《四书译解》、《五经译解》。《金史·徒单镒传》载："（大定）十五年，诏译诸经，著作佐郎温迪罕缔达、编修官宗璧、尚书省译史阿鲁、吏部令史杨克忠译解，翰林修撰移剌杰、应奉翰林文字移剌履讲究其义。镒自中都路教授选为国子助教。左丞相纥石烈良弼尝到学中与镒谈论，深加礼敬。"其二是大定二十三年（1183）九月，译经所进所译群经、诸子等书。《金史·世宗纪下》载："九月己巳……译经所进所译《易》、《书》、《论语》、《孟子》、《老子》、《扬子》、《文中子》、《刘子》及《新唐书》。上谓宰臣曰：'朕所以令译《五经》者，正欲女直人知仁义道德所在耳。'命颁行之。"这些译经活动，在很大程度上推进着金朝儒学化的进程。

4. 金源学者的经学思想

金代儒士中，经学方面最为瞩目者，一是赵秉文（1159—1232）的夷夏之辨，一是王若虚（1174—1243）的辨惑群经。赵秉文为磁州滏阳（今河北磁县）人，属北方汉族士大夫，学识渊深，史称"金士巨擘"。与宋朝士人过于强调地理、民族方面的夷夏之防不同，赵秉文则强调《春秋》华夷之辨重文化、轻族类的“礼”的标准，称：“仲尼编《诗》，列《王·黍离》于《国风》，为其王室卑弱，下自同于列国也。《春秋》，诸侯用夷礼则夷之，夷而进于中国则中国之。”[①] 在赵秉文看来，是否为“夏”，不看其是否为中原汉族，而看其是否礼法文明；一旦进化至礼法文明，即使原本是契丹、女真外族，亦可称华夏正统。不过一方面，这是赵秉文等北地汉族儒士在特殊情势下对传统夷夏观做出的一种权变，当然也是辽金统治者的政治需求；另一方面，这种权变又是《春秋》经学思想的一种实际应用。传统经学及汉文化在这一“道势冲突”中得以保持不坠并继续影响着“异族”统治者的决策，因而堪称“汉文化”的一种胜利。

至于真定藁城（今河北藁城）人王若虚，平生“笃志经学，尤长于经义，南北师尊之，以为法”[②]，四库馆臣誉之为“金元之间学有根柢者，实无人出若虚右”[③]。王氏在经学方面的著述有《五经辨惑》二卷、《论语辨惑》五卷、《孟子辨惑》一卷等。王若虚经学的一个最显著的特色就是“批判性”甚强，其著作多名“辨惑”，主要便是出于对其时经学解说（尤其是宋儒之说）中诸多弊端的批判。譬如《论语辨惑序》称：“旧说多失之不及，而新说每伤于太过。”《论语辨惑总论》则称：“解《论语》者有三过焉：过于深也，过于高也，过于厚也。”[④] 这里虽然只针对《论语》而发，却可以代表王若虚对待整个经学的态度。其中“新说”及“三过”所指，皆为宋儒；而“旧说”所指，当为汉唐诸

---

① 赵秉文：《滏水集》卷十四《蜀汉正名论》。

② 无名氏：《河朔访古记》卷上。

③ 清·永瑢等：《四库全书总目》卷一六六，北京：中华书局，1965 年，第 1421 页。

④ 金·王若虚：《滹南遗老集》卷之三。

儒。从王若虚的群经“辨惑”过程看，其学术根基在于汉唐经学，较为重视文字训诂与通经致用，却又汉宋兼驳、汉宋兼采，体现出金源学者独特的经学风貌。

四

在中国经学史上，元代百年是一个值得特别关注的历史时期。由于宋、金长期对峙，导致“南北道绝，载籍不相通”，北方学者对程朱之学了解甚少。北方学术保留汉唐遗风，主要是一种章句训诂之学。随着南儒赵复的被俘北上，南宋理学传播到了北地，并逐渐占据学术主流，元代经学也因此呈现出不同以往的面目。而这一学术旧格局的打破与新格局的建立，与蒙古统治者“以儒治国”的文化政策又有着直接的关联。

1. 元代帝王“儒治观”的反复与经学发展

元太祖成吉思汗起于漠北，对汉文化无所了解，在征伐西夏和金的过程中才开始有所接触。精通儒术的文臣耶律楚材（1190—1244），较早意识到儒术对于国家治理的重要意义，并提出“以儒治国，以佛治心”[①] 的著名观点。遗憾的是，当时成吉思汗更关心的是领土扩张和财富掠夺，儒治观对其造成的影响微乎其微。继任的大汗窝阔台重用耶律楚材，推行一系列儒治措施。然而，对儒学真正有较深入认识，并自觉在全国范围内广泛推行崇儒措施的，是元世祖忽必烈。世祖早在为亲王时即与许国祯、赵璧等金末儒士有所接触，并对儒学表现出浓厚兴趣。他为藩王时，曾聘请王鹗等儒士“进讲《孝经》、《书》、《易》及齐家治国

① 元·耶律楚材：《湛然居士集》卷十三《寄万松老人书》。

之道、古今事物之变，每夜分乃罢。世祖曰：‘我虽未能即行汝言，安知异日不能行之耶！’”① 他于中统元年（1260）三月登基皇位后，又推出诸多“儒治”措施，譬如大力起用王文统、张文谦、姚枢、许衡等汉族儒士；免儒为奴并确立儒籍，提高儒士社会地位；创办国子学，兴建庙学，并拜许衡为集贤大学士兼国子祭酒，在制度上保证了儒学在贵胄子弟间的传播，等等②。不过，忽必烈的“儒治观”也有反复，比如在至元十年（1273）国子祭酒许衡与权臣阿合马的冲突中，明显倾向阿合马一方，而使国子学的儒学教育遭受了很大破坏。究其因乃在于，忽必烈此时以为儒术“无所用，不足以有为也”③。也就是说，元代经学从一开始就在这种为最高统治者所利用和限制的尴尬处境中艰难前行。

2. 赵复被俘与经学北传

赵复（1215—1306），字仁甫，湖广德安（今湖北安陆）人，学者称“江汉先生”。从学术渊源看，属于程朱理学一派。据《元史·赵复传》，太宗七年（1235）元军破枣阳，“拔德安，得名儒赵复，始得程颐、朱熹之书”，又载：“时杨惟中行中书省军前，姚枢奉诏即军中求儒、道、释、医、卜士，凡儒生挂俘籍者，辄脱之以归，复在其中。……先是，南北道绝，载籍不相通。至是，复以所记程朱所著诸经传注，尽录以付枢。”在这些“诸经传注”中，首当其冲是南宋以来占据学术主流的理学四书学著作，同时也包括《易》、《礼》、《春秋》等经学著作。被俘来到燕京的赵复，“名益大著，北方经学，实赖鸣之。游其门者将

① 《元史·王鹗传》，前揭，第3756页。

② 参周春健：《元代四书学研究》第一章，上海：华东师范大学出版社，2008年，第39—41页。

③ 元·王恽：《秋涧集》卷四十六《儒用说》。

百人，多达材”[①]。以经学名家者，既包括杨惟中、姚枢两位名臣，也包括后来成为元朝高官或大儒的郝经、许衡、窦默、刘因等人。其后，杨惟中与姚枢在燕京谋建太极书院，选取遗书八千余卷，请赵复讲授其中，为经学传播搭建了一个很好的平台。明人冯从吾称：“先是，南北道绝，载籍不相通。洛闽之学惟行于南，北方之士惟崇眉山苏氏之学。”[②] 这大概可以说明宋末元初的南北学术风气。北方崇尚苏轼父子之学，重词赋，重训诂，呈现出与南方义理之学不同的特征。赵复北上对理学的传播，很大程度上改变了北儒的治学方向，为北方学界吹进了一股新风。

3. 延祐科举与元代经学

对于中原王朝普遍实行的科举选士制度，蒙元统治者最初持拒斥态度。然而在汉族士人的观念中，科举考试却是推行“汉法”的一项重要内容，因此他们总是不遗余力地向皇帝进言。在王鹗、许衡、王恽等汉儒的不断敦促下，历成宗、武宗两朝，几代人恢复科举的愿望终于在仁宗朝得以实现。皇庆二年（1313）十一月，下诏实行科举，并于延祐二年（1315）三月正式开科取士。需要特别重视的是皇庆诏书中对于科举考试程式的规定。

> 蒙古、色目人，第一场，经问五条，《大学》、《论语》、《孟子》、《中庸》内设问，用朱氏《章句集注》。其义理精明、文辞典雅者为中选。第二场，策一道，以时务出题，限五百字以上。汉人、南人，第一场明经、经疑二问，《大学》、《论语》、《孟子》、《中庸》内出题，并用朱氏《章句集注》，复以己意结之，限三百字以上；经义一道，各治一经，

---

① 元·姚燧：《牧庵集》卷四《序江汉先生死生》。

② 明·冯从吾：《元儒考略》卷一。

《诗》以朱氏为主，《尚书》以蔡氏为主，《周易》以程氏、朱氏为主，已上三经，兼用古注疏，《春秋》许用《三传》及胡氏《传》，《礼记》用古注疏，限五百字以上，不拘格律。第二场古赋诏诰章表内科一道，古赋诏诰用古体，章表四六，参用古体。第三场策一道，经史时务内出题，不矜浮藻，惟务直述，限一千字以上成①。

由此规定可知：其一，科考的内容，有《四书》，有《五经》，而《四书》居于《五经》之先，这是宋代以来四书学确立并居于学术主流的直接反映，也是赵复等人传播四书学在国家制度层面的体现。其二，《四书》的唯一考试版本，是朱熹的《四书章句集注》；《五经》所用版本中，《诗》之朱熹、《书》之蔡沈、《易》之程朱、《春秋》之胡安国，皆属程朱一系，这表明，程朱一派的经学解说在元代占据了主导地位。另外，尽管由于蒙古统治者头脑中尚存留有浓重的民族歧视观念，对汉族人士保持着较为强烈的疑惧心理，元代科举为广大汉族儒生提供的仕进机会实际十分有限，但“它的象征意义却相当强烈，给很多士人暗示了一个知识与利益交换的方式”②。蒙元统治者要借助经学实现其政治统治，汉族士人则借助经学实现学统与道统的传承与延续，经学的发展也因此而在元朝保持不坠。

4. 学校教育与元代经学

先看国子学领域。许衡学宗赵复，担任国子祭酒期间，确立了先《四书》后《五经》的基本教育模式，规定：“凡读书必先《孝经》、《小学》、《论语》、《孟子》、《大学》、《中庸》，次及

① 《元史·选举志一·科目》，前揭，第 2019 页。

② 葛兆光：《中国思想史》第二卷第二编，上海：复旦大学出版社，2001 年，第 284 页。

《诗》、《书》、《礼记》、《周礼》、《春秋》、《易》。”① 从元世祖统治晚期开始，国子监教学内容却发生了细微的变化，譬如至元二十五年（1288），程钜夫曾向朝廷建议：“吴澄不愿仕，而所定《易》、《诗》、《书》、《春秋》、《仪礼》、《大小戴记》，得圣贤之指，可以教国子，传之天下。”② 这其实是一个信号，即要在国子监教育中加重《五经》的分量。成宗时，袁桷上《国学议》，认为当采唐制，“《五经》各立博士，俾之专治一经，互为问难，以尽其义”，其意亦在进《五经》而退《四书》。这一情形至仁宗皇庆二年恢复科举后得以改观，许衡先《四书》后《五经》的教育方针重又成为国子监教学的指导。再来看乡学、书院领域，这可以程端礼（1271—1345）所撰《读书分年日程》为观照对象，理由是此书“国子监以颁示郡邑校官，为学者式”③。程氏将青少年的学习分为三个阶段，每一阶段有着不同内容：一、“八岁未入学之前”，学习内容为“读《性理字训》”。二、“自八岁入学之后”，学习内容为“读《小学书》正文……《小学书》毕，次读《大学》经传正文……次读《论语》正文，次读《孟子》正文，次读《中庸》正文，次读《孝经刊误》……次读《易》正文……次读《书》正文，次读《诗》正文，次读《仪礼》并《礼记》正文，次读《周礼》正文，次读《春秋》经并《三传》正文。前自八岁约用六七年之功，则十五岁前，《小学书》，《四书》、诸经正文，可以尽毕。”三、“自十五志学之年，即当尚志。为学以道为志，为人以圣为志。自此依朱子法读《四书》注，或十五岁前用工失时失序者，止从此起，便读《大学章句》、《或问》，仍兼补《小学书》。”很明显，就学习内容来讲，朱子的《小学》、《四书》

① 《元史・选举志一・学校》，前揭，第2029页。
② 元・虞集：《道园学古录》卷四十四《临川先生吴公行状》。
③ 《元史・韩性传》附，前揭，第4343页。

尤其是《四书》占据了最重要的地位，远远高于《五经》传注，这与元代科举对《四书》的规定正相吻合。

5. 经筵进讲与元代经学

忽必烈在位期间，经筵进讲较为频繁。中统四年（1264），曾命徐世隆进读《尚书》；至元三年（1266），曾命群臣选书以进，商挺等乃纂《五经要语》二十八类献上。至元中后期，尽管忽必烈对待汉儒颇怀疑忌，但经筵进讲仍未废绝。《元史·焦养直传》载，至元二十八年（1291），焦养直"入侍帷幄，陈说古先帝王政治。帝听之，每忘倦"。继世祖之后的元成宗铁穆耳，即位前曾从真定名儒董文用学习经书，有一定的儒学素养。他在位前期屡开经筵，曾召张文谦、焦养直等人进讲经史。而曾经受南宋皇帝青睐的《大学衍义》，也逐渐走进蒙古帝王的经筵之中，成宗便表现出了浓厚兴趣。至于后继的武宗海山，因长期抚军漠北，对汉文化较为隔膜，不过他曾对《孝经》表示过推崇。元仁宗自幼生活在汉地，早年师事汉中名儒李孟，受儒家思想浸染较深，任皇太子时即对《大学衍义》表示了强烈好感，即位后，经筵进讲亦有《大学衍义》，并曾令人将其全本译为蒙文。此后，《大学衍义》即成为元代经筵进讲的一部主要教材，比如英宗、泰定帝时，都曾以《大学衍义》进讲。

6. 元代学者的经学观

有元一代，经学较辽、金二朝有了较大发展，经学著述大增，也涌现出了诸如郝经、许衡、刘因、吴澄等经学名家；同时，元代作为"征服王朝"，也形成了某些独特的经学观。

第一，元代学者的"经史观"。经史关系是重要的经学命题，陵川（今山西陵川）郝经（1223—1275）认为："古无经史之分。孔子定《六经》而经之名始立，未始有史之分也。《六经》自有史耳，故《易》即史之理也，《书》史之辞也，《诗》史之政也，

《春秋》史之断也，《礼》、《乐》经纬于其间矣，何有于异哉！至马迁父子为《史记》，而经史始分矣。其后遂有经学，有史学，学者始二矣。”[①] 虽然郝经同样赞同“经者万世常行之典，非圣人莫能作”，但“古无经史之分”、“《六经》自有史”的说法，却表明他对经学并非“迷信”。视《六经》为古史资料，以史学的眼光看待经学，体现出郝经治经讲求实用的北方经学特点。至于容城（今河北容城）刘因（1249－1293），更受其影响而明确提出“古无经史之分，《诗》、《书》、《春秋》皆史也”[②]，实开明人王阳明“《春秋》亦经，《五经》亦史”[③]、清人章学诚“六经皆史”[④]说之先河。

第二，元代学者的“道统论”。所谓“道统”，是指儒家圣人之道承传相继的统系，历来为经学家所重视。唐人韩愈在《原道》中最早对这种谱系做出排定：“尧以是传之舜，舜以是传之禹，禹以是传之汤，汤以是传之文、武、周公，文、武、周公传之孔子，孔子传之孟轲。轲之死，不得其传焉。”南宋朱熹则大大强调道统传承中孔孟之间“曾子”、“子思”的地位及作用，梳理出“孔、曾、思、孟”的传承谱系，以与《四书》（论、学、庸、孟）相应。同时，又在孟子之后续上程子，以为他“辨异端，辟邪说，使圣人之道涣然复明于世”[⑤]。元代学者中，北方的赵复作为“程朱续传”，在道统论上与朱熹并无二致，且在程氏兄弟之后又续补上了朱子。《元史·赵复传》载：“复以周程而后，其书广博，学者未能贯通，乃原羲、农、尧、舜所以继天立

① 元·郝经：《陵川集》卷十九《经史》。
② 元·刘因：《静修先生集》卷一《叙学》。
③ 明·王阳明：《王文成全书》卷一《传习录上》。
④ 清·章学诚：《文史通义·内篇·易教上》。
⑤ 南宋·朱熹：《中庸章句序》。

极，孔子、颜、孟所以垂世立教，周、程、张、朱氏所以发明绍续者，作《传道图》，而以书目条列于后。”南方浙江金华的“北山学派”（以金履祥、许谦为代表）号称得朱熹正传，在道统论上亦沿袭朱子之说；而“草庐学派”的代表吴澄（1249—1333），同样属“宗朱”一派。需要指出，韩愈、朱熹等人之所以认为“轲之死，不得其传焉”，实质是站在理学立场对汉唐经学的一种反动，这代表了晚唐、宋代以来的一种主要趋势。但同样作为“江汉所传”的北方“静修学派”的代表人物刘因，论述道统却与赵复等人迥乎不同。刘因在《叙学》中将汉代的董仲舒、隋代的文中子、唐代的韩愈列为“孟轲之亚”，认为他们“明白纯正”、“扶持周孔”，显然将其作为周、程、张、朱之前接续孟子之传的道统人物，这便与程朱一派有了很大区别。刘因的这种“道统论”，与作为“南北方理学的早期汇合者”的郝经一脉相承，而郝经之说又来源于其师元好问（1190—1257，山西忻州人）。就“道统论”而言，从元好问到郝经到刘因，实际体现了北方经学一贯的重汉唐训诂而轻宋儒议论的学术传统。

第三，元代学者的“夷夏观”。当年赵复被俘时，最初曾欲投水自尽，缘由是不愿为“异族”政权服务，后经姚枢劝说方同意北上燕京。至于姚枢的劝辞，其从子姚燧称：“公曰：‘果天不君与？众已同祸，爰其全之，则上承千百年之统，而下垂千百世之洪绪者，将不在是身耶？徒死无义，可除君而北，无他也。’”[①]这一劝辞的核心，可用“传道”来概括。由此，赵复选择北上的这一波折过程，其实表明他头脑中存有较为浓重的“夷夏之防”观念。不过到了稍后的许衡、郝经等人那里，情形发生了较大变化。郝经曾云：“天无必与，惟善是与；民无必从，惟德之从。

① 元·姚燧：《牧庵集》卷四《序江汉先生死生》。

中国而既亡矣，岂必中国之人而后善治哉！圣人有云：夷而进于中国，则中国之。苟有善者，与之可也，从之可也，何有于中国于夷？”[1] 又云：“今日能用士而能行中国之道，则中国之主也。士于此时而不自用，则吾民将膏铁钺、粪土野，其无孑遗矣！”[2]“天无必与，惟善是与”，“何有于中国于夷”，表明郝经已经意识到了“夷夏之防”观念的狭隘之处，并试图作出修正。“能行中国之道，则中国之主”，表明郝经为蒙元政权在中原统治的合法性找到了一个理论借口；而“士于此时而不自用”的劝勉和召唤，则为广大汉族儒士仕于元廷、维护道统铺平了道路。这是元代新型社会形势下产生的一种新型“夷夏观”，以许衡、刘因、吴澄等人为代表的广大汉族儒士，正是在这一新型“夷夏观”的理论支持下，为推进经学的传播进行不懈的努力。

第四，元代学者的“四书六经观”。《四书》与《六经》[3] 的关系问题，也是经学史中的一个重要课题。因为《四书》与《六经》孰先孰后，孰为主导，反映出来的是两种迥然相异的学术主张，甚至代表了不同的学术时代。不妨可以这样对应：《六经》（或言《五经》）对应于汉唐经学，《四书》对应于宋代理学。讨论元代学者的《四书》、《六经》观，必须要以宋儒朱熹的观点作为参照，因为元代的科举、教育都以朱熹《四书集注》为基本依据。朱子曾提出“《四子》，《六经》之阶梯”[4] 的著名观点，元代南北各派学者中皆有遵从此说者。尤其是延祐科举后，这派说法更是因朝廷的表彰而占据主导。譬如新安人汪克宽（1301—

① 元·郝经：《陵川集》卷十九《辨微论·时务》。

② 元·郝经：《陵川集》卷三十七《与宋国两淮制置使书》。

③ 此处“六经”与汉唐“五经”近义，与先秦“六艺”之义不同。

④ 南宋·朱熹：《朱子语类》卷一〇五，见朱杰人、严佐之、刘永翔主编《朱子全书》册十七，上海：上海古籍出版社、合肥：安徽教育出版社，2002 年，第 3450 页。

1369）《重订四书集释序》云：“《四书》者，《六经》之阶梯，东鲁圣师以及颜、曾、思、孟传心之要，舍是无以他求也。”所论与朱子几乎完全一致。不过，元代也有反对朱熹之说者，譬如刘因在《叙学》中提出：“先秦三代之书，《六经》、《语》、《孟》为大。世变既下，风俗日坏，学者与世俯仰，莫之致力，欲其材之全，得乎？三代之学，大小之次第，先后之品节，虽有余绪，竟亦莫之适从，惟当致力《六经》、《语》、《孟》耳。世人往往以《语》、《孟》为问学之始，而不知《语》、《孟》圣贤之成终者。”此处“《语》、《孟》”，可以作为《四书》的代称来理解。在理学体系中，《四书》在先的位置不容动摇，刘因却认为《四书》之学应当作为问学之终，而非程朱所认为的问学之始，作为问学之始的当是《六经》①。刘因之重《六经》而轻《四书》，一方面与其较深厚的北方经学渊源有关，另一方面表明四书学由宋代传衍到元初，已暴露出一定的虚浮的弊端。刘因“先《六经》而后《四书》”的提倡，目的是想为虚浮的学风注入一些“求实”成分，在思想史上有其进步意义。

五

纵观辽、金、元三代经学发展历程，单就经学成就来讲，的确无法同汉唐两宋比肩。譬如，在这三朝，既未涌现出像董仲舒、郑玄、王肃、王通这样的经学大家，亦未涌现出像周敦颐、二程、张载、朱熹、陆九渊这样的理学大师。马宗霍即曾云：

---

① 元·刘因《叙学》称：“《六经》既毕，反而求之，自得之矣。”

“元代举业，虽兼用古注疏，但元儒解经，则仍不能出朱子之范。”[1] 这话不无道理。元代尚且如此，更遑论经学基础更为薄弱的辽、金？然而，当我们对辽、金、元三朝经学作了一番巡礼之后，却可以得到这样一个深刻印象：辽金元经学决非一无是处，而是有其宝贵的独立品格。尤其是在经史观、夷夏观、道统论、四书六经观等方面，还提出了符合政治、学术情势的崭新观点，闪耀着理论的光辉。不妨这样说，辽、金、元三代经学，是中国经学史上不可或缺的一环，应当给予足够的关注。

马克思曾经指出：“野蛮的征服者总是被那些他们所征服的民族的较高文明所征服，这是一条永恒的历史规律。”[2] 辽、金、元三朝的建立与统治，对这一规律做出了形象的证明。从辽太祖到金太祖到元世祖，在与汉人汉文化的历次碰撞中，在无数汉族士人为着“道统”的传承延续所做的卓绝努力下，这些“异族”统治者最终无可避免地选择了“以儒治国”的文化政策，从某种意义上实现了“征服者的被征服”。辽、金、元三代的经学发展，正是在这样一种特殊的“道势冲突”下，别具特色地展开。

当然，就人类历史进程而言，这里的“征服”与“被征服”其实不能简单地理解为“权力取胜”与“文化取胜”的对立，它们实际是促进历史共同发展的和谐统一。另一方面，道统传承，文化之脉，实在具有无穷的穿透力。它用事实告诉我们，文化对于一个民族的生存和发展是何等重要，为文化传承和普及而不遗余力的士子们，其品质是何等地令人敬仰！

---

① 马宗霍：《中国经学史》第十一篇，北京：商务印书馆，1998 年，第 129 页。

② 《马克思恩格斯选集》第二卷《不列颠在印度统治的未来结果》，北京：人民出版社，1972 年，第 70 页。

《孟子》在辽金时期的传播与影响①

提要：作为儒家经典的《孟子》，在辽、金二朝都得到了不同程度的传播。辽代并无孟学著述的著录信息，但从营州人马保忠进谏辽帝，称扬“孔孟圣贤之教”的表述可以推断，《孟子》在辽代有所传播，并且认定“孔孟”乃属一体之学。至于金代，由于汉化程度更高，《孟子》也在国子监、女真译经、科举考试等领域得到更广范围的流传，孟学著述亦更丰富；无论是金朝科考的科目规定，还是王若虚等人的著作，都体现出北方学术传统对南方朱子理学反动的特色。《孟子》在辽、金的传播，对于二朝教化的广施和器度的涵养，对于推进二朝儒学化的进程，都发挥了重要作用。

辽代（916—1125）和金代（1115—1234），分别是由契丹族和女真族所建立起来的北方少数民族政权。由于文化背景和地理位置等原因，二朝与中原文化皆存在一定隔膜，儒学基础相对薄弱许多。如所周知，作为儒家经典的《孟子》，战国秦汉以来仅是子部书籍，未曾跻身经书行列，中唐韩愈（768—824）开始重

① 本文发表于《中国哲学史》2013年第1期。

视表彰，北宋初年正式开启由子书升格为经书的“升经运动”，并最终于徽宗宣和年间（1119—1125）刻成石经，列为“十三经”之一[①]。《孟子》地位上升的这一过程，恰恰横跨与北宋、南宋相并立的两个政权——辽和金。那么，《孟子》在辽、金两朝是如何传播的？对两朝的学术和社会又产生了怎样的影响？

一、《孟子》在辽代的传播与影响

目录书的著录信息，是反映学术发展的一面镜子。通检辽代“艺文志”诸书，如清黄虞稷《千顷堂书目》（简称《千顷堂》）、清厉鹗《辽史拾遗·补经籍志》、清倪灿、卢文弨《补辽金元艺文志》（简称《倪卢补志》）、清金门诏《补三史艺文志》（简称《金补志》）、清钱大昕《补元史艺文志》（简称《钱补志》）等的辽代部分，以及缪荃孙《辽艺文志》、黄任恒《补辽史艺文志》等等，均未发现有《孟子》相关著述的著录。这从一个重要方面证明，其时《孟子》在辽地罕有传播。而且，不惟“经部”未有著录，即便各家目录“子部”所列，亦皆释家、医家、道家等著述，而无儒家。这表明在辽朝，儒家的地位远不及释、道诸家，《孟子》的地位亦可想而知。当然，有一个背景需要注意，跟整个辽代同时的绝大部分时间里，《孟子》在北宋也还没有实现由“子”到“经”的升格。

然而，《孟子》在辽代果真毫无流传吗？文献中的一处记载颇值得我们关注，这可以在一定程度上改变我们对辽代孟学的通常看法。宋人叶隆礼《契丹国志》卷十九《马保忠传》载：

---

① 参徐洪兴：《唐宋间的孟子升格运动》，载《中国社会科学》1993年第5期。

马保忠，营州人也。疏眉目丰下，谨重寡欲，斤斤自修，士人贤其行。自力读书，不谒州县，节用以给亲里，大穰则赈其余于乡党。太平年间，授洗马，改著作郎、殿中丞。兴宗朝为枢密使、尚父、守太师兼政事令，封燕国公。时朝政不纲，溺志浮屠，僧至有正拜三公、三师者，官爵非人，妄有除授。保忠尝从容进谏，帝至怫然怒之，详见《帝纪》。又尝上言："强天下者，儒道；弱天下者，吏道。今之授官，大率吏而不儒。崇儒道，则乡党之行修；修德行，则冠冕之绪崇。自今其有非圣帝明王、孔孟圣贤之教者，望下明诏，痛禁绝之。"其笃意风教如此。后数年，保忠卒，赐谥曰刚简。

马保忠进谏，很明显是针对当时"朝政不纲，溺志浮屠"的现象而言，他的基本立场是崇儒抑佛，故而劝谏辽帝"崇儒道，修德行"。值得注意的是马保忠的"圣帝明王、孔孟圣贤之教"一语，因为这里出现的是"孔孟"的并称，而宋代以前使用更多的称谓则是"周孔"或"孔颜"[①]。这表明了此时孟子地位的提升，以及孟子与圣人孔子关联得更加密切。同时表明，马保忠受了这种"新儒学"——理学的重大影响。

---

① 杨泽波：《孟子评传》第十章称："韩愈首次提出了儒家的'道统'，并且最早把孟子名字升到孔子之后。韩愈用尊'孔孟'取代唐初以来的尊'孔颜'，引起了当时学界一批人的注意。"（南京：南京大学出版社，1998 年，第 463 页）不过，韩愈并没有将"孔孟"作为一个语词来使用。唐·皮日休（834—902，一说 839—902）《文薮》卷四《文中子碑》虽较早使用"孔孟"并称的语词形式："孟子之门人郁郁于乱世，先生之门人赫赫于盛时，较其道，与孔孟岂徒然哉？"但取义与"孔孟之道"却有差距。至于唐·释贯休（823—912）《禅月集》卷五《偶作五首》之"几许繁华几更改，唯有尧舜周召孔孟似长在"，则是将孔孟作为接续尧舜周召的道统来理解，不妨算作最早使用"孔孟之道"意义上"孔孟"并称的文献出处。

问题是，此时的南方宋朝，《孟子》的传播情形究竟怎样？马保忠是通过何种途径习得理学的呢？须知对于辽代而言，理学产生于南方中原地区，传播到北地并被接受，自然需要一个过程。何况，马保忠并非南方士人，而是北方营州人。这里，我们需要首先确定一下马保忠说这番话的时间。

《契丹国志》所载，并没有交代马保忠说“孔孟圣贤之教”一语的确切时间，不过我们可以将“保忠尝从容进谏，帝至怫然怒之”一事作个参照，作番推断。《契丹国志》卷八《兴宗神圣孝章皇帝》载：

> （壬午）重熙十一年……法天太后专制不满四年，帝幽而废之。既亲政后，始自恣，拓落高旷，放荡不羁。尝与教坊使王税轻等数十人约为兄弟，出入其家，至拜其父母，变服微行，数入酒肆，亵言狎语，尽欢而返。尤重浮屠法，僧有正拜三公三师兼政事令者，凡二十人。贵戚望族化之，多舍男女为僧尼。如王纲、姚景熙、冯立辈，皆道流中人，曾遇帝于微行后，皆任显官。每有除授，凡所亲信不依常格，径与躐升，如拉克禅等数十人。左右隶役，皆自微贱入亲官闱，曾无勋力，拔居将相，位至公卿。爵赏滥行，除授无法。枢密使马保忠本汉人，尝从容进谏言于帝曰：“罚当罪，赏当功，有国之令典也。积薪之言，汲黯叹之；斜封之滥，至唐而极。国家起自朔北，奄有幽燕，量才授官，人始称职。今臣下豢养承平，无勋可陟，宜序进之。”帝怫然怒曰：“若尔，则是君不得自行其权，岂社稷之福也！”保忠恐惧。自是欲有迁除，必先厚赐贵臣，以绝其言。

《契丹国志》将此事系于兴宗“重熙十一年”（宋仁宗庆历二

年，1042)，而此次“从容进谏”的缘由同样是出于马保忠对于朝廷“尤重浮屠法”的反对。不过从“帝怫然怒曰”后“保忠恐惧”的反应来看，马氏此后大概不会再有类似的进谏。因此，前引《契丹国志》卷十九所载“又尝上言”的这次进谏，应当不会晚于重熙十一年。

那么，庆历二年之前，《孟子》在宋代社会的地位到底如何？查核文献，举大端有如下几事：

1. 真宗大中祥符五年（1012）冬十月，命孙奭等校《孟子》，成《音义》二卷；2. 大中祥符七年（1014）正月，国子监上新印《孟子音义》，赐辅臣各一部。

而更能代表《孟子》地位提升的诸多重大事件，则均发生在庆历二年之后，譬如：

1. 神宗熙宁四年（1071）二月，更定科举法，废《春秋》、《仪礼》，以《论语》、《孟子》为兼经；2. 熙宁七年（1074）十二月，请立孟轲、扬雄像于庙廷；3. 神宗元丰六年（1083）冬十月，诏封孟轲为邹国公；4. 元丰八年（1085）三月，诏颜子、孟子配享孔子庙庭；5. 哲宗元祐四年（1089）夏四月，立经义、诗赋两科，皆试《论语》义、《孟子》义；6. 徽宗宣和年间（1119—1125)，《孟子》刻为石经，列“十三经”之一[①]。

也就是说，身处北地辽朝的马保忠，在南方宋地《孟子》地位尚不是很显著的情况下向辽帝提出“孔孟圣贤之教”之说，这一方面表明其时孟学在辽地已有传播（尽管儒家的地位远不及佛、道)，另一方面也表明在辽地士人观念中，孔孟已是一体之学，道统先后相承（尽管未被帝王接纳）。至于马保忠如何“自

---

① 参周春健：《宋元明清四书学编年》卷一，台北：万卷楼图书公司，2012年。

力读书”，学得理学，因文献不足征，无法详考，只能暂付阙如[①]。

二、《孟子》在金朝的传播与影响

一般来讲，金朝的汉化程度比辽代要高许多，以至于历史上有“金以儒亡”（《元史·张德辉传》）的说法。金朝诸位帝王也倾心儒术，喜读儒家经史，譬如熙宗皇统元年二月：“上亲祭孔子庙，北面再拜。退谓侍臣曰：‘朕幼年游佚，不知志学，岁月逾迈，深以为悔。孔子虽无位，其道可尊，使万世景仰。大凡为善，不可不勉。’自是颇读《尚书》、《论语》及《五代》、《辽史》诸书，或以夜继焉。”（《金史·熙宗本纪》）海陵王亦“嗜习经史，一阅终身不忘，见江南衣冠文物朝仪位署而慕之”（《契丹国志》卷十三《海陵炀王上》）。在这一历史背景下，《孟子》之学在金代也得到了更大范围的接纳与流传。兹从国子监、译经、科考以及孟学著述四个方面展开论述。

1. 金代国子监与《孟子》

国子监是中国宗法时代的中央官学，以贵胄子弟为教育对象。《唐六典》卷二十一《国子监》云：“国子祭酒司业之职，掌邦国儒学训导之政令。”由此可见国子监自古以来的儒学教育性质。据《金史·海陵亮纪》，金代国子监初置于海陵王天德三年（1151）正月甲午。国子监的一个重要任务便是刊印经史著作，授诸学校，其中就有东汉赵岐作注、北宋孙奭作疏的《孟子注

① 关于马保忠，《辽史》无传，黄宗羲、全祖望《宋元学案》及王梓材、冯云豪辑《宋元学案补遗》均未立传，生卒年亦不详。厉鹗《辽史拾遗》卷二十有《马保忠传》，文字亦出《契丹国志》。

疏》。《金史·选举志一·序》云：

> 凡经，《易》则用王弼、韩康伯注，《书》用孔安国注，《诗》用毛苌注、郑玄笺，《春秋左氏传》用杜预注，《礼记》用孔颖达疏，《周礼》用郑玄注、贾公彦疏，《论语》用何晏集注、邢昺疏，《孟子》用赵岐注、孙奭疏，《孝经》用唐玄宗注。……皆自国子监印之，授诸学校。

《孟子注疏》由国子监印行授诸学校，这便在很大程度上推进着《孟子》的传播。而且不惟其书，孟子其人的地位也在这一传播过程中得以提升。《金史·礼志八·宣圣庙》载：

> （世宗）大定十四年，国子监言："岁春秋仲月上丁日，释奠于文宣王。……兼兖国公亲承圣教者也，邹国公力扶圣教者也，当于宣圣像左右列之。今孟子以燕服在后堂，宣圣像侧还虚一位，礼宜迁孟子像于宣圣右，与颜子相对，改塑冠冕，妆饰法服，一遵旧制。"

日本学者今关寿麿《宋元明清儒学年表》（北京图书馆出版社，2002 年）于是年下所云"金国子监请春秋仲月上丁释奠文宣王，且定配享等礼制"，指的正是这件事情。

2. 金代译经与《孟子》

金朝有本民族使用的文字——女真文（或曰女直文），其中女真大字创制于金太祖完颜旻天辅三年（1119），女真小字创制于金熙宗完颜亶天眷元年（1138）。文字的创制在于宣明民族国家的形象，女真字主要用于金朝官方文件的书写，而将汉文典籍翻译为女真文，也是金朝加强民族统治的重要举措，其中便包含了《孟子》的翻译。

金朝以女真字翻译经书始于金世宗大定四年（1164）。《金史·选举志一·序》载："自大定四年，以女直大小字译经书颁行之。后择猛安谋克内良家子弟为学生，诸路至三千人。"三十年后，则设置了专门掌管校译经史的机构"弘文院"。据《金史·章宗纪二》，章宗明昌五年（1194）"三月……戊子，置弘文院，译写经书"。

可以推定金朝译经中包含《孟子》的有两个事件：一是世宗大定十五年（1175）诏译诸经，成《四书译解》、《五经译解》，其中即有《孟子》。《金史·徒单镒传》载：

> （大定）十五年，诏译诸经，著作佐郎温迪罕缔达、编修官宗璧、尚书省译史阿鲁、吏部令史杨克忠译解，翰林修撰移剌杰、应奉翰林文字移剌履讲究其义。镒自中都路教授选为国子助教。左丞相纥石烈良弼尝到学中与镒谈论，深加礼敬。

清人金门诏《补三史艺文志》著录《四书译解》一书，注曰："温迪罕缔达、宗璧、阿鲁、张克忠等译，一作杨克忠。"又著录《五经译解》一书，注曰："大定年诏温迪罕缔达、宗璧、阿鲁、杨克忠译解，移剌杰、移剌履讲究其义。"龚显曾《金艺文志初录》亦著录此二书，均以为此次译经所成即《四书译解》、《五经译解》，而《孟子译解》即包含于《四书译解》中。

另一个事件则是世宗大定二十三年（1183）九月，译经所进所译《论语》、《孟子》、诸子等书。《金史·世宗纪下》载：

> 九月己巳……译经所进所译《易》、《书》、《论语》、《孟

子》、《老子》、《扬子》、《文中子》、《刘子》及《新唐书》。上谓宰臣曰："朕所以令译《五经》者，正欲女直人知仁义道德所在耳。"命颁行之。

世宗此处所谓"正欲女直人知仁义道德所在"，清楚地点明了朝廷以女直文翻译《孟子》诸经的政治教化用意[①]。至于翻译《孟子》诸经的实际效果，从显宗朝驼满九住与完颜匡的一段对话中可见一斑。《金史·完颜匡传》载：

寝殿小底驼满九住问（完颜）匡曰："伯夷、叔齐何如人？"匡曰："孔子称夷、齐求仁得仁。"九住曰："汝辈学古，惟前言是信。夷、齐轻去其亲，不食周粟饿死首阳山，仁者固如是乎？"匡曰："不然，古之贤者行其义也，行其道也。伯夷思成其父之志以去其国，叔齐不苟从父之志亦去其国。武王伐纣，夷、齐叩马而谏。纣死，殷为周，夷、齐不食周粟遂饿而死。正君臣之分，为天下后世虑至远也，非仁人而能若是乎？"是时，世宗如春水，显宗从，二人者马上相语遂后。显宗迟九住至，问曰："何以后也？"九住以对，显宗叹曰："不以女直文字译经史，何以知此？主上立女直科举，教以经史，乃能得其渊奥如此哉！"称善者良久，谓九住曰："《论语》'知之为知之，不知为不知，是知也'，汝不知不达，务辩口以难人。由是观之，人之学、不学，岂不

① 《金史·选举志一·进士诸科条》载："上（按，指金世宗）曰：'契丹文字年远，观其所撰诗，义理深微，当时何不立契丹进士科举？今虽立女直字科，虑女直字创制日近，义理未如汉字深奥，恐为后人议论。'丞相守道曰：'汉文字恐初亦未必能如此，由历代圣贤渐加修举也。圣主天姿明哲，令译经教天下，行之久亦可同汉人文章矣。'上曰：'其同汉人进士例，译作程文，俾汉官览之。'"译经的教化用意亦揭示无遗。

相远哉！”

“不以女直文字译经史，何以知此？主上立女直科举，教以经史，乃能得其渊奥如此哉！”显宗此处的反问和感叹，显然是对金朝以女直字译经乃至进入科举所带来的教化之效的肯定和表彰。由此我们不难推论：以女直文字翻译《论语》、《孟子》诸经，在很大程度上推进着《孟子》在金地的传播和金朝儒学化的进程。

3. 金代科举与《孟子》

金承辽制，兼采唐、宋程式，实行科举。与金朝对待汉文化的倾心态度有关，科举考试在金朝的实际地位，既超过了前代的辽、西夏，也超过了后来的蒙元。金代科举众科目中，亦多有自《孟子》中出题者。

第一，律科与《孟子》。世宗大定二十九年（1189）六月己丑朔，“有司言：‘律科举人止知读律，不知教化之原，必使通治《论语》、《孟子》，涵养器度。遇府、会试，委经义试官出题别试，与本科通定去留为宜。’从之”（《金史·章宗纪一》）。并且，“遂令自今举后，复于《论语》、《孟子》内试小义一道，府会试别作一日引试，命经义试官出题，与本科通考定之”（《金史·选举志一·律科》）。需要注意，“知教化之原”，“涵养器度”，是朝廷规定律科举人须研习《论语》、《孟子》的基本目的，这于社会风气的移易、个人修养的提升大有裨益。

第二，进士诸科与《孟子》。章宗明昌元年（1190）正月，诏定群经出题之制，明确规定从《论语》、《孟子》等中出题。《金史·选举志一·进士诸科》载：

章宗明昌元年正月，言事者谓：“举人四试而乡试似为

> 虚设，固当罢去。其府会试乞十人取一人，可以群经出题，而注示本传。”上是其言，诏免乡试，府试以五人取一人，仍令有司议外路添考试院，及群经出题之制。有司言：“会试所取之数，旧止五百人，比以世宗敕中格者取，乞依此制行之。……以《六经》、《十七史》、《孝经》、《论语》、《孟子》及《荀》、《扬》、《老子》内出题，皆命于题下注其本传。”

第三，经童科与《孟子》。经童科，唐、宋皆名童子科，或省称童科，是专为儿童、少年设置的科目。金朝经童科初置于金熙宗天眷元年（1138）。至于考题，《金史·选举志一·经童科》载：“经童之制，凡士庶子年十三以下，能诵二大经、三小经，又诵《论语》诸子及五千字以上，府试十五题通十三以上，会试每场十五题，三场共通四十一以上，为中选。所贵在幼而诵多者，若年同，则以诵大经多者为最。”此处仅称“《论语》诸子”，未言明是否包含《孟子》，不过据《金史》所载或可加以推论。《金史·经童科》云：

> 初，天会八年（1130）时，太宗以东平童子刘天骥，七岁能诵《诗》、《书》、《易》、《礼》、《春秋左氏传》及《论语》、《孟子》，上命教养之，然未有选举之制也。熙宗即位之二年，诏辟贡举，始备其列，取至百二十二人。天德间，废之。

如此说来，“《论语》诸子”中也很有可能包含《孟子》一书。

金代科举考试多规定从《孟子》中出题，这固然在很大程度上推进了《孟子》在金地的传播与影响，但《孟子》甚至《论语》在社会上的地位依然有限。譬如“进士诸科”出题依据中，“《论语》、《孟子》”排在“《六经》、《十七史》、《孝经》”后，显然地位不及“五经”；而且经童科“《论语》诸子”的说法证明，《论语》、《孟子》诸书尚不过是“子书”，远未取得元代科举中将《论语》、《孟子》纳入“四书”体系，且视《四书》整体为经书[①]的崇高地位。之所以出现这种情况，当与金地受北方经学传统影响有关。

4. 金代孟学著述考

与辽代情形不同，关于金代孟学著述，目录书中多有著录，这表明《孟子》在金代的流传较辽代更为普及，学者对《孟子》更为关注。兹从相关目录书中辑考金代孟学著述如下：

（1）《删集孟子解》十卷，赵秉文撰。朱彝尊《经义考》注曰：“佚。”《千顷堂》、《倪卢补志》、《钱补志》、孙德谦《金史艺文略》（简称《艺文略》）入“经部·孟子类”，《金补志》、龚显曾《金艺文志补录》（简称《龚补录》）入“经部·四书类”。《艺文略》注曰：“见元好问《墓铭》。”

（2）《刺刺孟》一卷，刘章撰。《经义考》注曰：“佚。”《千顷堂》、《倪卢补志》、《钱补志》入“经部·孟子类”，《金补志》、《龚补录》入“经部·四书类”。《艺文略》注曰：“章，《金史》无传。今见《补三史》、《补辽金元》、《补元史》诸志。”顾宏义、戴扬本等《历代四书序跋题记资料汇编》将刘章归为“宋人”，非“金人”。

（3）《孟子辨惑》一卷，载《经史辨惑》，王若虚撰。《经义

① 《四库总目》卷三十五《四书类小序》云：“元丘葵《周礼补亡序》称‘圣朝以六经取士’，则当时固以《四书》为一经。”

考》注曰："存。"《千顷堂》、《倪卢补志》、《龚补录》入"经部·经解类"。《龚补录》注曰："《论语辨惑》五卷、《孟子辨惑》一卷，此二种今俱编入《滹南遗老集》中。"《艺文略》注曰："案此与《论语辨惑》，《补元史艺文志》亦分入'论孟类'。观此则《滹南集》中《史记》、《唐书》诸辨惑，正当别出，以类相从矣。"

（4）《孟子辨惑》，载《四书辨惑》一卷，王若虚撰。《龚补录》、《艺文略》皆入"经部·经解类"。《龚补录》注曰："别见钱氏《补志》，又倪氏《补志》作《四书辨疑》。"《艺文略》注曰："案《滹南集》于四书中止有《论》、《孟》二种，今《补辽金元》、《补元史》两志俱列此目，当必有据。'辨惑'，《补辽金元艺文志》作'辨疑'，盖所见如此，世别有单行本耶？"

（5）《孟子辨疑》，载《四书辨疑》一卷，王若虚撰。《千顷堂》入"经部·四书类"、《倪卢补志》入"经部·经解类"，《倪卢补志》注曰："此四书解。"

案：王若虚名下《孟子辨惑》二种、《孟子辨疑》一种，或为同一种书而名不同，即今日所见《滹南遗老集》中之《孟子辨惑》一卷。

（6）《孟子集注说》，无卷数，载《四书集注说》，王若虚撰。《艺文略》著录，入"经部·经解类"，注曰："《提要》引苏天爵《安熙行状》云：'国初有传朱子《集注》至北方者，滹南王公雅以辨博自负，为说非之。'"

（7）《孟子译解》，载《四书译解》，温迪罕缔达、宗璧、阿鲁、张克忠等译。《金补志》、《龚补录》入"经部·四书类"，且注曰："一作杨克忠。"《钱补志》入《国语孟子》于"经部·译语类"，注曰："以上皆大定中译。"《龚补录》注曰："《钱志》归入'译语类'，作《国语论语》、《国语孟子》。"以二书皆属《四书译解》。

这中间，赵秉文、王若虚皆曾中金朝科考进士第，对《孟子》当然有所习学。赵氏《删集孟子解》因原书已佚，无由知其内容。王若虚《孟子辨惑》一卷今存于《滹南集》卷八，与《论语辨惑》精神一致，乃是从疏释训诂出发，反对宋人的过高议论，视宋人解经为“过于深也，过于高也，过于厚也”（王若虚《论语辨惑序》），这是“北方学术传统反对南方朱子四书学的产物”，并对同样是北方学者的元代赵州宁晋（今河北大名）人陈天祥撰著《四书辨疑》，产生了直接影响①。

三、简短的结语

综言之，作为儒家经典的《孟子》，在辽、金二朝都得到了不同程度的传播。辽代并无孟学著述的著录信息，但从营州人马保忠进谏辽帝，称扬“孔孟圣贤之教”的表述可以推断，《孟子》在辽代有所传播，并且认定“孔孟”乃属一体之学。至于金代，由于汉化程度更高，《孟子》也在国子监、国语译经、科举考试等领域得到更广范围的流传，孟学著述亦更丰富；无论是金朝科考的科目规定，还是王若虚等人的著作，都体现出北方学术传统对南方朱子理学的反动的特色。《孟子》在辽、金的传播，对于二朝教化的广施和器度的涵养，对于推进二朝儒学化的进程，都发挥了重要作用。

---

① 参周春健：《元代四书学研究》第四章，上海：华东师范大学出版社，2008年，第197—199页。

试论金人赵秉文的孟子学①

提要：在孟子学方面，金儒赵秉文撰有《删集孟子解》十卷，与《道学发源》并非一书。对于孟子，赵秉文既有推尊，又有批判，与南方宋地对待孟子的态度有所差别。在《滏水集》中，赵秉文对孟子性善论和道统说有所评断，由此可以看出他与宋人学说的关联与差异。在学术倾向方面，我们不必把赵秉文的“归诸孔孟”与“不弃佛老”对立起来，因为这恰恰透视出理学在金朝不同于宋朝的一些特质。

赵秉文（1159—1232），字周臣，自号“闲闲老人”（一称“闲闲道人”），磁州滏阳（今河北磁县）人。金代三大理学家（赵秉文、王若虚、李纯甫）之首，后世称“金士巨擘”。金世宗大定二十五年（1185）登进士第，宣宗兴定元年（1217）拜礼部尚书。事迹见《金史》本传。据金人元好问《遗山集》，赵秉文所著有《易丛说》10卷、《中庸说》1卷、《扬子发微》1卷、《太玄笺赞》6卷、《文中子类说》1卷、《南华略释》1卷、《列子补注》1卷、《资暇录》15卷、《删集论语、孟子解》各10卷等，

① 本文发表于《学术研究》2014年第2期。

然皆已亡佚。今所存者，有《滏水集》20卷、《道德真经集解》4卷。

元好问述赵秉文之学云："不溺于时俗，不汩于利禄，慨然以道德仁义、性命祸福之学自任，沉潜乎《六经》，从容乎百家。幼而壮，壮而老，怡然涣然，之死而后已。"[①] 可见，赵秉文之学乃以儒学尤其是理学为根基。其中与孟学相涉者，除有著作一部（《删集孟子解》10卷）外，另有相关言论散见于《滏水集》诸篇。今试为论析，由之可观赵秉文在"性善"、"道统"诸命题上的立场以及对孟子历史定位的评断，并可见出其作为金源儒士所独具的思想特征。

一、《删集孟子解》十卷辨考

《删集孟子解》十卷，是赵秉文唯一一部孟子学专著，今已不存，无由知其详貌。而关于书之撰作，学界有着不同说法，今略辨之。

历代目录著作，对《删集孟子解》十卷多有著录，然书名略有差别。题曰"删集孟子解"者：清朱彝尊《经义考》卷二三五（注曰"佚"）、清黄虞稷《千顷堂书目》卷三、清倪灿、卢文弨《补辽金元艺文志》、清钱大昕《补元史艺文志》、孙德谦《金史艺文略》（注曰"赵秉文撰。见元好问《墓铭》"）等皆入"经部·孟子类"；清金门诏《补三史艺文志》、龚显曾《金艺文志补录》则入"经部·四书类"。而清代《钦定续文献通考》卷一九〇《经籍考》，则称书名为"删集孟子说"，所指为同一书。

① 金·元好问：《遗山集》卷十七《闲闲公墓铭》，影印文渊阁《四库全书》本。

值得关注的是《删集孟子解》与《道学发源》一书的关系。我们先来看当代学者王庆生先生的一个论断，他在《金代文学家年谱·赵秉文》中将“刻印《道学发源》”一条，系于“元光元年（1222，壬午），六十四岁”下，称：

王若虚《道学发源后序》：“自宋儒发扬秘奥，使千古之绝学一朝复续，开其致知格物之端，而力明乎天理人欲之辨。始于至粗，极于至精，皆前人之所未见，然后天下释然知所适从。……三数年，来其传乃始浸广，好事者往往闻风而悦之。今省庭诸君，尤为致力，慨然以兴起斯文为已任，且将与未知者共之，此《发源》之书，所以汲汲于锓木也。”据《直斋书录解题》，张九成有《论语解》二十卷，《孟子解》十四卷，《中庸》六卷，《大学》二卷。秉文将诸书删节后合刻，题曰《道学发源》。《神道碑》称秉文所著书有《删节〈论语〉》、《孟子解》各一十卷，即此书①。

也就是说，王庆生先生认为《删集论语孟子解》二十卷与《道学发源》为同一书，皆属赵秉文所作。事实果真如此吗？

作为“当事人”的赵秉文有一篇《道学发源引》存世，记述了《道学发源》一书的刊刻始末，当最具权威性。原文如次：

天地间有大顺至和之气、自然之理，根于心，成于性。……此吾先圣所以垂教万世，吾先师曾子之所传，百世之后，门弟子张氏名九成者所解。九成之解，足以启发人之善

① 王庆生：《金代文学家年谱》（上册），南京：凤凰出版社，2005年，第283页。

心，由之足以见圣人之蕴。今同省诸生傅起等，将以讲明九成之解，传一而千，传千而亿，圣人之意，庶几其有传乎。某闻之，喜而不寐。抑闻之致知力行，犹车之二轮，鸟之双翼，阙一不可。学者苟曰吾求所谓知而已，而于力行则阙焉，非所望于士君子也。间有穷深极远为异学高论者，曰："此家人语耳。"非惟不足以知圣人之道，是犹诧九层之台未覆一篑，欺人与自欺也。其可乎？愚谓虽圆顶黄冠、村夫野妇，犹宜家置一书，渠独非人子乎？至于载之《东西铭》，子翚之《圣传论》，譬之户有南北东西，由之皆可以至于堂奥。总而类之，名曰《道学发源》，其诸异乎同源而有异流者欤[①]？

读此文，我们可以获知如下信息：其一，《道学发源》乃以宋儒张九成相关理学著述为基本依据，并对九成之解再作"讲明"。至于所据的张九成著述，胡传志、李定乾先生认为："《道学发源》，金人傅起删节张九成《论语解》、《孟子解》、《中庸说》、《大学说》等书而成。"[②] 其二，除张九成著述外，《道学发源》另收录有张载之《东铭》、《西铭》，刘子翚之《圣传论》等理学著作。其三，《道学发源》的编集者，乃是"同省诸生傅起等"，而赵秉文只是为其作"引"，并对此书大加赞赏，建议"宜家置一书"。由王庆生先生所引王若虚撰《道学发源后序》亦可知，《道学发源》的编集者并非赵秉文，而同样是"省庭诸君"，即傅起等人。

① 金·赵秉文：《滏水集》卷十五《道学发源引》，长春：吉林出版集团有限责任公司，2005年，第166—167页。

② 金·王若虚著，胡传志、李定乾校注：《滹南遗老集》卷四十四，沈阳：辽海出版社，2006年，第534页。

因此，尽管赵秉文所作《删集论语孟子解》也有可能是删集张九成之《论语解》、《孟子解》而成，但与傅起等所编纂的《道学发源》绝非同一书，王庆生先生所说不确。

二、尊孟与辨孟

对于孟子，赵秉文既有推尊又有批判，与南方宋地对待孟子的态度有所差别。这跟《孟子》在金地的传播有关，也与赵秉文作为金源学者的学术传统有关。

1. 孔孟并称与思孟一脉

秉文以孟子之学上绍孔子、子思，以孔、曾、思、孟为一体之学，这可算作赵秉文对孟子学统的历史定位。在《滏水集》中，有三处"孔孟"并称，分别为：卷十一《姬平叔墓表》："自孔孟之殁，几二千年，士大夫以积学绩文为进取之计。"[①] 卷十五《中说类解引》："文中子圣人之徒欤，孔孟而下，得其正传，非诸子流也。"[②] 卷十八《祭姬平叔文》："孔孟云远，士丧真纯，有一于此，如见凤麟。"[③] 除去并称，赵秉文还有其他表述表明孔孟乃一体之学，比如卷十四《总论》开篇即称："尽天下之道，曰仁而已矣，仁不足继之以义。世治之污隆，系乎义之小大；而其世数之久近，则系乎其仁所积之有厚薄。纪纲刑政，皆由义出者也。"[④] 其中"仁"乃孔子之学核心，"义"乃孟子之学核心。"孔孟"并称，先后相继，表明《孟子》经书地位的进一步稳固，并

---

① 金·赵秉文：《滏水集》，前揭，第 125 页。
② 金·赵秉文：《滏水集》，前揭，第 168 页。
③ 金·赵秉文：《滏水集》，前揭，第 182 页。
④ 金·赵秉文：《滏水集》，前揭，第 154 页。

得到了金地学者的认同。

《滏水集》中，亦有多处提及孟子之学出于子思。比如卷一《性道教说》云：“孟子又于中形出性善之说，曰恻隐也，羞恶也，辞让也，是非也。孟子学于子思者也。”[①] 又同卷《庸说》云：“孟子言经正则庶民兴，此孟子所传于子思者也。经即庸也，百世常行之道也。”[②] 如此立论，乃在于彰显孟子“心性”之学所受子思学说的影响，也表明赵秉文对于孟子之学偏向“内圣”的认识是准确的。

2. 尊孟与尊孔

赵秉文对孟子的推尊立场较为明显，其实屡次将“孔孟”并称，便是一种对孟子历史地位的认肯——须知，孟子在宋代“升格”以前是未曾充分享有这样的待遇的。又，《滏水集》卷四《东轩老人河山形胜图》有句云：“呜呼圣道久榛塞，孟氏辟路诛蒿莱，诸儒辛苦补罅漏，未见巨手如排淮。”[③] 其中，“孟氏”当指孟轲，更是对孟子作为孔子之学“正传”功绩的高度称扬。

除此，《滏水集》中多处征引《孟子》原文或其论断作为其立论依据，亦表明赵秉文对孟子之学的推尊。比如卷一《咏归辞》诗末云：“力天力兮时天时，我初无将亦无留。舍圣道兮将安之，存心以养性，守死以为期。虑道学之荒芜，遂日耘而日耔。廓七篇之孟训，咏二南之周诗。会天人而一贯，穷理尽性吾何疑。”[④] 其中，“存心以养性”便出自《孟子·尽心上》，原文作：“孟子曰：‘尽其心者，知其性也。知其性，则知天矣。存其心，养其性，所以事天也。殀寿不贰，修身以俟之，所以立命

① 金·赵秉文：《滏水集》，前揭，第5页。
② 金·赵秉文：《滏水集》，前揭，第8页。
③ 金·赵秉文：《滏水集》，前揭，第50页。
④ 金·赵秉文：《滏水集》，前揭，第12页。

也。'" 存心养性是孟子著名的道德修养论，也是其性善论得以成立的一个重要前提。而"七篇之孟训"，则指《孟子》全书。

又如，卷十四《唐论》云：

> 然开元之末，一日杀三庶人，则天理灭矣。罢张九龄，相牛、李，则狗冠庙堂矣。内则妖姬蛊惑，外则国忠啸凶，则狐穴城社矣。向不任蕃将讨奚、契丹，屠石堡城，诛南诏，使生灵之血涂于边草，虽有末年之祸，不如是之酷也。以至骨肉流夷，《哀王孙》之诗是也；妃嫔僇辱，《哀江头》之诗是也。以其所不爱，及其所爱。向无李郭之将，社稷墟矣。孟子曰："民为贵，社稷次之。"而使生灵涂炭，社稷阽危，托于人上，安之乎[①]？

"民为贵，社稷次之"出自《尽心下》，是孟子著名的"君民关系论"，对后世影响极大。赵秉文引来用于此处，可以大大加强对唐朝政治的批判力度。

不过在赵秉文眼中，孟子的地位终究有限，尤其是在与孔子相较而言时，孟子亦不过与荀况、韩愈、扬雄等为同一伦类，远未取得如元代"亚圣"一般的崇高地位。比如卷十七《阙里升堂图赞》云：

> 大哉！圣人之道。……其精神为道德性命之说，其教人有序，不外起居饮食之间，进退洒扫之末。及其仰之而弥高，测之而益深，然后知其不可量也。呜呼！七十子之后，曰况曰愈曰孟曰扬，得十一于千百，犹自以为比肩而相望，

---

① 金·赵秉文：《滏水集》，前揭，第160页。

攀龙鳞，附凤翼，河阙望之洋洋。至今读其书，拜其像，尚想遗风余韵如在乎洙泗之乡也①。

可见，孟子其人其书虽然在金地有所传播，地位也有很大提升，但这种传播与提升依然有限。

3. 批判与补苴

对于孟子之说，赵秉文有鲜明的批判，亦有大胆的补苴，与南方宋代学者不同，体现出金源学者独有的学术特征。

比如卷十四《商水县学记》云："孟子曰'人皆可以为舜'，孙卿子曰'涂之人可以为禹'，扬子曰'晞颜者亦颜之徒'。舜、禹，圣人也；颜子，大贤也。而三子者以为众人可企，不已夸乎！"② 在这里，赵秉文所批判的对象包括孟子，也包括荀子、扬雄。孟子之说出于《告子下》，其立论的根据乃是其"性善论"。然赵秉文看来，舜、禹、颜渊等圣贤非众人可及，这样说未免过于夸大其说了。又如卷十五《送麻征君引》云："孟子又于中形出'养气'之说，配义与道，不以贫富贵贱死生动其心，犹以为未也。"③ 孟子"知言养气"论出于《公孙丑上》，乃在于强调道德之心是养成浩然之气的基础，赵秉文亦以为孟子尚未说通透。

而对于孟子"不仁而得天下者未之有也"之说，赵秉文更是驳正其说，并对之进行补苴。卷十四《总论》云：

仁者天之道也，义者人之事也，人定者胜天，天定者亦能胜人。孟子曰："不仁而得天下者，未之有也。"余独曰："不仁而得天下者，亦有之矣；不仁而世数长久者，未之闻

① 金·赵秉文：《滏水集》，前揭，第177页。
② 金·赵秉文：《滏水集》，前揭，第152页。
③ 金·赵秉文：《滏水集》，前揭，第169页。

也。”或曰：“子之言，世俗之言也。”曰：“固也，然古之人不求苟异，其于仁义，申重而已。”[①]

孟子之语，出《尽心下》，原文作：“孟子曰：‘不仁而得国者，有之矣；不仁而得天下者，未之有也。’”秉文以孟子之论尚不周严，故称“不仁而得天下者，亦有之矣”。不过据朱子所引邹氏之言：“自秦以来，不仁而得天下者有矣；然皆一再传而失之，犹不得也。所谓得天下者，必如三代而后可。”[②] 孟子并非真的不知世间确有“不仁而得天下者”，只是“一再传而失之犹不得也”，也正是秉文所谓“不仁而世数长久者未之闻也”之意。如此说来，赵秉文的某些批判或补苴稍嫌蛇足，其怀疑精神也或许是受了中唐以来疑古惑经、舍传求经学风的影响，而这与南方理学面目有别，恰好展现了北方金源学者的独特学术风貌。

三、关于性善论与道统说

在《滏水集》中，赵秉文有对孟子性善论及道统说的某些评断，由此我们可以看出他与宋人学说的关联与差异。

关于孟子性善论的评断，主要集中在《滏水集》卷一《性道教说》一文中。这本是赵秉文对《中庸》开篇“天命之谓性，率性之谓道，修道之谓教”的解说，因谈及“性”，故自然举列并评判了思想史上的几种“人性论”观点。赵秉文称：

---

① 金·赵秉文：《滏水集》，前揭，第155页。

② 南宋·朱熹：《四书章句集注·孟子集注卷十四》，北京：中华书局，1983年，第367页。

性之说，难言也。何以明之？上焉者杂佛老而言，下焉者兼情与才而言之也。佛则灭情以归性，老氏则归根以复命，非吾所谓性之中也。荀卿曰“人性恶”，扬子曰“人性善恶混”，言其情也。韩子曰“性有上中下”，言其才也，非性之本也。《记》曰：“人生而静，天之性也。”又曰：“中者，天下之大本也。”此指性之本体也。方其喜怒哀乐未发之际，无一毫人欲之私，纯是天理而已，故曰“天命之谓性”。孟子又于中形出性善之说，曰恻隐也，羞恶也，辞让也，是非也。孟子学于子思者也，其亦异于曾子、子思之所传乎？曰否，不然也。此四端含藏而未发者也，发则见矣。譬之草木萌芽，其茁然而出者必直，间有不直，物碍之耳。惟大人为能不失其赤子之心，此率性而行之者也，故谓之道。人欲之胜久矣，一旦求复其天理之真，不亦难乎？固当务学以致其知，以先明乎义利之辨，使一事一物了然吾胸中，习察既久，天理日明，人伪日消，庶几可以造圣贤之域，故圣人修道以教天下，使之遏人欲、存天理，此“修道之谓教”也①。

由这段文字，我们可以推断赵秉文对待孟子“性善论”的基本态度：

第一，赵秉文举列思想史上最有代表性的几种人性论，包括荀子的“性恶论”、扬雄的“人性善恶混论”、韩愈的“性三品说”，以及孟子的“性善论”。对前三种均持批判态度，而唯独赞同孟子的“性善论”，其立场十分鲜明。

第二，之所以赞同孟子性善论而批判其余诸说，乃在于赵秉

① 金·赵秉文：《滏水集》，前揭，第4—5页。

文以为孟子所据为“性之中”、“性之本体”、“天之性”；而佛老所据非“性之中”，荀、扬言“情”非“性”，韩愈言“才”非“性之本”。可见，赵秉文对“性”、“情”、“才”包括“心”等概念是加以区分了的，而这几个概念在孟子思想体系中亦有着细微的差别：“心是本心，是根据；性是本性，是生而即有的属性，是心的表现；情是实情，是生而即有的实际情况；才是草木之初，指人的初生之质，发展的能力。四者侧重点略有不同，不能笼而统之，不加分辨。”① 至于“心”，赵秉文也常采“本心”或“良心”的说法，比如卷十一《姬平叔墓表》云：“生固吾所欲，有甚于生者，理义是也；死固吾所恶，有重于死者，丧其本心也。”② 又如卷二十《书雷司直秦牍后》云：“人皆有不忍人之心，其所以陷溺其良心者，士大夫怵于名爵，庶人则惑于利。至其甚者，玩人性命于掌股之上，恬不介意，是诚何心哉？此时人欲蔽塞深固，与物隔绝，知己而不知彼耳。”③ 这两处表述，与《孟子·告子上》“鱼我所欲也”章、《公孙丑上》“人皆有不忍人之心”章之精神直接相通。

第三，需要注意，赵秉文在谈性善论时，特别强调“天之性”、“天命之谓性”。至于草木萌芽“间有不直”，则归之为“物碍之耳”。也就是说，赵秉文将“恶”之作为归结为后天物欲之影响，“这显然与张载、二程、朱熹试图用‘天命之性’和‘气质之性’的命题来解决善恶来源问题的意图相违背，而又回到孟子性善论的学说上去了”④。在这点上，作为金地学者的赵秉文与

① 杨泽波：《孟子性善论研究》（修订版），北京：中国人民大学出版社，2010年，第33页。又参梁涛：《郭店竹简与思孟学派》第六章，北京：中国人民大学出版社，2008年，第301—363页。

② 金·赵秉文：《滏水集》，前揭，第125页。

③ 金·赵秉文：《滏水集》，前揭，第191页。

④ 魏崇武：《金代理学发展初探》，载《历史研究》2000年第3期。

诸多宋代理学家有很大差别。

至于孟子的“道统说”，如所周知，载于七篇之末（《尽心下》末章）。唐人韩愈在《原道》中据以梳理出“尧一舜一禹一汤一文一武一周公一孔子一孟轲”的儒家道统谱系，宋儒朱熹则接续上“程夫子兄弟”（《中庸章句序》），对后世产生了重大影响。赵秉文显然受到了韩愈、朱熹的道统说影响，比如在《滏水集》卷一《性道教说》中称：“……此修道之谓教也。孟子之后不得其传，独周程二夫子，绍千古之绝学，发前圣之秘奥，教人于喜怒未发之前求之，以戒慎恐惧于不见不闻为入道之要。”① 即与朱子之说相通。但在论及儒家“大中之道”时，赵秉文往往截取上截，即仅止于孔子，而未接续孟轲、二程，而这恰与孟子之“道统说”相合。比如《滏水集》卷一《中说》云：“老庄之所谓中也，非吾圣人所谓大中之道也。其所谓大中之道者，何也？天道也，即禹、汤、文、武、周、孔之道也。”② 又卷十三《叶县学记》云：“有圣人者出，范以中正仁义，中天地而立，其功与天地并、人极立焉。自尧、舜、禹相授受以精一大中之道，历六七圣人，至孔子而大备。”③ 究其因，一个很重要的方面便是在金源学者赵秉文看来，孟子固然得孔子之传，但其地位尚不足以与孔子相比肩。换句话说，金儒赵秉文此时尚未将孟子视为儒家“圣人”。在这点上，正可与前文“辨孟”一题相互发明。

① 金·赵秉文：《滏水集》，前揭，第5页。
② 金·赵秉文：《滏水集》，前揭，第7页。
③ 金·赵秉文：《滏水集》，前揭，第151页。

四、孔孟乎？异端乎？

关于赵秉文的思想倾向，历来有不同说法。金人杨云翼（1170—1228）曾为《滏水集》作序云：

> 学以儒为正，不纯乎儒非学也；文以理为主，不根于理非文也。自魏晋而下，为学者不究孔孟之旨而溺异端，不本于仁义之说而尚夸辞，君子病诸。今礼部赵公实为斯文主盟，近自怿其所为文章，厘为二十卷，过以见示。予披而读之，粹然皆仁义之言也。盖其学一归诸孔孟，而异端不杂焉，故能至到如此。所谓儒之正理之主，尽在是矣[①]。

在杨云翼看来，赵秉文之学“归诸孔孟”、不杂异端，乃得“儒之正理”。而清人全祖望则以为赵秉文之学属佛学异端，祖望云：“予初读其论学诸篇，所得虽浅，然知所趋向，盖因文见道者，其亦韩、欧之徒欤？及读其论米芾临终事而疑之，则仍然佞佛人也。”[②]《宋元学案》还将赵秉文列为“屏山讲友”，原因正在于屏山李纯甫亦是“溺于异端，敢为无忌惮之言”[③]。

当然，黄宗羲、全祖望基本是站在“心学”立场评判赵秉文之学术倾向的，或许存有一定偏见。不过赵秉文的确并不反对习

---

① 金·赵秉文：《滏水集·原序》，影印文渊阁《四库全书》本。

② 清·黄宗羲、全祖望：《宋元学案》卷100《屏山鸣道集说略》，北京：中华书局，1986年，第3326页。

③ 清·黄宗羲、全祖望：《宋元学案》卷100《屏山鸣道集说略》，前揭，第3316页。

学佛老，刘祁在《归潜志》中即载："（赵闲闲）尝谓余曰：'学佛老与不学佛老，不害其为君子。柳子厚喜佛，不害为小人；贺知章好道教，不害为君子；元微之好道教，不害为小人。亦不可专以学二家者为非也。'"① 之所以如此，应该与整个金朝的宗教政策有关。在金代，无论对待佛教还是道教，统治者有利用，有限制，也有发展，许多儒生兼治佛老也成为金代儒学之一大特色②。

如前所述，赵秉文固然未曾像后世一样将孟子抬高到"亚圣"的地位——这与《孟子》在金代的传播实际有关，但这并不影响他对儒家义理的深切体悟以及对历代儒圣的推尊。而且从其自幼"慨然以道德仁义、性命祸福之学自任"看，赵氏毫无疑问当属"儒家"中人。因此，我们不必将赵秉文之"归诸孔孟"与"不弃佛老"对立起来。

简言之，通过前文对赵秉文孟学特色的分析，我们的确可以透视出理学在金朝不同于宋朝的一些特质，具有北地儒学的诸多特色。金代的孟学乃至理学，虽然从单纯的"学术成就"方面讲无法与宋明时期诸大师相提并论，却足以证明它是宋明理学史上不可或缺的一环，它在中国思想史上并未缺席。

① 金·刘祁：《归潜志》卷九，北京：中华书局，1983 年，第 107 页。

② 参刘浦江：《辽金的佛教政策及其社会影响》，载《佛学研究》，1996 年；王德朋：《金代道教述论》，载《中华文化论坛》2004 年第 3 期。

金人王若虚《孟子辨惑》考论[①]

提要：金人王若虚所撰《孟子辨惑》一卷，是金代孟学史上的代表著作。全书计14条，针对汉宋诸儒的解《孟》之语做出辨说，批判意识甚强，体现出王若虚作为纯粹"金源学者"的独特学术风貌。通过对《孟子辨惑》的疏证，可知王若虚的解经趣向表现为：一，汉宋兼驳，汉宋兼采，非汉非宋；二，以意逆志，知人论世，追求经文本义；三，传承汉唐经学，重视文字训诂与通经致用。元人陈天祥撰《孟子辨疑》，引用《孟子辨惑》两处，受到了王若虚的直接影响。此一研究，可以让我们了解到不同于宋代理学发展的另一面相。

王若虚（1174—1243），字从之，号慵夫，晚年自号"滹南遗老"，真定藁城（今河北藁城市）人。金代儒生，入元不仕，"笃志经学，尤长于经义，南北师尊之，以为法"[②]，今有《滹南遗老集》传世。《金史·文艺传下》有其本传。

---

① 本文发表于《国学学刊》2013年第3期，又发表于《中国哲学与文化》第12辑（桂林：广西师范大学出版社，2015年）。

② 无名氏：《河朔访古记》卷上，影印文渊阁《四库全书》本。

王若虚学兼四部，淹贯博通，四库馆臣誉之为：“金元之间学有根柢者，实无人出若虚右。”[①] 经学方面的著述有《五经辨惑》二卷、《论语辨惑》五卷、《孟子辨惑》一卷等。《孟子辨惑》篇幅不大，计 14 条，是王氏针对汉宋诸儒解《孟》之语做出的辨说，批判意识甚强，体现出王若虚作为纯粹“金源学者”独具的学术风貌。

一、《孟子辨惑》的撰作与流传

1.《孟子辨惑》撰作年代辨说

《孟子辨惑》前无序、后无跋，具体撰作年代无法详考。与之面目相近的《论语辨惑》虽有“序”及“总论”（《滹南遗老集》卷三），但因未注明时间亦无由详定其年代。

舒大刚先生《王若虚年谱》于“天翼元年壬辰（1232），五十九岁”下列条目云“若虚《滹南遗老集》诸《辩》当作成于此时。赵秉文曾夸赞若虚经学”[②]，盖以若虚《论语辨惑》、《孟子辨惑》、《史记辨惑》、《文辨》诸说皆作成于此时。如此，则《孟子辨惑》亦当作成于 1232 年或之前。

王庆生先生《王若虚年谱》则认为若虚“著《论语辨惑》”发生于“兴定五年（1221，辛巳），四十八岁”，并于同年“撰《道学发源后序》”[③]。此说值得怀疑。

---

① 清·永瑢等：《四库全书总目》卷一六六，北京：中华书局，1965 年，第 1421 页。

② 《宋代文化研究》（第五辑），成都：巴蜀书社，1995 年，第 178 页。

③ 王庆生：《金代文学家年谱》（上册），南京：凤凰出版社，2005 年，第 509 页。

首先，《论语辨惑》与《孟子辨惑》虽然无法确考其具体撰作年代，但可推断二者大概属于同一时期的作品，理由是二篇的学术主旨十分相近，均是对汉儒尤其是宋儒解说《论》《孟》的失当之处提出批评。譬如其《论语辨惑序》即云：

> 解《论语》者，不知其几家，义略备矣。然旧说多失之不及，而新说每伤于太过。……尝谓宋儒之议论不为无功，而亦不能无罪焉。……至于消息过深，揄扬过侈，以为句句必涵养气象，而事事皆关造化，将以尊圣人而不免反累，名为排异端而实流于其中，亦岂为无罪也哉！至于谢显道、张子韶之徒，迂谈浮夸，往往令人发笑。噫，其甚矣[①]！

在这些宋儒中，包括苏轼，包括谢良佐，包括张九成，也包括朱熹。而其《孟子辨惑》中所批判的对象，亦有苏轼、张九成、朱熹、吕祖谦等。

其次，《道学发源后序》的学术主旨与《论语辨惑》、《孟子辨惑》则相去较远，可以证明二者并非作于同一时期，同时表明若虚对待宋儒的态度经历了一个变化过程。需要说明，《道学发源后序》是王若虚为《道学发源》所作之序，而《道学发源》一书乃是金代尚书省诸生傅起等人，在通过某种途径获得宋儒张九成的经解著作后，对张说再作的疏解。纂成后请名流赵秉文作《道学发源引》、王若虚作《道学发源后序》，后加以刊布流传。而刚刚获得张九成的经解著作，当发生在南宋理学金地北上的初期，时间不会太靠后。魏崇武先生认为："《道学发源》的刊刻时

---

① 金·王若虚著，胡传志、李定乾校注：《滹南遗老集》卷之三，沈阳：辽海出版社，2006年，第33页。

间，当在1197年至1232年之间，因为，王若虚承安二年（1197）中进士，赵秉文卒于天兴元年（1232）。”① 若虚撰作《道学发源后序》的时间，当然要在《道学发源》刊刻之前。而按照舒大刚先生的说法，《道学发源后序》的撰作年代在“大安二年庚午（1210），三十六岁”，在这一年，“省庭将刊《道学发源》，若虚作序”②。其立论的理由是：

> 若虚《道学发源序》（卷44）：“国家承平既久，特以经术取人，使得参稽众论之所长，以求夫义理之真，而不专于传疏，其所以开廓之者至矣。而鸣道之说，亦未甚行。三数年来，其传乃始浸广，好事者往往闻风而悦之。今省庭诸君尤为致力，慨然以兴起斯文为己任，且将与未知者共之。此《发源》之书所以汲汲于锓木也。……东垣王某序。”据赵秉文《滏水集》卷15《道学发源引》，知《道学发源》为宋张九成辑纂，金诸生傅起等讲评。二文皆不详具体年代。但赵文称“今同省诸生傅起等”，即赵王同在翰林之时；又王文言“国家承平既久”，当在蒙古犯边之前③。

不妨这样总结：若虚《道学发源后序》是南宋理学著作北上传入金地相对早期的产物，其撰作时间，应当在《论语辨惑》、《孟子辨惑》之前。

值得注意的是王若虚在《道学发源后序》中对待宋儒的态度：

---

① 魏崇武：《金代理学发展初探》，载《历史研究》2000年第3期，第34页。
② 《宋代文化研究》（第五辑），前揭，第167页。
③ 《宋代文化研究》（第五辑），前揭，第167—168页。

韩愈《原道》曰："孟轲之死，不得其传。"其论斩然，君子不以为过。……自宋儒发扬秘奥，使千古之绝学一朝复续，开其致知格物之端，而力明乎天理人欲之辨，始于至粗，极于至精，皆前人之所未见。然后天下释然知所适从，如权衡指南之可信。其有功于吾道，岂浅浅哉[①]!

很显然，若虚在这里对宋儒解经的"发扬秘奥"之功极为推崇，这与后来《论语辨惑》、《孟子辨惑》中对宋儒的严厉批判态度迥然相异。或者说，在对待宋儒的态度上，王若虚实际经历了一个前期推扬、后期批判的变化，这两种态度并不处于同一平面。尽管在《论语辨惑》、《孟子辨惑》中也偶有对宋儒的正面评价，但随即批判[②]，较之《道学发源后序》中的鲜明推崇态度相去甚远。

2.《孟子辨惑》的撰作缘由

王若虚曾明确陈述过撰作《论语辨惑》的缘由（见《论语辨惑序》及《总论》），却没有提及《孟子辨惑》。不过从两部《辨惑》的学术旨趣较为相近看，《孟子辨惑》的撰作缘由与《论语辨惑》有共通之处。

其一，之所以为《论语》、《孟子》撰作"辨惑"，首先基于对这两部经典的重视。支撑宋代理学的经典系统是《四书》，《论语》《孟子》乃其主干。受南方理学影响，金源儒者王若虚对《论语》《孟子》也非常重视，譬如《送吕鹏举赴试序》云：

---

① 金·王若虚著，胡传志、李定乾校注：《滹南遗老集》卷之四十四，前揭，第533页。

② 譬如《滹南遗老集》卷之三《论语辨惑序》云："晦庵删取众说，最号简当，然尚有不安及未尽者。"（页33）又，同书卷之八《孟子辨惑》云："苏氏解《论语》与《孟子》辨者八，其论差胜，自以去圣人不远，及细味之，亦皆失其本旨。"（页98）

夫经义虽科举之文，然不尽其心，不足以造其妙，辞欲其精，意欲其明，势欲其若倾。故必探《语》《孟》之渊源，撷欧苏之菁英，削以斤斧，约诸准绳。敛而节之，无乏作者之气象；肆而驰之，无失有司之度程①。

真定栾城人李治（一作李冶）更是明确推断：

滹南先生学博而要，才大而雅，识明而远，所谓“虽无文王犹兴”者也。以为传注，六经之蠹也，以之作《六经辨》；《论》《孟》，圣贤之志也，以之作《论孟辨》②。

由此，王若虚为《论语》《孟子》作“辨惑”，亦是基于为了探求“圣贤之志”，追溯“《语》《孟》之渊源”。

其二，既为“辨惑”，则表明有其现实针对性，撰作《论孟辨惑》，主要是出于对当下于金朝儒学影响更直接的宋儒解说中弊端的批判。前引《论语辨惑序》即称：“旧说多失之不及，而新说每伤于太过。”《总论》则称：“解《论语》者有三过焉：过于深也，过于高也，过于厚也。”③《孟子辨惑》中，王若虚亦对宋儒解《孟》的诸多不当之处进行指摘，并且批评的立场与《论语辨惑》十分相近。譬如第二条举程伊川解《离娄上》“与伤惠”曰：

① 金·王若虚著，胡传志、李定乾校注：《滹南遗老集》卷之四十四，前揭，第538页。

② 金·王若虚著，胡传志、李定乾校注：《滹南遗老集·滹南遗老集引》，前揭，第1页。

③ 金·王若虚著，胡传志、李定乾校注：《滹南遗老集》卷之三，前揭，第34页。

可以无与而与之，则却于合〔当与〕者无以与之。如博施济众，固圣人所欲也。然五十者方衣帛，七十者方食肉，如使四十者衣帛，五十者食肉，岂不更好？然力或不足，则当衣帛食肉者，反不足矣，所以伤惠。

王若虚批之曰："此又迂阔之甚也。孟子亦曰与之不当，则将以为惠而适害之耳，何劳曲说?"①

又如，第九条举东莱吕祖谦解《滕文公下》"阳虎之语：为富不仁矣，为仁不富矣"曰：

以君子之言，借小人之口发之，则天下见其邪而不见其正；以小人之言借君子之口发之，则天下见其正而不见其邪。是故《大诰》之篇，入于王莽之笔则为奸说；阳虎之语，编于孟子之书则为格言。非变其言也，气变则言随之变也。

王若虚批之曰："此论似高而实非也。言之邪正，顾人何如，岂气所能变哉!"②

无论"迂阔"、"曲说"，还是"似高而实非"，均是针对宋儒之说而发。可见，若虚撰作《论语辨惑》、《孟子辨惑》，皆有为当时学界之论"纠偏"的显著用意。

其三，元人苏天爵在《默庵先生安君行状》中，提供了王若虚撰作《论孟辨惑》的另一种缘由，认为是出于若虚对朱熹《四

① 金·王若虚著，胡传志、李定乾校注：《滹南遗老集》卷之八，前揭，第97页。

② 金·王若虚著，胡传志、李定乾校注：《滹南遗老集》卷之八，前揭，第101页。

书集注》的"不屑"与"较量"，称：

> 国初，有传朱子《四书集注》至北方者，滹南王公雅以辨博自负，为说非之。赵郡陈公独喜其说，增多至若干言。及来为真定廉访使，出其书以示人。先生惧焉，为书以辨之。其略曰……其后陈公果深悔而焚其书，然后学者始服先生谈经之精，识见之卓，而于朱子之学为有功[①]。

然而，四库馆臣认为这一说法并不可信，乃是出于苏氏对师说的维护与曲说：

> 今考《论语孟子辨惑》乃杂引先儒异同之说，断以己意，其间疑朱子者有之，而从朱子者亦不少，实非专为辨驳朱子而作。天爵所云，不知何据。观其称陈天祥宗若虚之说，撰《四书辨疑》，因熙斥之，遂焚其稿。今天祥之书具存，无焚稿事，则天爵是说，特欲虚张其师，表章朱子之功耳，均非实录也[②]。

应当说，四库馆臣所谓"其间疑朱子者有之，而从朱子者亦不少，实非专为辨驳朱子而作"，较为符合实情。就《孟子辨惑》而言，仅有第四条辨《尽心下》"久假而不归"之解、第十一条辨《公孙丑上》"必有事焉而勿忘"之解，以及第十二条辨《离娄下》"出妻屏子，终身不养"之解，涉及朱熹《孟子集注》之

① 元·苏天爵：《滋溪文稿》卷二十二，影印文渊阁《四库全书》本。

② 清·永瑢等：《四库全书总目》卷一六六，前揭，第1421页。又，清人朱彝尊却认为陈天祥焚稿之事属实，见氏著《经义考》卷二五四，北京：中华书局，1998年，第1279页。

说。其余十一条，皆是针对赵岐、苏轼、张九成等汉宋诸儒，范围甚广（详参本文第二部分“《孟子辨惑》疏证”）；况且，《论语辨惑序》所言及的，乃是整个“旧说”与“新说”，绝非朱熹一家，故不可以《孟子辨惑》为专门与朱熹“抗衡”而作。

3. 《孟子辨惑》的刊刻与流传

《孟子辨惑》的刊刻与流传，主要存在三种情形：一种是随《滹南遗老集》全本的刊刻而流传，一种是随“四书辨疑”或“经史辨惑”之类形式而流传，一种则是以“孟子辨惑”单行本的形式流传。

第一，关于《滹南遗老集》全本的刊刻流传。胡传志、李定乾先生对此曾有考证：

> 根据《滹南遗老集》前王鹗、彭应龙、王复翁三人的序可知，《滹南遗老集》在元代曾三次刊刻：1. 1249 年，董颜明、赵寿卿将王若虚文集编定为四十五卷，雕版行世。2. 至元二十年（1283），《滹南集》传入江南，次年兴贤书院重板。3. 1294 年，其板为王复翁所得，重新校订，并取《中州集》中王若虚诗，辑补为一卷，共四十六卷，于 1299 年序而刻之。明清抄本多祖王本[①]。

元代刊行并对明清产生直接影响的这三种版本，皆为《滹南集》全本，《孟子辨惑》当包含其中。

第二，在王若虚名下，以“四书辨疑”或“经史辨惑”等为书名的著作，于目录书中多有著录，均当属于从《滹南集》中抽出的单行本，《孟子辨惑》或在其中。

---

① 胡传志、李定乾：《滹南遗老集校注·前言》，前揭，第 2 页。

①《四书辨疑》，一卷，佚。清黄虞稷《千顷堂书目》入“经部·四书类”；清·倪灿、卢文弨《补辽金元艺文志》入“经部·经解类”，并注曰：“此四书解。”（页14）[①]

②《四书辨惑》，一卷，佚。清钱大昕《补元史艺文志》入“经部·经解类”；龚显曾《金艺文志补录》入“经部·四书类”，并注曰：“别见钱氏《补志》。又倪氏《补志》作《四书辨疑》。”（页47）孙德谦《金史艺文略》入“经部·经解类”，并注曰：“案《滹南集》于四书中止有《论》《孟》二种，今《补辽金元》、《补元史》两志俱列此目，当必有据。‘辨惑’，《补辽金元艺文志》作‘辨疑’，盖所见如此，世别有单行本耶?”（页79）

③《经史辨惑》，四十卷，佚。清倪灿、卢文弨《补辽金元艺文志》入“经部·经解类”。核今传《滹南遗老集》卷数，卷三十四至卷四十为“文辨”与“诗话”，但前三十三卷可以明确归为“经史”范畴，故《孟子辨惑》极有可能包含在此四十卷中。《千顷堂书目》亦入“经部·经解类”，并注曰：“《四朝经籍志》作四十卷。”（页3）所指当为一书。

④《四书集注说》，无卷数，佚。孙德谦《金史艺文略》入“经部·经解类”，注曰：“《提要》引苏天爵《安熙行状》云：‘国初有传朱子《集注》至北方者，滹南王公雅以辨博自负，为说非之。’”（页79）其中或有《孟子辨惑》。

⑤《孟子辨惑》，一卷，存。钱大昕《补元史艺文志》入“经部·孟子类”。龚显曾《金艺文志补录》入“经部·四书类”，与《论语辨惑》五卷同时著录，并注曰：“此二种今俱编入《滹南遗老集》中。”（页47）孙德谦《金史艺文略》入“经部·孟子

① 本节中所提及目录书，均见杨家骆主编《中国目录学名著》第三集第五册之《辽金元艺文志》（上），台北：世界书局，1976年。引文所标页码，以此版本为据。

类，并注曰："案此与《论语辨惑》，《补元史艺文志》亦分入'论孟类'。观此，则《滹南集》中《史记》、《唐书》诸辨惑，正当别出，以类相从矣。"（页78）这表明，《孟子辨惑》曾经以"单行本"形式流传过。

第三，胡传志、李定乾先生认为："刘祁《归潜志》（1235年成书）卷九征引了王若虚的一些言论，可以证明《滹南遗老集》在刊行之前就有部分内容流传于世。"① 不过《归潜志》卷九主要记述金朝士人如元裕之、李长源、张特立、李屏山、王若虚等人事迹，以及述"金朝律赋之弊"等史实，属于史学范畴，与《孟子辨惑》毫不相干。刊行之前即有流传的"部分内容"中，应当不包括《孟子辨惑》。

二、《孟子辨惑》疏证

《孟子辨惑》的体例，每条先举列汉宋诸儒解说《孟子》之语，后进行指摘辨说，提出己见。其中涉及引文若干，所言前儒解《孟》失当类型亦各异，今为诸条简略疏证之。《辨惑》文字，以胡传志、李定乾校注本《滹南遗老集》为据，个别处标点略有改动。

（一）

孟子谓："说《诗》者不当以文害辞，辞害志，以意逆志，是为得之。"赵氏曰："欲使后人深求其意，以解其文，不但施于说《诗》也。"此最知言。盖孟子之言，随机立教，

① 金·王若虚著，胡传志、李定乾校注：《滹南遗老集引》，前揭，第5页，注9。

不主故常，凡引人于善地而已。故虽委巷野人之所传，苟可驾说以明道，皆所不择。其辞劲，其气励，其变纵横而不测，盖急于救世而然。以孔子微言律之，若参差而不合，所以生学者之疑。诚能以意逆志而求之，如合符契矣。赵氏虽及知此，而不能善为发明，是以无大功于《孟子》。

案：此条总义，辨汉宋诸儒不能以“以意逆志”原则解《孟》，“以意逆志”的最终目的，在于探求《孟子》经文本义。此节乃辨汉儒赵岐“不能善为发明”，于孟学“无大功”。

孟子之语出《万章上》第四章，“赵氏”乃指赵岐，引语出《孟子章句》书前之《孟子题辞》(《孟子注疏》有所收录)。“以意逆志”是孟子的说《诗》原则，若虚以为，亦当以此法读《孟》解《孟》。赵岐推尊孟子，《孟子题辞》称：“《论语》者，《五经》之辖辖，《六艺》之喉衿也。《孟子》之书，则而象之。”实际已置孟子于“亚圣”地位。他为《孟子》内七篇训诂疏释，撰作《章句》，是汉代孟学著作中唯一完整流传至今并对后世影响最大者。若虚以为赵岐知孟子“以意逆志”之义而不善发明《孟子》义旨，或有其理，而以为“无大功于《孟子》”，则在学者中较为鲜见。清人对赵岐亦有微词，然于其功多所认可，如阮元《孟子注疏校勘记序》云：“汉人《孟子》注存于今者，惟赵岐一家。赵岐之学，以较马、郑、许、服诸儒，稍为固陋。然属书离辞，指事类情，于诂训无所戾。七篇之微言大义，藉是可推。且章别为指，令学者可分章寻求，于汉传注别开一例，功亦勤矣。”[1] 又，《四库总目·经部·四书类一》“孟子正义”提要

---

[1] 清·阮元：《十三经注疏》下册《孟子注疏校勘记序》，北京：中华书局，1980年，第2664页。

云："……其中如谓宰予、子贡、有若缘孔子圣德高美而盛称之，《孟子》知其太过，故贬谓之污下之类，纰缪殊甚。以屈原憔悴为征于色，以宁戚叩角为发于声之类，亦比拟不伦。然朱子作《孟子集注》《或问》，于岐说不甚掊击。至于书中人名，惟盆成括、告子不从其学于孟子之说，季孙、子叔不从其二弟子之说，余皆从之。书中字义，惟'折枝'训按摩之类不取其说，余亦多取之。盖其说虽不及后来之精密，而开辟荒芜，俾后来得循途而深造，其功要不可泯也。"①

清人推尊汉学，表彰赵岐尚合情理，然几与王若虚生活在同一时代的南宋目录学家陈振孙（1183—约 1261），亦对赵氏传孟之功多所肯定。所著《直斋书录解题》首次将《孟子》与《论语》并列，列入"经部"，小序即云："前志《孟子》本列于儒家，然赵岐固尝以为则象《论语》矣。自韩文公称孔子传之孟轲，轲死，不得其传，天下学者咸曰孔孟。《孟子》之书，固非荀、扬以降所可同日语也。"② 目录书的这种处理，是北宋以来《孟子》地位逐渐升高的体现，而赵岐以为《孟子》"则象《论语》"并为之作注，显然居功至伟。若虚此处贬抑赵氏，表明其评《孟》有着独特立场——既非汉学，亦非宋学，而看是否能从"以意逆志"出发揣度圣贤经文意旨。王氏在《论语辨惑总论》中曾称："圣人之言亦人情而已，是以明白而易知，中庸而可久。"③ "人情"之说，与"以意逆志"正可相通。若虚称"赵氏虽及知此，而不能善为发明"，亦正是《论语辨惑序》所谓"旧

---

① 清・永瑢等：《四库全书总目》卷三五，前揭，第 289 页。

② 南宋・陈振孙：《直斋书录解题》卷三，上海：上海古籍出版社，1987 年，第 72 页。

③ 金・王若虚著，胡传志、李定乾校注：《滹南遗老集》卷之三，前揭，第 34 页。

说多失之不及"[①] 之意。

> 司马君实著所疑十余篇，盖浅近不足道也。苏氏解《论语》与《孟子》辨者八，其论差胜，自以去圣人不远，及细味之，亦皆失其本旨。

案：此节辨宋儒司马光解《孟》"浅近不足道"，辨苏轼解《孟》"失其本旨"。

司马光（1019－1086），字君实，北宋史学家、经学家、政治家。中唐以来兴起的"疑经"风潮，至北宋蔚为大观，司马光、苏轼均是其中的代表性人物。关于《孟子》，司马光撰有《疑孟》，计十二篇文字，据氏著《传家集》卷七十三载，分别为《伯夷隘柳下惠不恭》（元丰五年作）、《陈仲子避兄离母》、《孟子将朝王》（元丰五年正月二十七日作）、《孟子谓蚳鼃居其位不可以不言言而不用不可以不去己无官守无言责进退可以有余裕》、《沈同问伐燕》（元丰五年正月二十八日作）、《父子之间不责善》（元丰五年作）、《性犹湍水》（元丰八年作）、《生之谓性》（元丰八年作）、《齐宣王问卿》、《所就三所去三》、《尧舜性之也汤武身之也五霸假之也》、《瞽叟杀人》。从所标明的写作时间看，多数作于宋神宗元丰五年（1082）至八年（1085）间。

顾歆艺认为，司马光对《孟子》的怀疑主要表现为如下方面："一、对君臣关系和为臣之道的看法"；"二、指出孟子所作所为与孔子不符"；"三、反对孟子的性善论"[②]。然而，司马光的

---

① 金·王若虚著，胡传志、李定乾校注：《滹南遗老集》卷之三，前揭，第 33 页。

② 顾歆艺：《从朱熹〈读余隐之尊孟辨〉看宋代尊孟非孟之争》，载《北京大学古文献研究所辑刊》（第一辑），北京：北京燕山出版社，1999 年，第 238－240 页。

"疑孟"并非是对孟子圣贤地位的否定，反倒是通过指出现存《孟子》文本中的某些文字"殆非孟子之言"，"表现出一种在新时代对孔孟圣贤和道的推崇，这与北宋《孟子》升格运动一致"①。如前所述，若虚撰著《孟子辨惑》的一个基本缘由在于对"语孟渊源"和"圣贤之志"的认可与推求，因此其基本立场亦当属"尊孟"，与司马氏并非决然对立。尽管如此，他们在某些基本问题上仍有分歧，譬如司马氏《性犹湍水》一篇，明确反对孟子的"性善论"，称："孟子云，人无有不善，此孟子之言失也。丹朱、商均自幼及长，日所见者尧舜也，不能移其恶，岂人之性无不善乎?"② 王若虚《孟子辨惑》第八条则云"孟子语人每言性善，此止谓人之资禀皆可使为君子，盖诱掖之教"，并驳苏轼之"性无善恶论"（详见下文），显然与司马氏立场相异。

至于苏轼，谪居黄州期间曾撰《论语说》八条，实际内容却是辨《孟》。苏氏称："吾为《论语说》与《孟子辨》者八，吾非好辨也，以孟子为近于孔子也。世衰道微，老庄杨墨之徒皆同出于孔子，而乖离之极，至于胡越。今与老庄杨墨辨，虽胜之，其去孔子尚远也。故必与孟子辨，辨而胜，则达于孔子矣。"③ 若虚所谓"自以去圣人不远"，意即在此。文中，苏氏拿孟子之说与孔子对照，以见孔孟异同，其基本立场在于"尊孔"。虽然如此，"尊孟"派依然视为异端，南宋余允文著文辨之，称："……又曰：'近世如何深之《删孟》、晁说之《诋孟》、刘原父、道原、张俞辈皆非议孟子，然皆不取信后学，兹固不足辨。如后汉王充著《论衡》而有《刺孟篇》，近世苏公轼作《论语说》而与《孟子》辨者，学者诵习其书，以媒进取者总总也，可无辨乎?'余

① 杨新勋：《宋代疑经研究》第二章，北京：中华书局，2007年，第108页。
② 北宋·司马光：《传家集》卷七十三，影印文渊阁《四库全书》本。
③ 南宋·余允文：《尊孟续辨》卷下，影印文渊阁《四库全书》本。

曰：'诺。'遂取王之刺者十、苏之辨者八并辨之，以为《尊孟续辨》。"① 可见，苏轼《论语说》在当时影响甚广，论说较何深之、晁说之诸人亦精，即王若虚所谓"其论差胜"也。至于所谓"皆失其本旨"，《孟子辨惑》第四条可证。第四条最末，王若虚云："东坡曰：'假之与性，亦异矣。使孔子观之，不终日而决，何不知之有？'呜呼！孟子岂诚不能辨此乎？苏氏几于不解事。"此节乃辨苏轼关于《孟子·尽心上》"久假而不归，恶知其非有也"之解。王若虚从"以意逆志"，从"人情"出发，以"苏氏几于不解事"，苏氏解《孟》自然"失其本旨"。此外，余允文亦有类似立场，譬如苏氏《论语说》第二条云："孟子曰：'食色，性也。有命焉，君子不谓性也。仁义，命也。有性焉，君子不谓命也。'君子之教人，将以其实，何不谓之有？夫以食色为性，则是可以求得也，而君子禁之；以仁义为命，则是不可以求得也，而君子强之。禁其可求者，强其不可求者，天下其孰能从之？故仁义之可求，富贵之不可求，理之诚然者也。如以可为不可，以不可为可，虽圣人不能。"② 余氏驳之曰："东坡此说，可谓不明孟子性命之说也。"余允文之意，亦正是谓苏氏"失其本旨"。

> 张九成最号深知者，而复不能尽。如□论"行仁政而王"，"王者之不作"，曲为护讳，不敢正言，而猥曰："王者，王道也。"此犹是郑厚辈所见。至于对齐宣、汤武之问，辨任人食色之惑，皆置而不能措口。呜呼！孟子之意难明如此乎？

① 南宋·余允文：《尊孟续辨原序》，影印文渊阁《四库全书》本。
② 南宋·余允文：《尊孟续辨》卷下，影印文渊阁《四库全书》本。

案：此节乃辨宋儒张九成、郑厚诸儒解《孟》之“曲为护讳，不敢正言”。

张九成（1092－1159），字子韶，钱塘人，学于杨时，著有《横浦文集》、《横浦心传》、《孟子传》、《中庸说》等。“行仁政而王”、“王者之不作”，出《孟子·公孙丑上》第一章。王若虚以张九成“最号深知”，此言不虚。四库馆臣曾言：“九成之学出于杨时，又喜与僧宗杲游，故不免杂于释氏。所作《心传》、《日新》二录，大抵以禅机诂儒理。故朱子作《杂学辩》，颇议其非。惟注是书，则以当时冯休作《删孟子》，李觏作《常语》，司马光作《疑孟》，晁说之作《诋孟》，郑厚叔作《艺圃折衷》，皆以排斥《孟子》为事，故特发明于义利经权之辨，著《孟子》尊王贱霸有大功，拨乱反正有大用。每一章为《解》一篇，主于阐扬宏旨，不主于笺诂文句。是以曲折纵横，全如论体。又辨治法者多，辨心法者少，故其言亦切近事理，无由旁涉于空寂。在九成诸著作中，此为最醇。至于草芥、寇雠之说，谓人君当知此理，而人臣不可有此心。观其眸子之说，谓瞭与眊乃邪正之分，不徒论其明暗，又必有孟子之学识，而后能分其邪正，尤能得文外微旨。”[①] 可见，九成是宋代“尊孟派”的代表学者。而若虚之所以称九成之学“复不能尽”，并“曲为护讳，不敢正言”，依然是从张氏未能“以意逆志”解《孟》立论，而孟子当时之“志”，正在于“随机立教”、“急于救世”。若虚眼光独到，看出了九成之解与孟子本义的差别，不过四库馆臣却以为不必如此拘泥，世迁时易，九成之解亦有其当下之“志”：“不知‘行仁政而王’之类，文义分明，九成非不能解，特以孟子之意欲拯当日之战争，九成之解则欲防后世之僭乱。虽郢书燕说，于世道不为无益。至

① 清·永瑢等：《四库全书总目》卷三五，前揭，第293页。

于汤武放伐、任人食色，阙其所疑，正足见立说之不苟，是固不足为九成病也。”[①] 由此亦可见，若虚解《孟》之立场，乃基于尊《孟子》经文本义也。

郑厚（1100—1161，一作1100—1160），字景韦，一字叙友，莆田人，南宋史学家郑樵从兄，所著《艺圃折衷》、《诗杂说》、《通鉴分门类要》等，今皆已佚。郑厚解《孟》之语难检，若虚曾辨其论“王道”之说曰：“郑厚曰：‘王道备而帝德销，史法尽而经意远。’予谓王道不殊于帝德，史法无害于经意。直厚之鄙见如是耳！”[②] 或可与此处相发明。

（二）

伊川解“取伤廉”曰：“如朋友之馈，是可取也，然己能自足，则不可〔取〕，取之便伤廉。”予以为孟子之意，止谓于义一何如耳，岂论己之有无哉？义所当取也，己虽有余，取之何害？果不当取，虽其不足，亦不可也。其说“与伤惠”则曰：“可以无与而与之，则却于合者〔当与〕者无以与之。如博施济众，固圣人所欲也，然五十者方衣帛，七十者方食肉，如使四十者衣帛、五十者食肉，岂不更好？然力或不足，则当衣帛食肉者，反不足矣。所以伤惠。”此又迂阔之甚也！孟子亦曰与之不当，则将以为惠而适害之耳，何劳曲说？呜呼！明经如程氏，亦可谓难得矣，然时有此等，故未能尽厌乎人心。

案：此条辨宋儒程颐解《孟》“迂阔”、“曲说”，亦不得《孟

---

① 清·永瑢等：《四库全书总目》卷三五，前揭，第293页。

② 金·王若虚著，胡传志、李定乾校注：《滹南遗老集》卷之三十《议论辨惑》，前揭，第33页。

子》经文本义。

理学宗师程颐（1033—1107），人称“伊川先生”，与其兄程颢（1032—1085）共同开创“洛学”一派，对后世影响深远。“取伤廉”、“与伤惠”，皆出《孟子·离娄下》第二十三章，原文作：“孟子曰：‘可以取，可以无取，取伤廉；可以与，可以无与，与伤惠；可以死，可以无死，死伤勇。’”伊川解《孟》之语，见于《河南程氏遗书》卷第十八，又见于朱熹所编《孟子精义》卷八。若虚引语与原文有所出入，原文作：“问：‘“可以取，可以无取”，天下有两可之事乎？’曰：‘有之。如朋友之馈，是可取也，然己自可足，是不可取也，才取之，便伤廉矣。’曰：‘取伤廉，固不可，然与伤惠何害？’曰：‘是有害于惠也。可以与，然却可以不与。若与之时，财或不赡，却于合当与者无可与之。且博施济众，固圣人所欲，然却五十者方衣帛，七十者方食肉，如使四十者衣帛、五十者食肉，岂不更好？然力不可以给，合当衣帛食肉者便不足也。此所以伤惠。’”[①]

若虚解“取伤廉”、“与伤惠”，标准在于无论“取”或“与”是否合于“义”，而非“己”之足与不足。赵岐解曰：“三者，皆谓事可出入，不至违义，但伤此名，亦不陷于恶也。”[②] 将“义”与“名”对举，以“取”与“不取”、“与”与“不与”皆合于义而前者伤于名，与若虚之说有别。朱熹以“过犹不及”解此章：“先言可以者，略见而自许之辞也；后言可以无者，深察而自疑之辞也。过取固害于廉，然过与亦反害其惠，过死亦反害其勇，

① 北宋·程颢、程颐：《二程集·河南程氏遗书》卷第十八，北京：中华书局，2004年，第212页。

② 清·焦循：《孟子正义》卷十七，北京：中华书局，1987年，第579页。

盖过犹不及之意也。”[①] 将“取”与“不取”、“与”与“不与”仅视为程度之轻重，与若虚是否“合义”之说亦有差别。清儒毛奇龄《圣门释非录》云：“金仁山谓：此必战国之世，豪侠之习胜，多轻施结客若四豪之类，刺客轻生若荆、聂之类，故孟子为当时戒耳。”[②] 金仁山之说有理，盖孟子本章乃为“急于救世”而立论。既“为当时戒”，则“取”、“与”、“死”等行为当合于“义”之意蕴于其中。由此，若虚辨伊川之说“未能尽厌乎人心”，良不诬也。

（三）

> “仲尼不为已甚者”，盖每事适中，皆无大过耳。或者见《论语》疾不仁之言及《孟子》论泄柳、(叚)〔段〕干木事，亦有“已甚”字，遂专以此意解之。失之拘矣！然已甚之事在他人或有之，非所以论仲尼也。圣人于本分之外，无毫末之过，岂至于“已甚”而后不为乎？

案：此条辨“或者”解《孟》“失之拘”，“或者”所指，若虚未曾明言。

“仲尼不为已甚者”，语出《孟子·离娄下》第十章。“《论语》疾不仁之言”，当指《论语·泰伯》第十章：“好勇疾贫，乱也。人而不仁，疾之已甚，乱也。”而“《孟子》论泄柳、段干木事”，当指《孟子·滕文公下》第七章：“公孙丑问曰：‘不见诸侯何义？’孟子曰：‘古者不为臣不见。段干木逾垣而辟之，泄柳闭门而不纳，是皆已甚。迫，斯可以见矣……’”若虚以“仲尼

---

① 南宋·朱熹：《四书章句集注·孟子集注》卷八，北京：中华书局，1983年，第296页。

② 清·焦循：《孟子正义》卷十七，前揭，第579页。

不为已甚者”，指“每事适中，皆无大过”，乃指一程度之深；而后二处之“已甚”，则含“乱”义，与《离娄下》之意不合，不可以彼释此，否则便非孟子此处本义。而若虚所谓“已甚之事在他人或有之，非所以论仲尼也”，则体现出“尊孔”的坚定立场。

关于“或者”所指，今试为考订。《孟子注疏》解“仲尼不为已甚者”云：“仲尼弹邪以正，正斯可矣，故不欲为已甚泰过也。孟子所以讥逾墙距门者也。《正义》曰：此章言疾之已甚，乱者也。孟子言孔子凡所为，不为已甚泰过者也。如《论语》云‘疾之已甚，乱也’，同意。○《注》云‘孟子所以讥逾墙距门者’，盖谓如段干木逾垣而避文侯、泄柳闭门而拒缪公，是为已甚者。”① 这一说解，恰合若虚“专以此意解之”之意。而“正义”之前文字为东汉赵岐之“注”，“正义”之后文字为宋人孙奭之“疏”。如此，则“或者”或指赵岐、孙奭。

又，宋儒张栻（1133—1180）解说此条云：“孟子所谓不为已甚，可谓善言圣人者也。夫子之不为已甚，非不欲为已甚，自不至已甚也。何者？夫子范围天地之化而不过者也，故可以仕则仕，可以止则止，可以速则速，可以久则久，皆天之所为也。以致（至）于动容周旋、应酬语默之际，毫厘眇忽，何莫非天则之在乎。非圣人循天之则，圣人固天也。惟其天也，是以无不中节也。然则不为已甚者，固圣人天则之所在也。学者可不深潜而玩味之。”② 若虚“尊孔”、“尊圣”之说，盖与之相通。

（四）

南轩解“久假而不归”曰：“假之则非真有矣，而谓

① 清·阮元：《十三经注疏》下册《孟子注疏》卷八上，前揭，第2726页。

② 南宋·张栻：《癸巳孟子说》卷四，影印文渊阁《四库全书》本。

'乌知其非有'，此阐幽以示人之意。盖五霸，暂假而遽归者也。使其假而能久，久而不归，则必有非苟然者，孰曰非已有乎？盖有之者不系于假，而假于不归耳。孟子斯言，与人为善而开其自新之道，所以待天下后世者，可谓宏裕矣。"其说甚好。晦庵曰："假之终身而不知其非真有。"又有云："假之虽久，终非己物。"陋哉！斯言也。天下之人不能皆上性，君子多方教人，要以趋于善而已。故利而行之，勉强而行之，皆在所取，以为成功则一也。若如朱氏之言，自非尧舜，举皆徒劳而无益，谁复可进哉？方渠未成书时，尝有此义，质于南轩，南轩答之如今所说，而卒从己意。甚矣！好高而不通也。东坡曰："假之与性，亦异矣。使孔子观之，不终日而决，何不知之有？"呜呼！孟子岂诚不能辨此乎？苏氏几于不解事。

案：此条赞宋儒张栻之说，辨朱熹解《孟》"陋哉"、"好高而不通"，苏轼"几于不解事"。

"久假而不归"，语出《孟子·尽心上》第三十章，原文作："孟子曰：'尧舜，性之也；汤武，身之也；五霸，假之也。久假而不归，恶知其非有也。'"南轩，为宋儒张栻（1133－1180），引语出其《癸巳孟子说》卷七。若虚以南轩之解乃得《孟子》本义，以孟子意在"与人为善而开其自新之道"。检朱熹今存著述，未见引语原文，胡传志、李定乾先生遂称："若虚所引，大意与今本《孟子集注》相似，但字句有很大不同，这些内容可能出自《论语集注》早年的版本。"[①] 稽考相关文献，第一句引语"假之

① 金·王若虚著，胡传志、李定乾校注：《滹南遗老集》卷之八，前揭，第99页，注4。又，"论语集注"或为"孟子集注"之误。

终身而不知其非真有”确乎当出《四书集注》，云：“言窃其名以终身，而不自知其非真有。或曰：‘盖叹世人莫觉其伪者。’亦通。旧说，久假不归，即为真有，则误矣。”① 而“假之虽久，终非己物”之语，《四书集注》中并未见此语此意，或出南轩与朱熹的通信，南轩《答朱元晦》云：“近晦叔理会‘久假而不归，乌知其非有’，谓：‘虽使其久假不归，亦懵不知非己物。’某恐孟子之意为此言，却是开其自新之路。曰‘乌知其非已有也’，谓至其能久假而不归，虽未敢便谓其能有之，亦安知其非已有乎？辞气盖完全也，如何？”②

若虚以《孟子》本义为“与人为善”，而朱熹之义则在贬抑五霸，然如此便会使人不“复可进”，不若南轩“开其自新之道”之能励人，故斥之为“陋哉”、“好高而不通”。且若虚径称朱熹为“晦庵”或“朱氏”，不称后世通行之“朱子”，亦表明朱熹此时在金地未取得后世般尊崇地位。南轩之意，在《与吴晦叔》信中说得更为明白：“孟子此语，要甚和平，谓使其能久假而不归，乌知其非已有？盖非便谓其能有之，亦宁知其不能有耳，语意盖圆也。‘假’虽是有名无实，若能‘不归’，则安知其非舍旧而更新乎？（《解》中故云：“义不系于假，而系于不归。”）故孟子斯言，盖进之于善道，而非绝之之辞。”与人为善、开其自新、进于善道，其意一也。又，若虚所谓朱熹曾“质于南轩”，而“卒从己意”，从南轩此处两通书信中，可见一斑。

若虚辨东坡“几于不解事”之意，参第一条第二节之解。

（五）

孟子曰：“男女授受不亲，礼也；嫂溺，援之以手者，

---

① 南宋·朱熹：《四书章句集注·孟子集注卷八》，前揭，第358页。

② 南宋·张栻：《南轩集》卷二十二，影印文渊阁《四库全书》本。

权也。”东坡曰：“嫂溺援之，亦礼也。”与李泰伯之说同。夫孟子云此固正礼，然有时而从权耳，岂谓权即非礼乎？二子可谓以辞害志矣。

案：此条辨宋儒苏轼、李觏解《孟》“以辞害志”。

孟子之语，出《离娄上》第十七章。苏轼之语，出《论语说》，见于宋余允文《尊孟续辨》卷下及宋人邵博《邵氏闻见后录》卷十一。《尊孟续辨》引苏说云：“或曰：‘嫂叔不亲授，礼也。嫂溺而不援，曰礼不亲授，可乎？是礼有时而去取也。’曰：‘嫂叔不亲授，礼也；嫂溺援之以手，亦礼也，何去取之有？’”李觏（1009—1059），字泰伯，建昌南城（今属江西）人，学者称盱江先生，亦称直讲先生。泰伯之说见于《盱江集》，《礼论》篇称：“夫权，智之动、义之会也。详《孟子》此言，则义而智者不在先王之礼欤？曰：孟子据所闻为礼，以己意为权，而不谓先王之礼固有其权也。自今言之，则必曰男女授受不亲，礼也；嫂溺，援之以手，亦礼也。”[1] 苏、李二人之说，皆谓《孟子》之说以“权”即“非礼”，若虚则以为《孟子》之义，无论“经”、“权”皆合于“礼”，故批二子解《孟》“以辞害志”，未得《孟子》本义。“以辞害志”，亦即未能“以意逆志”也。

（六）

子产以乘舆济人于溱洧，孟子曰：“惠而不知为政。”夫桥梁之政，野人皆知之，曾谓子产而不及知乎？此必有司之不职，或偶圮（壞）〔坏〕，而子产适见，因以救一时之急，岂专以此为惠，而孟子亦岂诚讥子产哉？盖世有不知本末，

① 北宋·李觏：《盱江集》卷二《礼论第六》，影印文渊阁《四库全书》本。

如移民移粟、遗衣遗食之徒，故借其事以为戒耳。东坡遂以孟子为失。张子韶既知其出于一时而复求子产之病，以实孟子之言，是皆非也。

案：此条辨宋儒苏轼、张九成解《孟》之非。

“惠而不知为政”，语出《孟子·离娄下》第二章，原文曰：“子产听郑国之政，以其乘舆济人于溱洧。孟子曰：‘惠而不知为政。岁十一月，徒杠成；十二月，舆梁成，民未病涉也。君子平其政，行辟人可也，焉得人人而济之？故为政者，每人而悦之，日亦不足矣。’”若虚以苏、张二人“以辞害志”，仅从字面解说《孟子》，实未能得其本旨。

苏轼“以孟子为失”之解，出《论语说》，载于余允文《尊孟续辨》，云：“说曰：‘或问子产，子曰，惠人也。’子产为郑作封洫，立谤政，铸刑书，其死也，教子大叔以猛，其用法深，其为政严，有及民之近利，无经国之远猷，故浑罕、叔向皆讥之。而孔子以为惠人，不以为仁，盖小之也。孟子曰：‘子产以乘车济人于溱洧，惠而不知为政。’盖因孔子之言而失之也。子产之于政，整齐其兵赋，环治其城郭，道路以时，修其桥梁，则有余矣，岂以乘车济人哉？《礼》曰：‘子产，众人之母也，能食之而不能教。’此又因孟子之言而失之也。”① 苏轼以孟子未得孔子之义，《礼记》又未得孟子之义，若虚则以孟子并未讥子产，如此言说，乃在于“借其事以为戒”。

张九成（字子韶）之解，出其《孟子传》，云：“子产有仁心仁闻，而不知先王之道者也。……此子产所以可悲也。以子产之贤而有帝王之学，将进于皋、夔、稷、契、伊尹、周公之地，何

① 南宋·余允文：《尊孟续辨》卷下，影印文渊阁《四库全书》本。

止于惠人而已哉？孟子之意，非讥之，乃痛惜之也。故曰：‘今有仁心仁闻而民不被其泽，不可法于后世者，不行先王之道也。’又曰：‘徒善不足以为政，徒法不能以自行。《诗》云：不愆不忘，率由旧章。遵先王之法而过者，未之有也。’深知此说，则子产之失，不言可知矣。”[①] 九成以子产有失，并以孟子非讥子产，乃痛惜之，与苏轼之说有别。然若虚以九成之解仍属“以辞害志”，未能揣摩孟子“急于救世”、“借其事以为戒”之深义。

（七）

> 东坡以孔子去食存信之义，破孟子礼轻食色重之论，以为使从其说，则礼之亡无日矣。张九成亦疑其非，而置之不说。予谓不然。子贡以去取为决，故孔子以去取决之；任人以轻重相明，故孟子以轻重明之。其势然耳。使任人之问如子贡之问，则孟子之所答，亦将如孔子之所答矣。孟子之言未可瑕疵，南轩颇见其旨，但辞不能达耳。

案：此条辨宋儒苏轼、张九成、张栻解《孟》之非，以苏、张“不然”，南轩“辞不能达”。

《孟子》“礼轻食色重之论”，出《告子下》之首章，云：“任人有问屋庐子曰：‘礼与食孰重？’曰：‘礼重。’‘色与礼孰重？’曰：‘礼重。’曰：‘以礼食，则饥而死；不以礼食，则得食，必与礼乎？亲迎则不得妻，不亲迎，则得妻，必亲迎乎？’屋庐子不能对，明日之邹以告孟子。孟子曰：‘于答是也何有？不揣其本，而齐其末，方寸之木可使高于岑楼。金重于羽者，岂谓一钩金与一舆羽之谓哉？取食之重者与礼之轻者而比之，奚翅食重？

① 南宋·张九成：《孟子传》卷十八，影印文渊阁《四库全书》本。

取色之重者与礼之轻者而比之，奚翅色重？往应之曰：“紾兄之臂而夺之食，则得食；不紾，则不得食，则将紾之乎？逾东家墙而搂其处子，则得妻；不搂，则不得妻，则将搂之乎？”’”

苏轼“孔子去食存信之论”，出《论语说》，载于余允文《尊孟续辨》。东坡云：“说曰：子贡问政，子曰：‘足食，足兵，民信之矣。’子贡曰：‘必不得已而去，于斯三者何先？’曰：‘去兵。’子贡曰：‘必不得已而去，于斯二者何先？’曰：‘去食。自古皆有死，民无信不立。’孟子较礼食之轻重，礼重而食轻，则去食；食重而礼轻，则去礼，惟色亦然。而孔子去食存信，曰‘自古皆有死，民无信不立’，不复较其轻重，何也？曰：礼信之于食色，如五谷之不杀人。今有问者曰，吾恐五谷杀人，欲禁之，如何？必答曰，吾宁食五谷而死，不禁也，此孔子去食存信之论也。今答曰，择其杀人者禁之，其不杀人者勿禁也，五谷安有杀人者哉？此孟子礼食轻重之论也。礼所以使人得妻也，废礼而失妻者皆是，缘礼而不得妻者，天下未尝有也；信所以使人得食也，弃信而失食者皆是，缘信而不得食者，天下未尝有也。今立法不从天下之所同，而从其所未尝有，以开去取之门，使人以为礼有时而可去也，则将各以其私意，权之其轻重，岂复有定物？从孟子之说，则礼废无日矣。”①

张九成之说，出《孟子传》，云：“此一章所问甚鄙，而对有礼之轻者奚翅食重色重之说，以行道之人弗受乞人不屑之义考之，疑非孟子所对。问端鄙甚，无足解者，姑置之勿论。”②

苏轼谓孟子“礼轻食色重之论”会导致“礼废无日”之严重后果，九成亦以答语鄙陋，疑非出孟子之口。若虚则认为“孟子

---

① 南宋·余允文：《尊孟续辨》卷下，影印文渊阁《四库全书》本。

② 南宋·张九成：《孟子传》卷二十八《孟子章句下》，影印文渊阁《四库全书》本。

之言，未可瑕疵”，究其因在于孔孟所面临“情势”有别，“任人之问”不同于“子贡之问”，故孟子有如此答语。苏轼、九成皆未能涵泳《孟子》之义。

南轩张栻之解，出《癸巳孟子说》，他意识到了“任人之问”和“子贡之问”的差异，并为孟子鸣不平，云：“……又谓如孟子之说，将使天下之人弃礼而不顾，是殆未之思也。盖子贡善问，欲以探其理之至极，则曰必不得已而去于斯三者何先，又曰于斯二者何先，故圣人明信为本以示之。若任人，盖徇乎人欲者，其问也，意固以食色为重，若但告之以宁不食而死必以礼食也，宁不娶妻必亲迎也，则理不尽而意有窒，非启告之之道也，故孟子独循其本而告之，使之反其本而知理之不可易者，则其说将自穷，与孔子谓食可去而信不可去之意，盖无殊也。或者未之思邪。”[①] 其中所谓“或者”，所指正是苏轼。在若虚看来，张栻之解显然要比苏轼、九成高明，颇得《孟子》义旨，然仍惜其“辞不能达”。如何才算能达？则须意识到孔孟之答之所以不同，乃在于“子贡以去取为决”、“任人以轻重相明”。

（八）

> 孟子语人每言性善，此止谓人之资禀皆可使为君子，盖诱掖之教。而苏氏曰：“孟子有见于性而离于善，善非性也，使性而可以谓之善，则亦可以谓之恶。”其说近于释氏之无善恶，辨则辨矣，而非孟子之意也。

案：此条辨宋儒苏轼解《孟子》“性善”之说“近于释氏之无善恶”，“非孟子之意”。

① 南宋·张栻：《癸巳孟子说》卷六《告子下》，影印文渊阁《四库全书》本。

孟子之哲学基础在于“性善”，在《孟子》中有多处表述，最有代表性者为《告子上》之第六章：“乃若其情，则可以为善矣，乃所谓善也。若夫为不善，非才之罪也。恻隐之心，人皆有之；羞恶之心，人皆有之；恭敬之心，人皆有之；是非之心，人皆有之。恻隐之心，仁也；羞恶之心，义也；恭敬之心，礼也；是非之心，智也。仁义礼智，非由外铄我也，我固有之也，弗思耳矣。故曰‘求则得之，舍则失之’。或相倍蓰而无算者，不能尽其才者也。《诗》曰：‘天生蒸民，有物有则。民之秉夷，好是懿德。’孔子曰：‘为此诗者，其知道乎！’故有物必有则，民之秉夷也，故好是懿德。”苏氏乃指苏轼，引语出自《论语说》，载余允文《尊孟续辨》卷下。

在王若虚看来，孟子所谓“性善”，乃指人人皆有“非由外铄”的善端（即“四心”），倘加以保养焕发，最终可以达到“善”的境地，意在励人向善。换句话说，“性善论确切地说是‘心有善端可以而且应该为善论’，而不是‘性善完成论’。讲得抽象一点，性善是一个过程，是进行时，而不是完成时”[①]。王若虚即如此解，故谓之“此止谓人之资禀皆可使为君子，盖诱掖之教”。不过照苏轼的说法，却是将孟子“性善”看成了一个完成式的“人性皆善”，故若虚以为“非孟子之意”。并且在若虚看来，苏轼所谓“使性而可以谓之善，则亦可以谓之恶”的推论，既非孟子本义，亦滑落到了释家园囿中。

（九）

吕东莱曰：“以君子之言，借小人之口发之，则天下见

① 杨泽波：《孟子性善论研究》（修订版）第一章，北京：中国人民大学出版社，2010年，第46页。

其邪而不见其正；以小人之言借君子之口发之，则天下见其正而不见其邪。是故《大诰》之篇，入于王莽之笔则为奸说；阳虎之语，编于孟子之书则为格言。非变其言也，气变则言随之变也。”慵夫曰：此论似高而实非也。言之邪正，顾人何如，岂气所能变哉？莽之文奸，固不待辨，而阳虎之语，人皆疑焉。夫阳虎志于为富而不在仁，故以仁之害富者言之；孟子志于为仁而不在富，故以富之害仁者言之。阳虎若曰：“为仁则不得致富，故为富者不暇顾仁。”孟子若曰：“为富则必致贼仁，故为仁者不当务富。”此其所以异耳。先儒曰：“言有可采，不以人废。”误矣！虎之口岂有善言哉？至于仁富不能两立，则理势之固然者。故孟子举之，以为滕文厚敛之戒。

案：此条辨宋儒吕祖谦解《孟》“似高而实非”，辨汉儒赵岐解《孟》“误矣”。

吕祖谦（1137－1181），字伯恭，婺州（今浙江金华）人，学者称东莱先生，宋代理学家，开创浙东婺学，与朱熹、张栻并称“东南三贤”。吕氏之语，出所著《左氏博议》卷十四《楚灭夔》篇。“阳虎之语”，乃指《孟子·滕文公上》第三章，原文曰：“滕文公问为国。孟子曰：‘民事不可缓也。《诗》云：“昼尔于茅，宵尔索绹。亟其乘屋，其始播百谷。”民之为道也，有恒产者有恒心，无恒产者无恒心。苟无恒心，放辟邪侈，无不为已。及陷乎罪，然后从而刑之，是罔民也。焉有仁人在位罔民而可为也？是故贤君必恭俭礼下，取于民有制。阳虎曰：“为富不仁矣，为仁不富矣。”’”阳虎，即阳货，鲁国执政大夫季孙氏的家臣，一度挟持季氏专擅鲁国国政，后失败而逃亡他国。

慵夫（若虚之号）以吕氏之说“似高而实非”，乃主要针对吕氏“气变”之说，以言之邪正与“气”无干，吕氏乃故弄玄虚。若虚以《孟子》虽引阳虎之语，却未可将其视为“格言”。究其因，在于二者出发点恰然相反，孟子不过拿来化用而已，所谓“夫阳虎志于为富而不在仁，故以仁之害富者言之；孟子志于为仁而不在富，故以富之害仁者言之”也。话虽相同，运用时意义却发生了改变，而这一改变出于君子小人之别，而非“气”之流转。换句话说，若虚以“为富不仁”之语，圣贤孟子之用有“正”而无“邪”，小人阳虎之用则有“邪”而无“正”，并非如东莱所云“天下见其正而不见其邪”。在这点上，若虚之解与朱熹有相合之处。朱子解此条云：“天理人欲，不容并立。虎之言此，恐为仁之害于富也；孟子引之，恐为富之害于仁也。君子小人，每相反而已矣。”①

“言有可采，不以人废”，出自东汉赵岐《孟子章句》。“先儒”所指，当为赵岐。赵氏解此条云：“阳虎，鲁季氏家臣也。富者好聚，仁者好施，施不得聚，道相反也。阳虎非贤者也，言有可采，不以人废言也。”②“言有可采，不以人废”，表明赵氏以阳虎虽为小人，而“为富不仁”之语当属善言，故孟子取之。不过这在若虚看来仍属误解，由“理势之固然”可知“仁富不能两立”，故孟子、阳虎之“正”、“邪”，当判然可辨，根本不存在“不以人废”的问题。

又，若虚以孟子引用此语，在于“以为滕文厚敛之戒”，则可见若虚之解《孟》，既求“以意逆志”，又求“知人论世”矣。

（十）

“自反而不缩，虽褐宽博，吾不惴焉。”“不”字为衍，

---

① 南宋·朱熹：《四书章句集注·孟子集注卷五》，前揭，第254页。

② 清·焦循：《孟子正义》卷十，前揭，第333页。

不然，则误耳。此甚明白，而释者依违不辨，何也？

案：此条辨前代释者皆误，不识“不惴”之“不”为衍文。

此处引文，出《孟子·公孙丑上》第二章。句中有二“不”字，《孟子》下文接云：“自反而缩，虽千万人，吾往矣。”则“不缩”之“不”当训为否定副词，不当为衍，故若虚所谓“不字为衍”，当指“不惴”之“不”。

若虚以“不字为衍”，颇为立异。大约在海陵王天德三年（1151）由金朝国子监印定的作为当时学校教材的《孟子注疏》[①]，包括朱熹《四书集注》，若虚均应当有所习读。但无论东汉赵岐，还是宋人孙奭、朱熹，皆未作如此解，故若虚有“释者依违不辨，何也”之质疑。

赵岐解云：“人加恶己，己内自省，有不义不直之心，虽敌人被褐宽博一夫，不当轻惊惧之也。自省有义，虽敌家千万人，我直往突之。”清人焦循撰《孟子正义》，又引阎若璩、王引之之说，以辨若虚之解，云：“阎氏若璩《释地三续》云：‘不，岂不也。犹经传中敢为不敢，如为不如之类。’此以惴为自己惊惧，与赵氏异。王氏引之《经传释词》云：‘不，语词。不惴，惴也。言虽被褐之夫，吾惧之。’”[②] 如此，则“不惴”之“不”至少有四种解法：一为赵岐之解为“否定副词”，一为阎若璩之解为“岂不”，一为王引之之解为“语词”，一为王若虚之解为“衍文”。而前三种解法，于《孟子》此处经义皆可说通，且与若虚之说总归一致，并非对立。

若虚此条之辨，不单疑历代注解，并疑《孟子》经文文本有

① 参周春健：《宋元明清四书学编年》卷二，台北：万卷楼图书公司，2012 年，第 122—123 页。

② 清·焦循：《孟子正义》卷六，前揭，第 193 页。

误。然殊途可同归，若虚此处之疑经改经，稍嫌武断矣。

（十一）

孟子“必有事焉而勿忘”之说，或以“心”字属上句，或以属下句。予以文势观之，语皆不安，中间或有脱误，未可为断然之说也。

案：此条辨前代诸说“语皆不安，中间或有脱误”。

“必有事焉而勿忘”，语出《孟子·公孙丑上》第二章，原文作：“‘敢问何谓浩然之气?’曰：‘难言也。其为气也，至大至刚，以直养而无害，则塞于天地之间。其为气也，配义与道；无是，馁也。是集义所生者，非义袭而取之也。行有不慊于心，则馁矣。我故曰，告子未尝知义，以其外之也。必有事焉，而勿正，心勿忘，勿助长也。……’”朱熹《四书集注》云：“必有事焉而勿正，赵氏、程子以七字为句。近世或并下文‘心’字读之者，亦通。”[1]若虚所谓“或以‘心’字属上句，或以属下句”，盖指此。

若虚从《孟子》经文出发，“以文势观之”，认为前人所解“语皆不安，中间或有脱误，未可为断然之说”，与上条同属对经文的怀疑。

（十二）

章子“出妻屏子，终身不养”。此止是“畜养”之“养”，若所谓“女子小人为难养”者，而《注疏》、晦庵皆云不使养己，即是奉养之意，当作去声读。非也。

① 南宋·朱熹：《四书章句集注·孟子集注卷三》，前揭，第232页。

案：此条辨《孟子注疏》及朱熹《集注》解“养”字皆非。

“出妻屏子，终身不养”，语出《孟子·离娄下》第三十章，原文作：“夫章子，子父责善而不相遇也。责善，朋友之道也；父子责善，贼恩之大者。夫章子，岂不欲有夫妻子母之属哉？为得罪于父，不得近，出妻屏子，终身不养焉。其设心以为不若是，是则罪之大者，是则章子已矣。”

《孟子注疏》中，赵岐注云：“夫章子，岂不欲身有夫妻之配，子有子母之属哉？但以身得罪于父，不得近父，故出去其妻，屏远其子，终身不为妻子所养也。”孙奭疏亦云：“终身不得为妻子所养。”[①] 朱熹《四书集注》云：“言章子非不欲身有夫妻之配，子有子母之属，但为身不得近于父，故不敢受妻子之养，以自责罚。其心以为不如此，则其罪益大也。”[②]

无论赵岐，还是孙奭，抑或朱熹，皆解“养”为下对上之“奉养”，若虚之解相反，解为上对下之“畜养”。此条为若虚与诸儒在字词训释上的分歧。

（十三）

吕东莱策问进士，孟子论孔子集大成之说[③]云：“譬之金玉，则智始而圣终；譬之巧力，则圣至而智中。以智为尚，则害前说；以圣为尚，则害后说。”此虽一时科举之文，实

① 清·阮元：《十三经注疏》下册《孟子注疏》卷八下，前揭，第2731页。

② 南宋·朱熹：《四书章句集注·孟子集注卷八》，前揭，第300页。

③ 胡传志、李定乾先生本句标点原为“吕东莱《策问》进士孟子论孔子集大成之说”，并注曰：“此句不通顺，当有脱字。”（见《滹南遗老集校注》卷之八，前揭，第103页）其实此处并无脱文，当属校注者标点有误。策问为科举考试科目之一，指以经义或政事等设问，要求解答以试士。本段文字，即属吕祖谦当年考进士时的策问答卷，故“策问”二字不当加书名号，并当在“进士”后断句。

有可疑，学者不得不辨也。以予观之，当云“智譬则力，圣譬则巧”，后说字误耳。

案：此条辨宋儒吕祖谦解《孟》有“字误”，亦疑《孟子》经文逻辑有误。

东莱之说，见于《东莱集外集》卷一《策问》。孟子论孔子集大成之说，见《万章下》第一章，原文作：“孟子曰：‘伯夷，圣之清也；伊尹，圣之任者也；柳下惠，圣之和者也；孔子，圣之时者也。孔子之谓集大成，集大成也者，金声而玉振之也。金声也者，始条理也；玉振之也者，终条理也。始条理者，智之事也；终条理者，圣之事也。智，譬则巧也；圣，譬则力也。由射于百步之外也，其至，尔力也；其中，非尔力也。’”若虚称“后说字误”，盖指东莱之解有误，既有误，则东莱之说当为“譬之巧力，则智至而圣中”。不过若虚继称“当云‘智譬则力，圣譬则巧”，似又指《孟子》经文乃有误。问题的关键，在于对“智圣”与“巧力”的对应关系有不同理解。

清儒焦循解此条云：“《章指》云：‘言圣人犹力，力有常也。贤者由巧，巧可增也。’与此注相发明。赵氏以巧比三子，以力比孔子，三子可学，孔子不可及也。然则两‘尔’字，宜皆指三子。……‘至’、‘中’，俱承上‘力’字。‘至’为三子之力，‘中’为孔子之力。……是孔子以力中的，三子不以力而以巧中的也。以力，则但能至，不能中也。”[1]如此，则《孟子》之义当为：伯夷、伊尹、柳下惠三者非圣人，故“力”本身便不及孔子，故射于百步之外虽能至则仅由其“力”，而要射中则非其本身固有之力所可及，只有依赖“巧”。孔子为集大成者，巧力俱

① 清·焦循：《孟子正义》卷二十，前揭，第674页。

全，圣智兼备，凭其“力”足以得“中”。如此，则“金”便可与“始”、“智”、“巧”、“至”相对，“玉”便可与“终”、“圣”、“力”、“中”相对，孔子作为“集大成者”之尊崇地位得以凸显，而这恰合《孟子》原文之内在逻辑。东莱之解其实完全根据《孟子》本文来，若虚之辨反倒未达《孟子》本旨。

（十四）

孟子对齐宣“闻诛一夫纣，未闻弑君也”，而说者疑焉。予以为警时君之语耳。

案：此条辨“说者”不当疑“闻诛一夫纣，未闻弑君”之语。

引文语出《孟子·梁惠王下》第八章，原文作：“齐宣王问曰：‘汤放桀，武王伐纣，有诸?’孟子对曰：‘于传有之。’曰：‘臣弑其君，可乎?’曰：‘贼仁者谓之“贼”，贼义者谓之“残”。残贼之人谓之“一夫”。闻诛一夫纣矣，未闻弑君也。’”

“说者”所指，若虚并未明言，亦未可知。然宋儒张九成曾言：“余读此章，诵孟子之对，毛发森耸，何其劲厉如此哉！及思子贡之说曰：‘纣之不善，不如是之甚也。是以君子恶居下流，天下之恶皆归焉。’何其忠恕若此哉！夫孔门之恕纣如此，而孟子直以一夫名之，不复以君臣论，其可怪也。”① 其意在于质疑孟子视纣过于“劲厉”，则若虚所谓“说者”，或指张九成。而所谓“予以为警时君之语耳”之说，若虚亦是出于“以意逆志”、“知人论世”之一贯解经思路。

① 南宋·张九成：《孟子传》卷四，影印文渊阁《四库全书》本。

三、《孟子辨惑》与王若虚的解经学

《孟子辨惑》是王若虚解《孟》的专门著作，通过上文对其解说文字的剖析，我们可以看到：王若虚接触并研读了大量的宋代理学著作，严厉批评前代学者解《孟》之说，体现出独特的学术趣向。王若虚的解经学，对元儒解《孟》也产生了直接影响。

1.《孟子辨惑》引书考

通过对《孟子辨惑》引文的考证不难发现，处于金地的王若虚对于《孟子注疏》、《孟子集注》、《论语说》、《癸巳孟子说》等宋代重要解《孟》著述都非常熟悉，有的著述甚至多次提及，反复评说。兹列表示之。各书之排列，先以引用次数多少为序，引用次数相同者则以作者年代先后为序；引用次数的统计，既包括有明确引文出现者，又包括虽仅提及书名但有评论者。

《孟子辨惑》引书表

所引书名	书籍作者	作者年代	引用次数
《孟子注疏》	赵岐	东汉	5
	孙奭	北宋	3
《论语说》	苏轼	北宋	6
《孟子传》	张九成	南宋	4
《孟子集注》	朱熹	南宋	4
《癸巳孟子说》	张栻	南宋	2
《盱江集》	李觏	北宋	1
《疑孟》	司马光	北宋	1

续表

所引书名	书籍作者	作者年代	引用次数
《河南程氏遗书》（或朱熹《孟子精义》）	程颐（或朱熹）	北宋（或南宋）	1
书名不详	郑厚	南宋	1
《南轩集》	张栻	南宋	1
《左氏博议》	吕祖谦	南宋	1
《东莱集外集》	吕祖谦	南宋	1

读此表，我们可以获得如下信息：

第一，汉赵岐、宋孙奭之《孟子注疏》在所有被引著述中引用频率最高（合计8次），表明《孟子注疏》在金地有较广泛的传播，这与金朝的教育乃至科举规定有着密切关系。据《金史·海陵纪》，海陵王天德三年（1151）正月甲午，“初置国子监”，而国子监印定经史著作，授诸学校，《论语》用何晏集注、邢昺疏，《孟子》即用赵岐注、孙奭疏[①]。至于科举，金章宗明昌元年（1190）正月，诏定群经出题之制，明确规定从《论语》、《孟子》等书中出题。《金史》尽管没有明确说明所据为《孟子注疏》，但从国子监到各级学校既以《孟子注疏》为习学教本，则科举考试以之为依据，亦属情理中事[②]。

① 《金史·选举志一·序》：“凡经，《易》则用王弼、韩康伯注，《书》用孔安国注，《诗》用毛苌注、郑玄笺，《春秋左氏传》用杜预注，《礼记》用孔颖达疏，《周礼》用郑玄注、贾公彦疏，《论语》用何晏集注、邢昺疏，《孟子》用赵岐注、孙奭疏，《孝经》用唐玄宗注。……皆自国子监印之，授诸学校。”（北京：中华书局，1975年，第1131—1132页）

② 《金史·选举志一·进士诸科》：“章宗明昌元年正月，言事者谓：‘举人四试而乡试似为虚设，固当罢去。其府会试乞十人取一人，可以群经出题，而注示本传。’上是其言，诏免乡试，府试以五人取一人，仍令有司议外路添考试院，及群经出题之制。有司言：‘会试所取之数，旧止五百人，比以世宗敕中格者取，乞依此制行之。……以《六经》、《十七史》、《孝经》、《论语》、《孟子》及《荀》、《扬》、《老子》内出题，皆命于题下注其本传。’”（前揭，第1136—1137页）

第二，《孟子辨惑》援引汉宋孟学著述总计31次，而引朱熹《孟子集注》共有4次，所占比例仅约13%。由此亦可证明王若虚撰著《孟子辨惑》，并非出于“以辨博自负，为说非之”（参“《孟子辨惑》的撰作缘由”其三）。加之若虚径称朱熹为“晦庵”、“朱氏”而非“朱子”，表明《四书集注》此时在金地虽有流传，但的确与元明以后如日中天的尊崇地位不可同日而语（参“《孟子辨惑》疏证”第四条）。

第三，北宋中期以来兴起的“疑孟尊孟”思潮中，司马光之《疑孟》、苏轼之《论语说》、李觏之《盱江集》（所著疑孟著作《常语》在其第32—34卷）等疑孟名著，张九成之尊孟名著《孟子传》，在《孟子辨惑》中均有引用辨驳。这表明，孟学史上的“疑孟尊孟”之争，亦波及了金朝儒学。

2. 由《孟子辨惑》看王若虚的解经趣向

王若虚在《孟子辨惑》中对《孟子》的解说，既不同于汉儒，又不同于宋儒，与同时代的其他金源儒者如赵秉文、李纯甫等相比，立场亦有差别，体现出独特的学术趣向。

第一，汉宋兼驳，汉宋兼采，非汉非宋。

如前所述，《孟子辨惑》与《论语辨惑》的学术主张十分相近，王若虚对于前儒《论语》说解的态度，如前引《论语辨惑序》所谓“旧说多失之于不及，而新说每伤于太过”，《总论》所谓“解《论语》者有三过焉：过于深也，过于高也，过于厚也”，亦可看作他对《孟子》说解的态度。“新说”及“三过”所指，皆为宋儒，而“旧说”所指，当为汉唐诸儒，于《孟子辨惑》而言，即为汉儒赵岐。

在《孟子辨惑》所引述的11位前代儒者中，若虚惟在第四条对南轩张栻解说“久假而不归”一条表示赞赏，称“其说甚好”；而对包括汉儒赵岐、南宋朱熹在内的其余10位学者的解

《孟》之语，均给予严厉批判，并使用了诸如“浅近不足道”、“失之拘”、“好高而不通”、“几于不解事”等近乎苛刻的字眼。这表明，无论汉儒还是宋儒，在宋儒中无论“疑孟派”还是“尊孟派”，在若虚眼中都存在不得《孟子》本旨的弊端。正如金人元好问所称：“（若虚）学无不通，而不为章句所困，颇讥宋儒经学以旁牵远引为夸。”① 章句之学，即指汉唐之学。

不过另一方面，若虚于汉宋诸说又非简单否定，对于其中符合《孟子》意旨者，若虚又表示赞赏和吸纳。前述“久假而不归”一条，是对张栻的赞赏。第二条伊川解“取伤廉”、“与伤惠”二语，若虚固然批伊川“未能尽厌乎人心”，但仍对其解经之功表示认可，称“明经如程氏”，包括称“张九成最号深知”（第一条）、“南轩颇见其旨”（第七条）等，皆是对宋儒解《孟》的肯定。而第三条解“仲尼不为已甚者”，若虚之解其实与张栻《癸巳孟子说》卷四之解不无二致（参“疏证”该条）。

在对待汉儒、宋儒解经的态度上，王若虚既有辨驳又有撷取，他的解经面目，既非汉又非宋。当然，我们尚不能说若虚之解经乃属自觉地超越汉宋，他也还没有建立起独属于自己的学术立场。不过正是这样一种“非汉非宋”的状态，却恰恰体现出金代儒学“融杂汉宋”的特点。而同样作为金源学者，王若虚的学术趣向与其他儒者又有不同。晏选军先生亦认为，在宋代道学面前，“金代儒士表现出来的态度不尽一致，大致说来，主要有三种意见：一种是拳拳服膺其说，如赵秉文；另一种观点则更多予以批驳，李纯甫可视为代表；介于二者之间的有王若虚等人，他一方面承认宋儒多有独到的见解，另一方面又认为其说有刻意标

① 金·元好问《遗山集》卷十九《内翰王公墓表》，影印文渊阁《四库全书》本。

新之嫌”①。

第二，以意逆志，知人论世，追求经文本义。

王若虚解经的“非汉非宋”，并非只是出于负气好辨，标新立异。他对前代诸儒的所有辨驳，都本着这样一个衡量标准：即解《孟》一定要符合《孟子》本义——尽管若虚本人所解也未必合乎《孟子》本义。并且，王若虚的解《孟》有破有立，在每条批驳众说之后，都提出了自己的见解，同时提出了如此解说的原则。

《孟子辨惑》第一条，是整卷的纲领，若虚引用孟子说《诗》所谓“不以辞害志”、“以意逆志”，正是他解《孟》的基本原则。所谓“不以辞害志”，所谓“以意逆志”，其中之“志”，即为《孟子》本旨，一切解说都应当以探求本旨为目的，不能“不及”，亦不能“过”。接下来十三条当中的每一处解说，无不按照这一基本原则进行。譬如第五条辨苏轼、李觏，第六条辨苏轼、张九成，第七条辨苏轼、张九成、张栻之说，径以“以辞害志”或“辞不能达”冠之；而第一条辨赵岐“不能善为发明”，辨苏轼“失其本旨”，第二条辨伊川“迂阔”、“曲说”，第三条辨赵岐、孙奭“失之拘”，第四条辨朱熹“好高而不通”，甚至第九条辨赵岐、吕东莱不懂“理势”，第十一条朱熹不懂“文势”等等，其实亦是“不以辞害志”、“以意逆志”的变相说法。

若虚解《孟》还有一种倾向值得注意，就是强调解经时的“知人论世”。这与“以意逆志”相通又略有区别，它重视的是：解说经典，一定要将经典放到作者生活的那个年代，体察经典产生的历史文化背景，如此，才可能真正揣度到经典的本旨。譬如

① 晏选军：《金代理学发展路向考论》，载《北京师范大学学报》2004 年第 6 期。

第九条辨吕东莱解“阳虎之语”、第十四条辨张九成解“闻诛一夫纣，未闻弑君也”等等，前儒之所以在理解上出现偏差，一个很重要的原因就在于未能“知人论世”，未能领悟到孟子“随机立教”、“急于救世”的现实用意。

第三，传承汉唐经学，重视文字训诂与通经致用。

刘辉先生在《金代儒学研究》中提出，王若虚论学的学术特征有三：

> 其一，汉唐经学是王若虚学术根基之所在。……事实上王若虚自幼所受的是汉唐经学教育，深受汉唐经学的熏陶，所吸收的儒学思想资源均来自于金代立国以来奉为主流文化的汉唐经学。
>
> 其二，王若虚的经学思想是对中唐以来经学传统的继承。……在王若虚的《滹南辨惑》中，中唐以来这种疑古惑经、舍传求经、以己意解的学风有明显的体现。
>
> 其三，王若虚的解经方法和主旨走的是通经致用的理路。王若虚的解经主旨与宋代的范仲淹、欧阳修、王安石、司马光、苏氏父子一样，重在解决外王问题，力求通经致用。对于宋代理学重视“内圣”，以“收拾人心”为目的、“经以载道”的解经理路，王若虚颇不以为然[①]。

对于这个结论，笔者表示认同，这些学术特征在《孟子辨惑》中也有体现。譬如整卷《孟子辨惑》，疑古惑经、舍传求经、以己意解经的倾向非常明显，而第十条视“不惴”之“不”为衍

① 刘辉：《金代儒学研究》，吉林大学博士学位论文，2008年，第120－121页。

字，第十一条以“必有事焉而勿正，心勿忘，勿助长也”中间或有脱误，则已经是“疑经改经”的问题了，甚为胆大。不过，第十二条涉及“养”字之辨，也可算作汉代经学重视字词训释的体现。若虚在《论语辨惑》中称：“宁失之固，无涉于妄；宁处其卑，而不至于僭焉，则善矣。”① 其中的“固”、“卑”，大概接近于汉唐经学；其中的“妄”、“僭”，大概接近于宋代理学。由这段话推断，王若虚在汉唐经学和宋代理学间，还是略微倾向前者。至于若虚解《孟》时强调“知人论世”一点，某种意义上说恰是重视“通经致用”理路的体现。

3. 从《孟子辨惑》到《孟子辨疑》

王若虚的《孟子辨惑》特色独具，是金代孟学史上的代表性著作，对后世也产生了较大影响。元儒陈天祥（1230—1316）撰《四书辨疑》，无论从书名上还是学术趣向上，都受到了王若虚的直接影响。

《四书辨疑》计15卷，包含《大学辨疑》1卷、《论语辨疑》7卷、《孟子辨疑》5卷、《中庸辨疑》2卷。对《四书》的辨疑，凡《大学》15条、《论语》173条、《孟子》174条、《中庸》13条。每条先列经文，次列朱熹《四书章句集注》文字，后低一格进行辨说，可见该书的确“专辨《集注》之非”②。书中多处出现“王滹南曰”或“王滹南谓”等语，便是陈天祥对王若虚解经之说的引用，其中解《论语》引用35条，解《孟子》引用2条。

《四书辨疑》卷十《孟子·公孙丑上》“虽褐宽博吾不惴焉”条，陈天祥辨云：“旧注解‘惴’为小惧，今言恐惧之，皆未免

① 金·王若虚著，胡传志、李定乾校注：《滹南遗老集》卷之五，前揭，第56页。

② 清·朱彝尊：《经义考》卷二五四，前揭，第1279页。

为牵强。《诗》云：‘惴惴其慄。’‘惴’止是畏惧之意。准此，解为‘虽褐宽博，吾不畏焉’，亦不可通。王滹南谓‘不’字有误，予因疑为‘亦’字，盖言自反而不直，虽褐宽博，吾亦畏之也。”[①] 滹南之语，出《孟子辨惑》第十条。

《四书辨疑》卷十《孟子·公孙丑上》“必有事焉而勿正心勿忘勿助长也”条，陈天祥辨云：“若依近世之说，改‘心’字属上文，‘勿正心’三字不成文理。王滹南曰：‘或以心字属上句，或以属下句。以文势观之，语皆不安，中间或有脱误，未可为断然之说也。’此论甚善。……”[②] 滹南之语，出《孟子辨惑》第十一条。

关于《四书辨疑》的解经特点及所受王若虚之学术影响，笔者将另文撰述。

四、简短的结语

王若虚所撰《孟子辨惑》，虽然仅有一卷，却是金代流传至今、较为罕见的完整的孟学著述，因此在孟学史上自有其学术价值。名为“辨惑”，显然有其现实针对性。从对《孟子辨惑》的详致疏证来看，若虚所“辨”之“惑”，既有汉唐“旧说”之“不及”，又有宋儒“新说”之“太过”。尤其是对于宋代理学家诸说，若虚以为其“过于深”、“过于高”、“过于厚”，批判甚为激烈。王若虚学问根于汉唐经学训诂，然又汉宋兼驳兼采，非汉

① 元·陈天祥：《四书辨疑》卷十，影印《钦定四库全书荟要》本，长春：吉林出版集团有限责任公司，2005年，第132页。

② 元·陈天祥：《四书辨疑》卷十，影印《钦定四库全书荟要》本，前揭，第135页。

非宋，体现出金源学者独特的学术风貌。这一学术研究的意义在于，我们可以由此“透视理学在金朝不同于宋朝的一些特质，从中我们将看到理学发展的另一面相，与两宋道学相比，这一面相也许更接近于‘原始’理学”①。

① 方旭东：《儒耶佛耶：赵秉文思想考论》，载《学术月刊》2008年第12期。

著述体式与元代四书学[①]

提要：从著述体式的角度，元代四书学著述可以分为“集疏体”、“笺释体”、“辨疑体”、“经问经疑体”以及“年谱传记体”等诸多类型。不同著述体式的背后，蕴含着元代百年特定的时代因素和思想背景，一定程度上能够折射出元代四书学的学术品性及特征。从著述体式角度探究元代四书学的特点，是学派、学人等传统角度之外的一个新视角。

据统计，元代百年（1271—1368）之四书学著述，数量总计达290种，其中包含“合刻总义之属”172种、“《大学》之属”37种、“《论语》之属”30种、“《孟子》之属”23种、“《中庸》之属”28种[②]。从著述体式的角度，这些著述可以分为“集疏体”、“笺释体”、“辨疑体”、“经问经疑体”以及“年谱传记体”等诸多类型。不同著述体式的背后，蕴含着特定的时代因素和思想背景，一定程度上能够折射出元代四书学的学术品性及特征。

① 本文发表于湖北大学文学院编《中文论坛》第五辑（北京：社会科学文献出版社，2017年）。

② 这里的“合刻总义”，包括《四书》之合刻、《论孟》之合刻、《学庸》之合刻等。参周春健：《元代四书学研究》附录《元代四书类著述考》，前揭，第308页。

探究著述体式与元代四书学之间的关联，是学派、学人等传统角度之外的一个新视角。

这里所说的“体式”，不是简单等同于“奏议”、“书论”、“铭诔”、“诗赋”等文学角度的“文体”[①]，而是一个包含更多哲学义涵的概念，如同古典著述中的“经、传、注、疏、诂、训、说、微”等学术体式之各各不同。并且，某一时代不同著述体式的有无多少，皆有特定的思想观念在背后发挥作用。

本文的主要任务，乃是按照“集疏体”、“笺释体”、“辨疑体”、“经问经疑体”、“年谱传记体”[②] 的顺序，分别检讨某类著述所以产生的缘由、代表作品以及作为一种著述类型所具备的体式特征及与思想史的关联。

一、元代“集疏体”著述及其特征

所谓“集疏体”，非指一般性的“集释”、“集解”著作，而是特指以朱熹（1130—1200）《四书章句集注》为本，搜集《或问》、《语类》、《文集》等朱子本人论说或者朱子门人语录等相关文字，汇编成帙，并折衷讹异之作。有学者称之为“以朱诂朱”之作[③]。

“集疏”之名，来自于“集编”、“纂疏”之简称[④]。集疏体著述，自南宋即已出现，代表者有真德秀（1178—1235，号西山）

① 魏文帝曹丕《典论·论文》云：“奏议宜雅，书论宜理，铭诔尚实，诗赋欲丽。”

② 关于“年谱传记体”，笔者另撰有《元代“年谱传记类”孟学著述考议》。

③ 廖云仙：《元代论语学考述》，台北：新文丰出版公司，2005年，第67页。

④ 宋人蔡模（1188—1246）著有《四书集疏》，然其书早佚，清人朱彝尊《经义考》卷二五二注曰“未见”，无由知其体例。

之《四书集编》和赵顺孙（1215—1277）之《四书纂疏》。

西山之子真志道在《学庸集编后序》中称：

> 《大学中庸集编》，先公手定也。……既终篇，呼志道而前，告之曰："《大学》、《中庸》之书，至于朱子而理尽明，至予所编而说始备。虽从《或问》、《辑略》、《语录》中出，然铨择刊润之功亦多。间或附以己见，学者傥能潜心焉，则有余师矣。然又须先熟乎诸书，然后知予用功深、采取精，此亦自博而约之义也。"[①]

由此知，《四书集编》[②] 的编纂体例，乃从《或问》、《辑略》、《语录》中择出相关材料，加以铨择刊润，汇于朱子《四书章句集注》原文之下，以明朱子所以去取之意，以对朱说有所发明[③]。至于为何再对朱子之说"铨择刊润"，四库馆臣言：

> 朱子以《大学》、《中庸》、《论语》、《孟子》合为《四书》，其《章句》多出新意，其《集注》虽多参取旧文，而亦多与诸儒异。其所以去取之意，散见《或问》、《语类》、《文集》中，不能一一载也。而《或问》、《语类》、《文集》又多一时未定之说与门人记录失真之处，故先后异同，重复颠舛，读者往往病焉。是编博采朱子之说以相发明，复间附

① 文渊阁《四库全书》本《四书集编》卷首。

② 今存《四书集编》二十六卷，其中《大学中庸集编》二卷为真德秀本人所撰，而《论孟集编》二十四卷，真德秀当初仅有雠校而未完成集编，后为学正刘承所补足。

③ 清·黄宗羲、全祖望《宋元学案》卷八十一列真德秀为"西山真氏学案"，且溯其学术渊源为"屏山、晦翁再传"，为其作传云："自韩侂胄立'伪学'之名以锢善类，凡近时大儒之书，皆显禁绝之。先生晚出，独立慨然以斯文自任，讲习而服行之。党禁既开，而正学遂明于天下后世，多其力也。"见前揭，第2695—2696页。

已见，以折衷讹异。志道《序》述德秀之言，自称有铨择刊润之功，殆非虚语[①]。

可见，朱子之四书学著述在流传过程中，因存在诸说立论之"先后异同"，已经出现了一些理解上的困惑。西山撰《集编》，正是以《四书章句集注》为本，条理朱子众说，以使读者更明晓《四书集注》之意。

其后，处州缙云（今属浙江）人赵顺孙又撰成《四书纂疏》二十六卷。从体例上讲，《纂疏》不像《集编》那样唯取朱子论说，而是又有推展，乃"遍取朱子诸书及诸高第讲解有可发明《注》意者，悉汇于下，以便观省，间亦以鄙见一二附焉"[②]。朱子之门人高第，主要包括黄榦、辅广、陈淳、陈孔硕、蔡渊、蔡沈、叶味道、胡泳、陈植、潘柄、黄士毅、真德秀、蔡模等十三家。这十三家，皆得朱学之正传，维护朱说，"不杂异论"[③]。

《四书集编》、《四书纂疏》之后，这一以朱熹《四书集注》为本、增益相关论说汇于其下的"集疏"体式，逐渐成为南宋以至元明四书学的一种主流著述体式。清人周中孚（1768－1831）《郑堂读书记》云："盖自朱子作《章句集注》，而后西山始创为依注作书之例。从此以迄，永乐《大全》而集其成。自永乐以迄今，兹改修《大全》者，又更仆难数，然皆是书为之滥觞也。"[④]清人顾炎武（1613－1682）亦云：

---

① 清·永瑢等：《四库全书总目》卷三十五《四书类一》，前揭，第296页。

② 南宋·赵顺孙：《四书纂疏序》，影印文渊阁《四库全书》本卷首。

③ 清·纳兰容若《四书纂疏序》，见影印文渊阁《四库全书》本《四书纂疏》卷首。

④ 清·周中孚：《郑堂读书记》卷十二《经部七》之上，民国吴兴丛书本。

自朱子作《大学中庸章句、或问》、《论语孟子集注》之后，黄氏有《论语通释》。而采语录附于朱子《章句》之下，则始自真氏，名曰《集义》。止《大学》一书，祝氏乃仿而足之，为《四书附录》。后有蔡氏《四书集疏》、赵氏《四书纂疏》、吴氏《四书集成》。昔之论者病其泛滥，于是陈氏作《四书发明》、胡氏作《四书通》，而定宇之门人倪氏合二书为一，颇有删正，名曰《四书辑释》。自永乐中命儒臣纂修《四书大全》，颁之学官，而诸书皆废。倪氏《辑释》，今见于刘用章所刻《四书通义》中。永乐中所纂《四书大全》，特小有增删，其详其简或多不如倪氏。《大学中庸或问》则全不异，而间有外误[①]。

除去顾氏所举陈栎（1252—1334）之《四书发明》（今佚）、胡炳文（1250—1333）之《四书通》、倪士毅（1303—1348）之《四书辑释》，元代较有代表性的“集疏体”著述尚有刘因（1249—1293）之《四书集义精要》、詹道传之《四书纂笺》等。至于明代，则出现了由翰林学士胡广（1369，一作1370—1418）主持编纂的“集疏体”的集大成著作《四书大全》，该书正是在元人倪士毅《四书辑释》的基础上增删而成。

应当说，增益丰富朱子《四书集注》之言而成“集疏体”著述，是宋元以来朱子学的主要趋向，在元代得到更大发展。这一体式的出现，与宋末以来尊崇朱学和元代恢复科举并以朱熹《四书章句集注》为基本考试教材密切相关。考索南宋后期的学术史不难发现，朱子殁后，学术界出现了这样一种现象，那就是学者

① 清·顾炎武著，黄汝成集释，乐保群校注：《日知录集释》卷十八《四书五经大全》，杭州：浙江古籍出版社，2013年，第1054页。

纷纷编辑汇录其《文集》及《语录》，以致《文集》有《前集》、《后集》、《续集》、《别集》诸目；《语类》有《池录》、《饶录》、《建录》、《蜀类》、《徽续类》之别[①]。这样做的目的，是为了使大家对于朱子学说的习学有一个完整的资料汇集。继而，为使学者准确把握朱学大旨，又涌现出了《语录》的节本、选本一类书籍，如叶士龙编纂的《晦庵先生语录类要》；或荟萃朱子言论、提挈朱子学说一类的书，如王佖的《紫阳宗旨》、张洪等的《朱子读书法》等。然而，这类书籍流传到元代却发生了变化，也因此带来了四书学研究的新趋向。正如朱鸿林先生所言，《晦庵先生语录类要》和《朱子读书法》二书，“虽在元代均有重刻，反映了它们仍受重视，但元人却未见有同类的著作可考。推而言之，宋元学者对朱子学的用心注意之处，已经发生变化而有所不同了。考察文献的结果，我们可以发现，元人对于朱子学的从事，其实别有所好。治朱子学者的主要趋向，是增益丰富朱子之言，而不是精简要约朱子之言，而且多数学者的功夫，都是花在朱子《四书集注》的集释之上”[②]。

另一方面，《四书》及《四书集注》在元代获得一种“经书”地位，是“集疏体”著述蓬勃发展的重要原因。如四库馆臣称：“元丘葵《周礼补亡序》称‘圣朝以六经取士’，则当时固以《四书》为一经。”[③] 这里所谓“六经”，不同于传统所指“《诗》、《书》、《礼》、《乐》、《易》、《春秋》”之六经，而是指在元代科举中，无论蒙古人、色目人，还是汉人、南人，当考科目除去

① 参束景南：《朱熹文集编集考》、《朱熹语录编集考》，载《朱熹佚文辑考》，南京：江苏古籍出版社，1991年，第561—591页。

② 朱鸿林：《丘濬〈朱子学的〉与宋元明初朱子学的相关问题》，载《中国近世儒学实质的思辨与习学》，北京：北京大学出版社，2005年，第136—137页。

③ 清·永瑢等：《四库全书总目》卷三十五《四书类一》，前揭，第289页。

《诗》、《书》、《礼》、《易》、《春秋》之五经传注，第一场便在"《大学》、《论语》、《孟子》、《中庸》内设问（或出题）"[①]。如此，则《四书》俨然成为传统五经之外之另一经，合称"六经"，这表明《四书》地位之极大提高。不惟如此，因宋末以来朱熹地位之渐趋隆尊，加之《四书章句集注》又被列为元代科举考试之指定教材，故而《四书集注》也因之以"注文"身份获得一种"经书"地位。譬如新安人陈栎《论语训蒙口义·自序》即云："朱子《集注》浑然犹经，初学亶未易悟，坊本句解率多肤舛，又只为初学语，岂为可哉?"[②] 同为新安理学家的汪克宽（1301—1369，一说1304—1372）在为倪士毅《重订四书辑释》所作序文中亦称：

> 孟子殁，圣经湮晦千五百年。迨濂洛诸儒先抽关发蒙，以启不传之秘，而我紫阳子朱子且复集诸儒之大成，扩往圣之遗蕴，作为《集注》、《章句》、《或问》，以惠后学，昭至理于皦日，盖皜皜乎不可尚已。而其词意浑然犹经，虽及门之士，且或未能究其精微，得其体要，矧初学之昧昧乎[③]?

当然，视朱子《四书章句集注》为"经书"并非始于元代学者，自宋末已然，譬如赵顺孙于《四书纂疏序》中即称："子朱子《四书》注释，其意精密，其语简严，浑然犹经也。"元人相关诸说，很有可能即受此影响。赵氏视朱子《四书》注释"浑然

① 明·宋濂等：《元史·选举志一·科目》，前揭，第2019页。又《通制条格》卷五《科举》，杭州：浙江古籍出版社，1986年，第76页。

② 元·陈栎：《定宇集》卷一，影印文渊阁《四库全书》本。

③ 元·汪克宽：《环谷集》卷四《重订四书辑释序》，影印文渊阁《四库全书》本。

犹经”，乃“遍取子朱子诸书及诸高第讲解有可发明《注》意者，悉汇于下，以便观省”，且云：“强陪于颖达、公彦后，祗不韪尔。”颖达、公彦，分别是指唐代初年奉诏纂修《五经正义》的著名注疏家孔颖达（574—648）和贾公彦（生卒年不详）。如此，则赵顺孙在创立“纂疏体”的起初，便有意识地将这一体式比之于传统的“注疏体”，以使朱子《四书集注》之“经书”地位得以彰显。

从著述体式的角度讲，“集疏体”之创立，对于羽翼、捍卫朱子之学，其功甚巨！一方面，《四书纂疏》等著述，“一以朱子为归，不杂异论”[①]；另一方面，“朱子自言《集注》如称上称来无异，不高不低，又言添减一字不得。然学者非由《集义》、《详说》、《或问》、《语录》以观其全，无由审《章句集注》之精粹，则是书之有功于朱子多矣”[②]。故而宋应俊赞誉赵顺孙之功曰：“格庵赵公始作《纂疏》，搜辑一门师友之言，字字研核，又为推说其所未备，而后读者涣然怡然，皆得其门而入。朱子有功于《四书》，格庵又有功于朱子矣。”[③]

然而，“集疏体”亦并非完美无缺，赵顺孙在编撰《四书纂疏》之初，即曾自谦“顾子朱子之奥，顺孙何足以知之？架屋下之屋，强陪于颖达、公彦后”[④]，未料“架屋下之屋”后来竟真成“集疏体”之弊端。清人周中孚于《郑堂读书记》曾云：

> 考真西山《集编》专采朱子之说以疏朱《注》，此编则

---

① 清·纳兰容若：《四书纂疏序》，载影印文渊阁《四库全书》本《四书纂疏》卷首。

② 清·纳兰容若：《四书纂疏序》，载影印文渊阁《四库全书》本《四书纂疏》卷首。

③ 转引自清朱彝尊《经义考》卷二五二，前揭，第1274页。

④ 元·赵顺孙：《四书纂疏序》，影印文渊阁《四库全书》本。

又兼采诸儒为朱子之学者之说以疏朱《注》，至元倪氏士毅《辑释》、明胡氏广《大全》更扩而充之，冗滥益甚[①]。

其中所言倪氏《四书辑释》，乃合其师陈栎《四书发明》与胡炳文《四书通》二书为一。《四书发明》与《四书通》本来就属"集疏"性质，规制较大，今合二为一，遂更为繁杂。加之后来又有书贾改窜，以致《四书辑释》之面目"糅杂蒙混，纷如乱丝，不可复究其端绪"[②]。至于《四书大全》之"高规格、低质量"，更是受到后来学者的普遍讥诋。

二、元代"笺释体"著述及其特征

所谓"笺释体"，是指侧重对朱子《四书集注》进行笺注的四书学著述。需要说明，其一，从体式上讲，某些"笺释体"著述与"集疏体"实互有交叉，比如胡炳文之《四书通》，既属"集疏体"，又可归为"笺释体"；其二，从内容倾向上讲，可以分为"重考证"和"重义理"两种类型。

"重考证者"，以北山学派传人金履祥（1232－1303）之《论孟集注考证》、许谦（1270，一作 1269－1337）之《读四书丛说》、张存中之《四书通证》等为代表。

按金氏弟子许谦所言，《论孟集注考证》之撰，乃是针对时弊而发：

① 清・周中孚：《郑堂读书记》卷十二《经部七》之上，民国吴兴丛书本。
② 清・永瑢等：《四库全书总目》卷三十七《四书类存目》，前揭，第 309 页。

子朱子深求圣心，贯综百氏，作为《集注》，竭生平之力，始集大成，诚万世之绝学也。然其立言浑然，辞约意广，往往读之者或得其粗，而不能悉究其义；或一得之致，自以为意出物表，曾不知初未离其范围。凡世之诋訾混乱，务新奇以求名者，其弊正坐此。此《考证》所以不可无也[①]。

至于《论孟集注考证》之体例及内容，金氏云：

古书之有注者必有疏，《论孟考证》即《集注》之疏也。以有《纂疏》，故不名"疏"，而文义之详明者，亦不敢赘。但用陆氏《经典释文》之例，表其疑难者疏之。文公《集注》多因门人之问更定，其问所不及者，亦或未修。而事迹名数，文公亦以无甚紧要略之，今皆为之修补[②]。

可见，金氏乃自视《论孟考证》为"疏"体，而重在补《四书集注》名物度数之略和表其疑难者疏之，弟子许谦则进一步概括为："先师之著是书，或隐括其说，或演绎其简妙，或摅其幽发其粹，或补其古今名物之略，或引群言以证之。大而道德性命之精微，细而训诂名义之弗可知者，本隐以之显，求易而得难。吁！尽在此矣。"[③]

受其师金履祥之影响，许谦所撰《读四书丛说》亦具备明显的"考证"特色。元人吴师道（1283—1344）曾云：

今观《丛说》之编，其于《章句集注》也，奥者白之，

① 影印文渊阁《四库全书》本《论孟集注考证·原序》。
② 元·金履祥：《大学章句疏义跋》，影印文渊阁《四库全书》本。
③ 元·许谦：《论孟集注考证·原序》，影印文渊阁《四库全书》本。

约者畅之，要者提之，异者通之，画图以形其妙，析段以显其义。至于训诂名物之缺，《考证》补而未备者，又详著焉①。

可见在著述体式上，许氏与金氏一脉相承。

清人黄百家曾云，以王柏、金履祥、许谦为代表的“北山一派”，乃“纯然得朱子之学髓”②，至少在对待朱子之学的态度上，金履祥、许谦等人是极力维护恪遵的。金氏甚至在《论孟集注考证跋》中称：“或疑此书不无微牾者，既是再考，岂能免此？但自我言之则为忠臣，自他人言之则为谗贼尔。”此语固然表现出金氏浓重的“门户之见”，但恰也表明其恪守朱学的坚定立场。不过，如果说金履祥“采用为《集注》作疏的方法，有其偏于保守的一面；但其中发挥的某些观点，又具有一定的创新精神。这从一个侧面说明，金华朱学在元代初期仍是一种具有相当活力的学说”③ 的话，那么到了许谦那里，便将这一“门户之见”引向了极致。他要求弟子对于朱子之书数十万言要“句而诵，字而求”④，最终导致了“力图通过传注以维护朱学，实则把朱学引向‘在注脚中讨分晓’（傅山语）的末路”⑤。全祖望称“至白云而所求于道者，疑若稍浅，渐流于章句训诂，未有深造自得之语，视

---

① 元·吴师道：《读四书丛说序》，影印文渊阁《四库全书》本。

② 清·黄宗羲、全祖望：《宋元学案》卷八十二《北山四先生学案》，前揭，第2727页。

③ 徐远和：《理学与元代社会》第五章，北京：人民出版社，1992年，第151—152页。

④ 元·许谦：《白云集》卷三《答吴正传书》，影印文渊阁《四库全书》本。

⑤ 侯外庐等：《宋明理学史》第二编第二十三章，北京：人民出版社，1997年，第663页。

仁山远逊之”[①]，也正是从这一意义上而发。

元代“笺释体”四书学著述中之“重义理”者，则以胡炳文《四书通》、陈栎《四书发明》（今佚）、詹道传《四书纂笺》等为代表。譬如《四书通》，元人邓文原（1258—1328）于泰定三年（1326）为该书作序云：

> 《四书》之学，初表章于河南二程先生，而大阐明于考亭朱夫子。善读者先本诸经而次及先儒论著，又次考求朱夫子取舍之说，可以言学矣。然习其读而终莫会其意，犹为未善也。《纂疏》、《集成》博采诸儒之言，亡虑数十百家，使学者贸乱而无所折衷，余窃病焉。近世为图为书者益众，大抵于先儒论著及朱夫子取舍之说有所未通，而遽为臆说，以炫于世。余尝以谓昔之学者常患其不如古人，今之学者常患其不胜古人。求胜古人而卒以不如，予不知其可也。今新安云峰胡先生之为《四书通》也，悉取《纂疏》、《集成》之戾于朱夫子者删而去之，有所发挥者则附己说于后，如谱昭穆，以正百世不迁之宗，不使小宗得后大宗者，惧其乱也[②]。

邓氏序文，一方面道出了《四书通》基于《纂疏》、《集成》而成的“集疏体”的特征，另一方面也特意强调了“惧其乱”而“有所发挥”的“笺释体”的特征，二者统一于维护朱子正统这一点上。

从“集疏体”角度讲，《四书通》对《纂疏》、《集成》作了一个“戾于朱夫子者删而去之”的工作。在书中，除保留朱熹

---

① 清·黄宗羲、全祖望：《宋元学案》卷八十二《北山四先生学案》，前揭，第2801页。

② 影印文渊阁《四库全书》本《四书通》卷首。

《四书集注》所引用的贾谊、董仲舒、周敦颐、二程等五十六家之说及赵顺孙《四书纂疏》所引用的黄榦、辅广等十三家之说外，又增胡瑗、曾巩、张载、邵雍、程颢、程颐、叶梦得、吕祖谦、张九成数家，共计七十三家之说，在取材范围上有所拓展。所选诸家，在作者看来，均不违朱子注说本义。

从“笺释体”的角度讲，胡炳文《四书通》之撰作，正是明确基于“惧夫读者得其辞未通其意也。……会之庶不失其宗，辨之庶不惑于似也”[①]，故在如何得朱子《四书集注》之“意”上大做文章。对于《纂疏》、《集成》等的删正，亦正出于此一缘由。这与朱熹原籍为“新安”直接相关。删正工作主要包括三个方面：一为训释之误，一为笔误，一为解说舛谬。

如此说来，《四书通》之类著述，已不仅是如《四书集编》、《四书纂疏》等重在汇编朱子本人及朱派学者的相关言论了，而是重在《四书集注》文字“义理”之阐发，有着明确的“卫道”之意味。

一个有趣的现象是，陈、胡二人虽然均以维护朱学本真为己任，然而胡炳文的名作《四书通》却遭到了陈栎的批评，理由恰恰是认为这部书有不合朱学本意之处。陈栎曾撰《四书考异》一书，认为当以歙县人祝洙《四书附录》为定本。《续修四库全书总目提要》称：

士毅谓兴国间所刊《四书》，乃朱子晚年绝笔所更定本，

① 元·胡炳文：《四书通序》，影印文渊阁《四库全书》本。

惟祝氏《附录》依兴国本[①]，他本皆依旧本。栎书遵祝本，又尝著《四书考异》一卷，辨祝本与他本之得失，大节有三：其一则《大学》经中释"诚意"处，其二则《论语》"为政以德"章释"德"字处，其三则《中庸》首章第一节下断语是也[②]。

而胡炳文《四书通》所据则非祝本，故而陈栎指责道："胡仲虎《四书通》，庭芳委校之，且令是否之。好处尽有，但鸡子讨骨头处甚多，最是不以祝本为定本，大不是。"[③] 在这点上，陈栎弟子倪士毅是赞同其师主张的，编撰《四书辑释》时即以祝本为定本。

然而，当新安学派的四书学把朱学推崇到极致的时候，便开始走向了它的反面。如果说北山学派的四书学因为"宗朱"而导致只能"在注脚处讨分晓"和"渐流于章句训诂"的话，那么，新安学派的四书学则因为"宗朱"而导致"拘墟回护，知有注而不知有经"[④]了。《四库总目》即认为《四书通》"凡朱子以前之说，嫌于补朱子之遗，皆斥不录，故所取于《纂疏》、《集成》者仅十四家。二书之外，又增入四十五家，则皆恪守考亭之学者也。大抵合于《经》义与否非其所论，惟以合于《注》意与否定其是非"[⑤]，这同样使四书学大大失去了学术活力。于是，到了元

① 徐德明《还覆宋淳祐本〈四书章句集注〉的原貌》一文称："据元陈栎《四书发明》引朱熹嫡孙朱鉴的话，晚年定本在朱熹死后曾刊于江西兴国县，此本现已不可得见。"载氏著《朱熹著作版本源流考》，北京：中国文联出版社，2000 年，第 65 页。

② 《续修四库全书总目提要·经部·四书类》，北京：中华书局，1993 年，第 938 页。

③ 元·陈栎：《定宇集》卷十《答吴仲广甥》，影印文渊阁《四库全书》本。

④ 清·永瑢等：《四库全书总目》卷三十五《四书类一》，前揭，第 298 页。

⑤ 清·永瑢等：《四库全书总目》卷三十六《四书类二》，前揭，第 299 页。

末明初，就有新一代学者开始对这种门户之弊进行检讨，而提倡一种“惟真是从、和会朱陆”的新学风，代表人物便是号称“明代新安理学三大家”的朱升（1299—1370）、郑玉（1298—1358）和赵汸（1319—1369）。

三、元代“辨疑体”著述及其特征

“辨疑体”是元代四书学中较为特殊的著述体式，以赵州宁晋（今河北大名）人陈天祥（1230—1316）所撰《四书辨疑》为代表。

在元代以“四书辨疑”为书名者，除陈天祥外，至少还有如下五家：

1. 吕溥。宋慈抱《两浙著述考》著录，朱彝尊《经义考》未著录。今按：《宋元学案·北山四先生学案》列吕氏为“白云门人”，曰：“吕溥，字公甫，永康人。从学白云，讲究经旨。为文落落有奇气，诗动荡激烈可喜。冠昏丧祭，一依朱子所定礼行之。所著有《大学疑问》、《史论》、《竹溪集》。”《两浙著述考》曰：“溥，字公甫，号竹溪。从学许文懿之门，《永康县志》有传。此书见应石门撰传，今佚。又有《大学疑问》一卷，见《千顷堂书目》及《元史艺文志补》，亦佚。但均误作永嘉人。”

2. 胡炳文。《经义考》注曰“未见”。金门诏《补三史艺文志》、钱大昕《补元史艺文志》著录，无卷数。

3. 陈绍大。《经义考》注曰“佚”，钱大昕《补元史艺文志》著录，无卷数。今按：《浙江通志·儒林》云：“《两浙名贤录》：（陈绍大）字成甫，黄岩人，以儒学名家。元初学者为文竞循声律，绍大独以性理之学自任，为文章必传经义。治《尚书》，作

《四书辨疑》。生徒至二百余人，并称之曰西山夫子。"《宋元学案·北山四先生学案》列为"静正同调"，王梓材案曰："《台州府志》载先生云：'世以儒业名家，其学出于紫阳门人。'天台潘时举又称其'从游者以百计，居断江西山下，躬耕乐道，不求仕进'云。《赤城新志》则言其'生徒二百余人，称之曰西山夫子'。"

4. 孟梦恂。《经义考》注曰"未见"。黄虞稷《千顷堂书目》、金门诏《补三史艺文志》、钱大昕《补元史艺文志》等著录，无卷数。今按：《元史·周仁荣传》："仁荣同郡有孟梦恂者，字长文，黄岩人。与仁荣同师事杨珏、陈天瑞。梦恂讲解经旨，体认精切，务见行事，四方游从者皆服焉。部使者荐其行义，署本郡学录。至正十三年，以设策御寇救乡郡有功，授登仕郎，常州路宜兴州判官。未受命而卒，年七十四。朝廷赐谥号曰康靖先生。所著有《性理本旨》、《四书辨疑》、《汉唐会要》、《七政疑解》及《笔海杂录》五十卷。"

5. 佚名。见金门诏《补三史艺文志》。金星轺《文瑞楼藏书目录》亦著录，注云："四书辨疑十五卷，元失名。"

上述五种，今均亡佚，无法得睹全貌，故不可仅由书名断定诸书之"辨疑"性质同于陈天祥之同名著作。因为在元代有诸多科举之书，亦有"经疑"一体，多有以"疑节"（如袁俊翁《四书疑节》）、"经疑"（如王充耘《四书经疑贯通》）命名者（详下节）。而陈天祥之著述今日保存完整，内容上"专辨《集注》之非"，且在体式上渊源有自，在元代富于特色。

陈天祥撰著《四书辨疑》，有着这样的文化背景：

首先，从南儒赵复（1215—1306）被俘北上传学至今，四书学的北传已有大约五十余年的历史。此时南宋已经灭亡，南北已经实现了统一。

其次，如林庆彰先生所言：“朱子研究《四书》的时间，长达数十年，著作也不少，最后总结为《四书集注》。虽然朱子对自己的著作相当有自信，但其中也潜藏不少问题，如：(1) 更动经书篇章顺序，补作《大学》中的‘格物补传’；(2) 采入前人的注解，虽字斟句酌，是否全部的当？朱子自己的新注，是否与经旨完全吻合？(3) 朱子所阐释的义理，是否合乎经书本义。这些都应该加以探讨。”①

再次，陈氏之前，已有金儒王若虚（1174—1243）作了批评《四书集注》的工作，所成之书为《论语辨惑》五卷、《孟子辨惑》一卷。天祥之书即在王氏著作基础上增广而成，书中引用王氏之说达数十处。不同之处在于，王若虚只针对《论语》、《孟子》二书“辨惑”，而未及《大学》、《中庸》，陈天祥的“辨疑”则扩充至整个《四书》。全书对《四书》的辨疑，凡《大学》15条，《论语》173条，《孟子》174条，《中庸》13条。

林庆彰先生认为：“综合《四书辨疑》所有条目来看，陈氏批评的大方向，大抵有二，一是检讨经文本身的问题，二是检讨朱子的解释是否合乎经书本意的问题。”② 我们认为，关于对朱子解释是否合乎经书本意问题的检讨，其实不能单纯理解为陈氏对《四书集注》的批评——尽管批评是最主要的。批评之外，陈氏还做了两项“立”的重要工作：一是在朱子注释保留异说的“或曰”等处大都给出了自己孰优孰劣的判断，使《四书集注》在许多地方不再留存二说；二是在朱子注释阙漏之处择要给以补足。

《四书辨疑》对于《四书集注》的批评，既有“字词训释不当”方面的，如《大学》经一章“安而后能虑”，朱子注曰：

① 林庆彰：《元儒陈天祥对〈四书集注〉的批评》，载《元代经学国际研讨会论文集》，台北：“中国文哲研究所筹备处”，2000年，第719页。

② 林庆彰：《元儒陈天祥对〈四书集注〉的批评》，前揭，第711页。

“虑，谓处事精详。”陈天祥云：

> “处”字意差，虑是审详思虑，处是判决区处。凡事于未行之前，须是先有思虑，审详其事当作如何处置，思虑既定，然后判决区处。虑在处前，处在虑后，虑与处之次第如此。虑只解为审详事宜，乃为得中[①]。

又有“义理阐发不当”方面的，如《论语·学而》“巧言令色，鲜矣仁”，朱子注曰：“好其言，善其色，致饰于外，务以悦人，则人欲肆而本心之德亡矣。”陈天祥云：

> 致饰于外，言甚有理，必有阴机在内而后致饰于外，将有陷害使之不为提防也。语意既已及此，其下却但说本心之德亡，而不言其内有包藏害物之心，所论迂缓，不切于事实，未能中其巧言令色之正病也。本心之德亡固已不仁，不仁亦有轻重之分，其或穿穴逾墙，为奸为盗，大而至于弑君篡国，岂可但言心德亡而已哉[②]？

也有“解经方法不当”方面的，比如《大学》经一章“在亲民”，朱子注曰：“程子曰：‘亲，当作新。’”陈天祥云：

> 程子为见“亲”字义不可通，又传中所引《汤铭》、《康诰》等文，皆是“日新”、“新民”之说，以此知“亲”字为误，故改为“新”，此谁不知？《或问》中问曰：“程子之改

① 元·陈天祥：《四书辨疑》卷一，影印文渊阁《四库全书》本。

② 元·陈天祥：《四书辨疑》卷二，影印文渊阁《四库全书》本。

'亲'为'新'也，何所据？子之从之，又何所考？而必其然邪？且以己意轻改经文，恐非传疑之义，奈何？"此等问答之言，皆冗长虚语，本不须用。大抵解经以言简理直为贵，使正义不为游辞所乱，学者不为繁文所迷，然后经可通而道可明也[①]。

朱熹之《四书集注》乃是斟酌众说、贯穿己意而成，其中不少地方以一家之说为主而保留他说，多用"或曰"表示，这一定程度上反映了朱熹解经的客观态度。陈天祥在《四书辨疑》中往往对"或曰"等处做出细致辨析，认为有的"或曰"之说确实亦可通，有的殊无道理，有的则惟以"或曰"之说为确而前说不当。比如《论语·八佾》："孔子谓季氏：'八佾舞于庭，是可忍也，孰不可忍也？'"朱子注曰："季氏以大夫而僭用天子之乐，孔子言其此事尚忍为之，则何事不可忍为。或曰：'忍，容忍也。'盖深疾之之辞。范氏曰：'……孔子为政，先正礼乐，则季氏之罪不容诛矣。'"陈天祥则云：

训"忍"为"容"，便有攘袂切齿之状，圣人气象，恐不如此。若谓夫子容忍，不过此言，既出其势，岂容自已须当有所区处？言罢却便无事，何也？又下章责三家之言如此平易，而此章如此躁忿，夫子之性情，何其不恒如此邪？范氏所论，尤为过当。僭窃天子之乐，非独季氏为然，孟孙、叔孙亦以《雍》彻，皆坦然为之，略无忌惮。盖由周道既衰，纲常坏乱，下之僭上，习以为常。有王者作，亦须教之不改，然后诛之。圣人为心，必无预期诛之之理。"或曰"

① 元·陈天祥：《四书辨疑》卷一，影印文渊阁《四库全书》本。

与“范氏”之说，皆不可取。谢氏曰：“君子于所不当为不敢须臾处，不忍故也。而季氏忍此矣，则虽弑父与君，亦何惮而不为乎?”南轩曰：“季氏以陪臣而僭用天子之舞，目睹其数而安焉于焉而忍为，则亦何往而不忍也?”二论与注文前说为当[①]。

据统计，《四书辨疑》对《四书集注》未下注释之十二处进行了补阙。比如《孟子·万章上》“舜、禹、益相去久远”下，朱子原未下注，天祥补阙云：

“相去久远”四字，殊无义理，与下文“皆”字不可通说。……“相”当作去声，“去”当作“之”，“远”当作“近”，“舜、禹、益相之久近，其子之贤不肖皆天也”，如此，与前后通读，则文理不差。“去”、“远”二字，盖传写之误[②]。

客观地说，陈氏这些辨疑文字不乏合理之处，尤其对于打破由南至北日渐尊隆的《四书集注》在人们心目中的权威地位，有一定的历史认识意义。比如对于朱熹“格物致知”补传的批评，认为“以今人而作古书，与前圣前贤经传并列，于义似亦未安”[③]，便是对宋人“疑经改经”风气的一种正确批判。再如对于《孟子·离娄上》“人不足与适也，政不足间也，惟大人为能格君心之非”朱注的批评[④]，林庆彰先生即云：“陈天祥认为‘人不足

① 元·陈天祥：《四书辨疑》卷三，影印文渊阁《四库全书》本。
② 元·陈天祥：《四书辨疑》卷十二，影印文渊阁《四库全书》本。
③ 元·陈天祥：《四书辨疑》卷一，影印文渊阁《四库全书》本。
④ 元·陈天祥：《四书辨疑》卷十一，影印文渊阁《四库全书》本。

与适也，政不足间也’的本义，是说人君不可常常责备在位的官员，也不可常常批评各官员的施政措施。这就是要人君先端正己心，才能正天下。这一解释似较朱子要来得正确。”①

从著述体式及学术取向上讲，陈天祥显然受到了金儒王若虚的极大影响。王氏之学术根基，是北方之汉唐经学传统。他奋而撰著《论语辨惑》、《孟子辨惑》，目的十分明确，就是要反对宋儒的虚夸议论，进而探求圣人本旨。《论语辨惑序》即云：

> 解《论语》者，不知其几家，义略备矣。然旧说多失之不及，而新说每伤于太过。夫圣人之意，或不尽于言，亦不外乎言也。不尽于言而执其言以求之，宜其失之不及也；不外乎言而离其言以求之，宜其伤于太过也。盍亦揆以人情，而约之中道乎？尝谓宋儒之议论不为无功，而亦不能无罪焉。彼其推明心术之微，剖析义利之辨，斟酌时中之权，委曲疏通，多先儒之所未到，斯固有功矣。至于消息过深，揄扬过侈，以为句句必涵气象，而事事皆关造化，将以尊圣人，而不免反累；名为排异端，而实流入于其中，亦岂为无罪也哉？至于谢显道、张子韶之徒，迂谈浮夸，往往令人发笑。噫，其甚矣！②

在《论语辨惑·总论》中，王若虚进一步把解《论语》者之“三过”总结为“过于深也，过于高也，过于厚也”③，并称：“圣人之言，亦人情而已，是以明白而易知，中庸而可久。学者求之太过，则其论虽美，而要为失其实，亦何贵乎此哉？……知此三

① 林庆彰：《元儒陈天祥对〈四书集注〉的批评》，前揭，第719页。

② 金·王若虚：《滹南集》卷三，影印文渊阁《四库全书》本。

③ 金·王若虚：《滹南集》卷三，影印文渊阁《四库全书》本。

者，而圣人之实著矣。”① 他认为，探求圣人本旨要从“人情”出发，求之要实。因此，《论语辨惑》、《孟子辨惑》亦从疏释训诂出发，而反对过高议论，这是典型的北方学风的体现②。

陈天祥撰著《四书辨疑》，不惟在书中引用若虚之说几十处，而且在书名确立、著述体式、文字风格、学术取向上均一脉相承，书中许多地方明确反对朱子注释的“过高”、“过深”之论，显然也是从王若虚那里来的。

简言之，从王若虚《论孟辨惑》到陈天祥《四书辨疑》，都是北方学术传统反对南方朱子四书学的产物。

四、元代“经问经疑体”著述及其特征

元仁宗（1311—1320 年在位）之前，四书学固然已经建立并有所流行，但由于维护蒙古贵族利益、排斥汉人等原因，朝廷对待四书学的态度始终不甚积极，元朝前期的四书学因此也只能在一个相对较低的起点上展开。四书学社会地位的较大改观，得益于元朝国家制度的一次重大调整，这就是仁宗延祐二年（1315）的恢复科举、开科取士。“延祐科举”不仅标志着元代科举制度的正式建立，也首次实现了四书学与国家科举制度的有效链接，使南宋理宗以来受到官方认可的四书学在经历了元朝前期的“低迷”之后，终于实现了官学地位的制度化③。

四书学官学地位制度化的重要标志，便是朱子之《四书章句

① 金·王若虚：《滹南集》卷三，影印文渊阁《四库全书》本。

② 参周春健：《金人王若虚〈孟子辨惑〉考论》，载《中国哲学与文化》第 12 辑，2015 年。

③ 参周春健：《延祐科举与四书学官学地位的制度化》，载《学术月刊》2010 年第 9 期。

集注》在国家科举考试中得到了极大突显。根据当时的考试程式规定[①]，一方面，无论蒙古人、色目人，还是汉人、南人，《四书》都是首当其冲要考的科目，而且规定了唯一的考试教材版本，即朱熹的《四书章句集注》，就连诏书中对四部书的排列都采用的是朱熹所定次序——《大学》、《论语》、《孟子》、《中庸》；另一方面，较诸《四书》，《五经》已明显退居次席，而且所定版本或径用朱注，或用程朱一系学者注解，"宗朱"的特色十分鲜明。可以说，《四书》在"延祐科举"中是真正地被"悬为令甲"[②] 了。

元代科举考试程式的这一规定，不仅带来了学术风气的四书学转向，促进了四书学在国子监、乡学、书院等教育领域的传播，还使元代四书学的发展带有了明显的"科举化"特征，一个重要表现就是出现了为数不少的专为科考而撰的"经问经疑体"四书类著述。

这类著作中，作者大都明确提到了专门服务于科举的撰著初衷，这是"延祐科举"后出现的四书学新气象。比如《四书疑节》撰者袁俊翁称：

> 强学待问，儒者分内事也。顷科场文兴，文台以经史疑为课集。愚生平癖嗜研究之学，庠序书考，有问必对。科目行，首以《四书》设疑，次以经史策，公试私课，时与门生、儿子相讲肄。积而之久，稿帙滋繁。暇日因取新旧稿合而为一，《四书》、经史，门分而类析之。问举其纲，答提其要，往往首尾有未完，脉络有未贯，姑存大略耳。编成，总

① 参《元史·选举志一·科目》，又《通制条格》卷五《科举》，前揭，第76页。

② 清·永瑢等：《四库全书总目》卷三十五《四书类小序》，前揭，第289页。

题曰《待问集》[1]。

元代此类著作，还有王充耘《四书经疑贯通》八卷、董彝《四书经疑问对》八卷、马莹《四书答疑》（佚）、涂溍生《四书断疑》（佚）等。

另外，元人文集中也保存有一定数量的专为“经问”、“经疑”而作的考试题目，由之可见时人受科举之学的影响。比如陈栎《定宇集》卷十三即有“经疑”历试卷数则，以《四书》为据发问者四则。又如蒲道源（1260—1336）《闲居丛稿》卷十三于“经疑”之目下列“十六问”，疑问内容皆出《四书》，计《大学》一则，《中庸》一则，余皆《论语》、《孟子》。《论语》、《孟子》之问中，既有单独就一经发问者，又有就一事而兼及两经者，如：“《论语》载尧之咨舜，舜之命禹，皆曰‘允执其中’，而不闻有‘权’字之说。《孟子》则曰‘执中无权，犹执一也’，与《语》所载之意，同耶，异耶？”

然而，明清时期科举更为发达，涌现出的科举类四书学著述更为繁富，元代的“经问经疑体”著述与明清相比究竟有何不同？清代四库馆臣评述袁俊翁《四书疑节》云：

> 其例以《四书》之文互相参对为题，或似异而实同，或似同而实异，或阐义理，或用考证，皆标问于前，列答于后，盖当时之体如是。虽亦科举之学，然非融贯经义，昭晰无疑，则格阂不能下一语，非犹夫明人科举之学也[2]。

---

① 元·袁俊翁：《四书疑节原序》，影印文渊阁《四库全书》本。

② 清·永瑢等：《四库全书总目》卷三十六，前揭，第300页。

清代四库馆臣评述王充耘《四书经疑贯通》时称：

> 其书以《四书》同异参互比较，各设问答以明之。盖延祐科举，“经义”之外有“经疑”，此与袁俊翁书皆程试之式也。其间辨别疑似颇有发明，非“经义”之循题衍说可以影响揣摩者比。故有元一代，士犹笃志于研经。明洪武三年初行科举，其《四书》疑问以《大学》“古之欲明明德于天下者”二节与《孟子》“道在迩而求诸远”一节合为一题，问二书所言“平天下”大指同异（案此题见《日知录》），盖犹沿元制。至十七年改定格式，而“经疑”之法遂废。录此二书，犹可以见宋、元以来明经取士之旧制也①。

由此推论，元代“经问经疑类”四书学著述与明清时期同类著述有两点重要区别：其一，因科举考试程式不同而导致四书学著作体式面目有别，比如元代存“经疑”之法而有《四书疑节》、《四书经疑贯通》之类著作，明洪武十七年（1384）将其废除，此类著作便不再问世，只能通过袁、王之书见其旧制；其二，元人“犹笃志于研经”，尚能做到“融贯经义”，明代四书学则在很大程度上造成了学术性的丧失。元代学者固然也曾有意识地为科举而撰述，但至少有一批士人对科举进仕并非如明清时期那样孜孜营求，因而也较好地保有了其学术品质。元人萧镒即曾言：“是书（按，指《四书待问》）之集，本为举子观揽之便，然由是而得其义，则于穷理尽性之功为尤大，而于进取，又其余事矣。”②

---

① 清·永瑢等：《四库全书总目》卷三十六，前揭，第300页。

② 元·萧镒：《四书待问序》，宛委别藏本。

关于由元至明清科举对四书学演变的影响，《四库总目·四书类案语》有极为精当的概括：

> 《四书》定于朱子《章句集注》，积平生之力为之，至垂没之日，犹改定《大学》“诚意”章注，凡以明圣学也。至元延祐中用以取士，而阐明理道之书遂渐为弋取功名之路。然其时“经义”、“经疑”并用，故学者犹有研究古义之功。今所传袁俊翁《四书疑节》、王充耘《四书经疑贯通》、詹道传《四书纂笺》之类，犹可见其梗概。至明永乐中，《大全》出而捷径开，八比盛而俗学炽。科举之文，名为发挥经义，实则发挥《注》意，不问经义何如也。且所谓《注》意者，又不甚究其理，而惟揣测其虚字语气以备临文之摹拟，并不问《注》意何如也。盖自高头讲章一行，非惟孔、曾、思、孟之本旨亡，并朱子之《四书》亦亡矣①。

于金履祥《大学疏义》提要亦称：“书中依文铨解，多所阐发。盖仁宗延祐以前尚未复科举之制，儒者多为明经计，不为程试计，故其言切实，与后来时文讲义异也。”②

“犹有研究古义之功”、“多为明经计，不为程试计”，这是元代“经问经疑体”四书学著述的特为宝贵之处。

五、简短的结语：体式与思想

应当说，“集疏体”、“笺释体”、“辨疑体”、“经问经疑体”、

① 清·永瑢等：《四库全书总目》卷三十六，前揭，第307页。
② 清·永瑢等：《四库全书总目》卷三十五，前揭，第298页。

"年谱传记体"五种体式，基本涵盖了几乎所有的元代四书学著述。尽管这一划分乃是基于著述类型的角度，但每种编纂体式却与思想史有着密切的关联，并且体现出元代百年独有的学术特征。比如"集疏体"著述，与宋末以来朱子地位的提高和四书学的兴起，尤其是经由赵复使得四书学得以北传直接相关，视朱子《四书集注》"浑然犹经"的观念不断推进着四书学的进一步发展；"笺释体"著述的出现，又与朱子四书学在流衍过程中出现"异说"，需要"宗朱"学者极力维护相关，而这一门户之见既维护了朱说，又使之渐失活力，从而催生明代"合会朱陆"新型学术观念的发展；之所以出现"辨疑体"著述，与元代特殊政权存在的南北学风有别，北方汉学传统与南方宋学传统学术旨趣相异相关，而这一南北交汇，又在一定程度上增强了元代四书学的活力；"经问经疑体"著述的出现，则是元仁宗以来恢复科举，将朱子《四书集注》"悬为令甲"的直接产物，所体现出的"犹有研究古义之功"的宝贵学术品格，多少可以改变世人认为元代学术毫无发明的"偏见"；而在元代为数不多的"年谱传记体"四书学著述，亦可由之推测宋代以来的孟子"升格运动"以及元代统治者实行的"以儒治国"的文化政策。

体式包孕思想，思想催生体式。元代四书学兴起发展的时间虽不算很长，在中国四书学史上却是不可或缺的重要一环。

元代“年谱传记类”孟学著述三种考议[①]

提要：元代孟学著述，可以分为诸多不同的著述体式，不同体式的背后，蕴含着特定的时代因素及思想背景。元代“年谱传记类”孟学著述共计三种，反映出某种历史观念和学派观念，之所以产生这类著述，与孟子“亚圣”地位得到官方封赠直接相关。而更为深远的背景，是宋代以来理学“四书学”的兴起以及蒙元统治者“以儒治国”的文化政策。

元代百年，孟学发展的总体水平虽然不高，却有值得特为关注之处。这种关注，目的不在刻意拔高元代孟学的学术地位，而在试图建立元代孟学与其所处特殊时代的思想史关联。

据统计，有元一代孟学著述总计达 141 种[②]。从著述体式的角度，可以划分为“集编体”、“笺疏体”、“辨疑体”、“经问经疑体”以及“年谱传记体”等诸多类型。不同著述体式的背后，蕴含着特定的时代因素及思想背景。比如南方之所以有“集编体”、

① 本文发表于程志敏、张文涛主编《从古典重新开始：古典学论文集》（上海：华东师范大学出版社，2015 年）。

② 数据统计依照顾宏义、戴扬本等编《历代四书序跋题记资料汇编》（上海：上海古籍出版社，2010 年），个别学人的朝代归属，本文与《汇编》略有出入。

“笺疏体”著述，乃是出于元儒对朱熹《四书集注》的推尊与维护；北方之所以有“辨疑体”著述，乃是出于北方经学传统与南方理学传统的差异；而之所以会有“经问经疑体”著述，则是由于自元仁宗“延祐科举”始，朱熹《四书集注》被列为首当其冲的考试内容，为利科举之试，有人专门编撰了这类应考之作。

在元代孟学著述中，有一类属于“年谱传记体”。这类著述数量不多，且多亡佚，著作者也存有争议。不过通过对现存资料信息的考察，依然可以反观元人对于孟子其人其书的某些观念，以及所以如此认识的学术缘由。

需要说明，之所以将“年谱”、“传记”类著述作为一类考察，乃是由于这两种体裁具有密切关联：其一，就史籍体制的沿革来看，有一个由编年而纪传（如从《春秋》到《史记》）、由纪传而编年（如从《汉书》到《汉纪》）的递变过程，年谱与传记在体制上互为所出；其二，两种体裁在内容上也可以互相补足，题名程复心的《孟子年谱序》即云：“《论语》编年，所以补《孔子世家》也；《孟子》编年，所以补《孟子列传》也。”

在古代目录著作中，被认定为元人所撰的“年谱传记类”孟学著述共有三种，分别为吴迂的《孟子年谱》、程复心的《孟子年谱》、吴莱的《孟子弟子列传》。兹分别加以考述。

一、吴迂《孟子年谱》的著录与流传

吴迂，字仲迂，江西浮梁人。《宋元学案》将其归入双峰先生饶鲁（1193—1264）之门人，述其生平云：

从双峰学。尝应科举不上，遂弃之。辟兵横塘，讲道不

废。皇庆间，浮梁牧郭郁延之为师，以训学者，时称可堂先生。汪克宽，其门人也。所著有《四书语录》、《五经发明》、《孔子世家》、《先儒法言粹言》、《重定纲目》。使者表其所居曰“逸民”。年九十卒[①]。

吴迂所著《孟子年谱》一卷，明末清初时已经亡佚，朱彝尊（1629—1709）《经义考》卷二三六即注曰“佚”；清人雷学淇《介庵经说》卷九亦称：“《北堂书钞》所引《孟子别传》、元人吴迂所撰《孟子年谱》二书，皆不传。”对吴氏《孟子年谱》进行著录者，有清人黄虞稷《千顷堂书目》卷三、钱大昕《元史艺文志》卷一、倪灿《补辽金元艺文志》、魏源《元史新编》卷九十一《艺文志一》等。

清人陈昌图《南屏山房集》卷二十著录“孟子年谱一卷”，将著作者认定为明人，称：“明吴迂撰。按迂爵里无考，其书久佚。见朱彝尊《经义考》。”其实，吴迂爵里甚为清楚[②]，唯生卒年不详。但就其曾亲炙饶鲁推考，决不当为明人，未知陈说何据。

又，清人周广业（1730—1798）《蓬庐文钞》卷四《书程复心孔子论语年谱孟子年谱后》云：

> 是时，与兔床借得潘彦登《孟子生日考》及《亚圣孟子年谱》，并此（按，指程复心《孟子年谱》）为三种。彦登想系时人，其考只据《留青日札》所载孟子生卒论之，仅六百

① 清·黄宗羲、全祖望：《宋元学案》卷八十三《双峰学案》，北京：中华书局，1986年，第2823页。

② 《经义考》在卷四十四《易学启蒙》一书下首次提及吴迂时，曾引黄虞稷之语，明确称其为“浮梁人”。

八十一字。唯云孟子周安王十七年丙申生，赧王十三年卒，虽想当然，却大有理。《年谱》则题云："元浮梁吴迂佚本、朱余陈敬璋补订。"《谱》虽荒陋，亦不知何者为原，何者为补，想皆陈所伪撰，不足观也，故皆略而不录。元有吴仲迂，字可翁，号可堂，番易人。此云吴迂，恐即是人，而脱仲字也。

这中间有三点值得注意：

其一，吴兔床（即海宁人吴骞〔1733－1813〕，清代著名藏书家）所藏《亚圣孟子年谱》，题为元人吴迂之佚本，证明该书此时或在民间仍有流传；其二，周广业以《孟子年谱》荒陋，认为乃属陈敬璋之伪撰，不足观也，或此书并非真属吴氏佚本；其三，番易即鄱阳，浮梁旧属鄱阳郡，故周氏所云吴仲迂当即指《孟子年谱》作者，然吴迂字仲迂，吴迂、吴仲迂为同一人，周氏以为或脱"仲"字，误也。

二、程复心《孟子年谱》伪书考

程复心（1256－1340），字子见，学者称"林隐先生"，徽州婺源（今属江西）人。清人王梓材、冯云濠《宋元学案补遗》卷六十四将其列入"潜庵（朱熹弟子辅广）私淑"，学问乃属朱学一脉。关于其生平学术，明人冯从吾《元儒考略》卷四云："自幼沉潜理学，会辅氏、黄氏之说而折衷之，章为之图，图为之说。书成，名曰《四书章图总要》。仕元，为徽州路教授，后以母老辞归。"又《江南通志》卷一六四《儒林二》称："师朱洪范，友胡炳文，尝著《四书章图》，又著《纂释》二十卷，以发

濂洛诸儒之旨。至大间，行省献其书于朝，荐授徽州路教授。”

题名“元星源[①]程复心子见编”的《孟子年谱》一卷，今有留传。常见版本有清曹溶《学海类编》本、北京图书馆藏清钞本（《四库存目丛书·史部》据之影印）、《丛书集成初编》之排印本等。不过此书的著作权是否归于程氏，却有较大争议。

明确将《孟子年谱》认定为程复心所撰的目录书，主要有清人何绍基（1799—1873）的《（光绪）重修安徽通志》卷三三八、曾廉（1856—1928）的《元书》卷二十三、丁仁（1879—1949）的《八千卷楼书目》卷五等。

有些目录书虽然有所著录，却对其真伪提出了怀疑。比如《钦定续文献通考》卷一六四《经籍考》于“程复心《孔子论语年谱》一卷、《孟子年谱》一卷”下加按语云：“此二书为曹溶《学海类编》所载，疑出伪撰。”《钦定续通志》卷一五九《艺文略》著录此书，亦注曰：“旧本题元程复心撰。”《四库总目》卷五十九《史部·传记类存目一》则辨证云：

> 旧本题元程复心撰。复心既作《论语年谱》，更取《孟子》七篇为编年。其以某章为某年之言，缪妄与《孔子年谱》相等。其谓孟子邹人乃郰邑，非邹国也，语极辩而不确，亦好异之谈，盖与《孔子年谱》一手所伪撰也。考朱彝尊《经义考》载谭贞默《孟子编年略》一卷，今未见其书。然彝尊所载贞默《自述》一篇，则与此书之《自述》不异一字，疑直以贞默之书诡题元人耳，伪妄甚矣[②]！

① 星源，地名，属徽州。婺源汪幼凤著有方志《星源续志》。

② 清·永瑢等：《四库全书总目》，北京：中华书局，1965年，第531页。

可见，馆臣乃以程氏《孟子年谱》出于伪撰，且真正的著作者为明人谭贞默（1590－1665）。清人周广业（1730－1798）亦曾怀疑程氏《年谱》实为“谭所借撰”：

> 友人吴兔床骞有程复心《孟子年谱》钞本一卷，论不可不编年者有四[①]，此其一也。文与谭贞默《编年》正同，岂谭袭用之欤？子见为元名儒，不应有此乖误，疑为谭所借撰。故朱竹垞于程只录《四书章图》二十二卷，不及《年谱》，而于谭独详载《孟子编年》也[②]。

然而，《年谱》文字之“缪妄”与“有此乖误”，均不能成为推导出该书非程复心所撰的必要条件：其一，某人为“名儒”或者有“名作”，不意味着他的所有著述皆为“上乘”，其早期著作、仓促之作或者所著非其擅长，也可能出现与其名誉不相称的作品；其二，即便是程复心的名作《四书章图纂释》，固然有“发濂洛诸儒之旨”、“有补于理学甚大”[③] 的赞誉，但也有相当严厉的批评，比如明人薛瑄（1389－1464）即称：“程复心《四书章图》，破碎义理，愈使学者生疑。”[④]

不过，同样署名“元星源程复心子见编”、与《孟子年谱》有着密切关联的《孔子论语年谱》一书，却露出了明显的“破绽”。《论语年谱》篇末有大段按语云：

---

① 据今存《孟子年谱》“自述”原文，言“不可不编年者”当有六，非仅四也，或周氏所见为《孟子年谱》之另一版本欤？

② 清·周广业：《孟子四考》卷四《里居辨邹聊之讹》，清乾隆六十年吾庐刻本。

③ 元·赵孟頫：《四书章图纂释序》，朱彝尊《经义考》卷二五五引，北京：中华书局，1998 年，第 1283 页。

④ 明·薛瑄：《读书录》卷八，影印文渊阁《四库全书》本。

> 孔子生卒年月，向多聚讼。……然诸书之中，已自龃龉难合，若《孔氏志》、《先圣本纪》、《祖庭广记》、《孔庭纂要》、《孔氏世谱》、《孔子图谱》、《历聘纪年》、《阙里志》，其后已至《潘氏通纪》、《素王记事》、《圣门志》、《圣贤冢墓志》、《事迹图谱辨》等书，又其后已浸淫转写，愈失本来。……后来季本《图迹》妄辨，亦因疑为不实。……此《图谱辨》之至舛也。……愚述《论语年谱》，就诸书穿凿矛盾之处忝互会通，词期无碍，义归决定……

这里提及的诸多孔子年谱中，有的撰者及年代可考，比如《先圣本纪》为南朝梁人刘縚所撰；《孔氏志》曾为唐徐坚《初学记》引用，成书当在唐前；《祖庭广记》撰者为金人孔元措。这几种成书皆在元代之前，若《孔子论语年谱》确为程复心所撰，后人引述前人之语当属正常。然而，《阙里志》撰者为明人陈镐（？—1511），《素王记事》撰者为明人傅汝楫（万历、天启间人，一说明人黄濬），《圣门志》撰者为明人吕元善（天启中任山东布政司都事），《事迹图谱辨》当指明人季本（1485—1563）所撰之《孔孟事迹图谱》，《孔庭纂要》撰者则为清人孔继汾（1721—1786）。至于《圣贤冢墓志》，从按语中“其后已至”一语推断，不当指晋人李彤所撰之《圣贤冢墓记》（《隋书·经籍志·史部》有著录），而极有可能即指清人钱坫（1744—1806）所撰之同名著作。很显然，作为元人的程复心不可能寓目这些明清人的著作，故而《孔子论语年谱》当属伪书、非元人程复心所撰无疑——除非有证据表明正文为元人文字、“按语”为后人所加。

前代目录书往往将《论语年谱》与《孟子年谱》并提，皆归于程氏名下，二书之体例、风格极为相近且往往并行刊刻，可见二书确乎极有可能出“一手所撰”；且今存《孟子年谱序》称：

“《论语》可编年，《孟子》何不可编年？……于是乎本《孟子》之书，作《孟子编年略》。”由此可以推断，《孟子年谱》当成于《论语年谱》之后，且同《论语年谱》一样，亦当为伪书。

那么，《孟子年谱》果真如周广业所说，是明人谭贞默所“借撰”吗？这恐怕还需要斟酌。如前所述，《孟子年谱》篇末述《孟子》“不可不编年者”有六，与谭贞默《孟子编年略》之“自述”文字几乎完全相同，而且《孟子年谱序》末尾称“于是乎本《孟子》书，作《孟子编年略》”，正与谭氏书名吻合。但这似乎不能证明《孟子年谱》一定为谭氏所撰，因为也有可能是贞默之后的人，将贞默之书伪题复心之名，此即《四库总目》所云“疑直以贞默之书诡题元人耳”之意。甚至，又有可能真正的撰著者亦非贞默，而是更晚的清人。因为《论语年谱》按语中所提诸书，最晚者已经到了清代中晚期（如孔继汾、钱坫诸人）；而《孟子年谱》又当在《论语年谱》之后，则其撰作时间应该更晚。

《孟子年谱》的撰者及成书如此纠结，问题到底出在了哪里？或许跟今日所见传本的最初来源有关。《孟子年谱》今存三个版本中，最早者当属《学海类编》本。《学海类编》乃题名清人曹溶（1613—1685）所辑、门弟子陶樾（生卒年不详）增订，而据四库馆臣所言：

> 此编裒辑唐、宋以至国初诸书零篇散帙，统为正续二集，各分经翼、史参、子类、集余四类，而集余之中又分行诣、事功、文词、纪述、考据、艺能、保摄、游览八子目，为书四百二十二种，而真本仅十之一，伪本乃十之九。或改头换面，别立书名，或移甲为乙，伪题作者，颠倒谬妄，不可殚述。以徐乾学《教习堂条约》、项维贞《燕台笔录》二书考之，一成于溶卒之年，一成于溶卒之后，溶安得采入斯

集？或无赖书贾以溶家富图籍，遂托名于溶欤[①]？

可见，《学海类编》亦为伪书，既然其“真本仅十之一，伪本乃十之九”，那么出于其中的《孔子论语年谱》和《孟子年谱》伪题元人程复心之名，也就不足为奇了。

另有一个细节需要关注，目前所见著录程复心《孟子年谱》的目录书，几乎全部出于《四库总目》（初稿成于1781年）之后，而乾隆修《四库全书》时所据版本，乃是时任翰林编修的徽州歙县人程晋芳（1718－1784）的家藏本；巧合的是，《四库全书》中《学海类编》一书的采进本，亦恰好是程晋芳家藏本。也就是说，今日所见题名程复心的《孟子年谱》和《孔子论语年谱》，都出自程晋芳之家藏，或许书籍的造伪正与程晋芳有关。史家钱大昕在补撰《元史·艺文志》时，即对此书表示了怀疑：“程鱼门（按，即程晋芳）家藏程复心《孔子论语年谱》、《孟子年谱》各一卷，不见于前人著录，或是好事伪托，今不收。”[②] 甚或在程晋芳之前，世间其实原本无这两部年谱。这大概也正是明末清初两位目录学大家黄虞稷和朱彝尊未曾著录二书的重要原因。

综上，《孟子年谱》当属伪书，非元人程复心所撰。一方面，

① 清·永瑢等：《四库全书总目》，前揭，第1139页。

② 清·钱大昕：《十驾斋养新录附余录》卷十四，清嘉庆刻本。

我们无法依据《年谱》的相关文字推考元人的孟学观念[①]，当然这不意味着《年谱》关于孟子行历的诸多考察没有了意义，事实上后世以至今日许多相关研究皆以《年谱》为重要参考[②]；另一方面，今日相关目录书以及总集等的编纂，也不当再以《孟子年谱序》等文字归属元人程复心[③]。

三、《孟子弟子列传》与吴莱的孟学观

吴莱（1297—1340），字立夫，婺州浦阳（今浙江浦江）人。天资绝人，元仁宗延祐七年（1320）以《春秋》举上礼部不利，退居山中讲学著书，所著有《尚书标说》六卷、《春秋世变图》二卷、《春秋传授谱》一卷、《古职方录》八卷、《孟子弟子列传》二卷、《楚汉正声》二卷、《乐府类编》一百卷、《唐律删要》三十卷、《文集》六十卷等。年四十四卒，门人私谥曰渊颖先生，再谥贞文。《元史》有传，《宋元学案》卷五十六将其列为"方氏（方凤）门人"。明人宋濂绍述其学，撰《渊颖先生碑》，详述其

① 单纯讲《孟子年谱》相关文字，可以推考撰者所处时代的孟学观，只是无法将其断然认定为元代。比如《年谱序》所谓"《孟子》一书，无非欲君臣、父子、兄弟，去利怀仁，义以相接，而弗放其良心也"，体现出撰者对《孟子》主旨的认识；所谓"《论语》可编年，《孟子》何不可编年？《论语》编年，所以补《孔子世家》也；《孟子》编年，所以补《孟子列传》也"，体现出撰者的编年、纪传文体意识以及对孟子其人其书的重视；由文末在提及《论语》、《孟子》之后又称"惟子思《中庸》，史无记事，而《孔丛子》所载，语不雅训，无足考据，故止附见孔子"，又可约略见出四书学兴起的时代背景等等。

② 比如梁涛先生在《中国学术思想编年·先秦卷》中辨孟子生年时，即引《孟氏谱》、程复心《孟子年谱》等书结论作为依据（西安：陕西师范大学出版社，2005年，第317—318页）。

③ 比如《中国丛书综录》将《孔子论语年谱》和《孟子年谱》皆收入"史部传记类"，且将著作权归属程复心；《全元文》卷618和卷717亦分别收录《孔子论语年谱序》和《孟子年谱序》，亦并归于程复心名下。

生平。

吴氏所著《孟子弟子列传》，后世多有著录，但明末清初时即已不传，《经义考》卷二三六即注曰“佚”，且卷数有二卷、三卷之异[①]。今日所见惟有该书之《序》及零星佚文，不过由此仍可推考吴氏的某些孟学观念，也映射出元代的某些时代特征。

1. “亚圣之大才”

宋濂在为吴莱所撰碑文中称：

> （吴莱）复谓孟子乃亚圣之大才，司马迁不当使与邹衍、淳于髡、慎到、荀卿、墨翟、尸佼、长卢同传，因删去诸子，益以万章、公孙丑之徒，作《孟子弟子列传》[②]。

这段话点明了吴莱所以撰作《孟子弟子列传》的主要缘由，即认为《史记》对于孟子传记的处置不当，而这种“不当”认知的支撑，乃在于吴莱以孟子为“亚圣”，邹衍、荀卿诸子无法与之匹并[③]。吴莱之所以专力花心思去撰作《孟子弟子列传》，是因为孟子在吴氏生活的元代中期，地位得到了大幅提升，并且首次得到蒙古政权的官方封赠。《元史·文宗纪三》载：

① 比如《千顷堂书目》、《经义考》、倪灿《补辽金元艺文志》等皆著录为“三卷”，而《续文献通考》、《续通志》、钱大昕《补元史艺文志》、金门诏《补三史艺文志》等皆著录为“二卷”。

② 明·宋濂：《文宪集》卷十六《渊颖先生碑》，影印文渊阁《四库全书》本。

③ 明人焦竑云：“陈仁子曰：‘汉初不知尊《孟子》，迁也以孟、荀同传，已为不伦；更以驺子、淳于髡等杂之，何卑孟邪？’按史法有牵连得书者，有借客形主者。太史公叹孟子所如不合，而驺子、淳于髡之流棼棼焉尊礼于世，正以见碔砆轻售而璞玉不剖，汗血空良而驽马竞逐，其寄慨深矣。仁子反见，谓为卑孟，是不知文章之宾主故也。”以《史记·孟子荀卿列传》如此处置乃因有“借客形主”之“史法”在，表面混杂“卑孟”，实为彰显孟子。见焦竑撰、李剑雄点校：《焦氏笔乘》上册，北京：中华书局，2008年，第62页。

（至顺元年闰七月）戊申，加封孔子父齐国公叔梁纥为启圣王，母鲁国太夫人颜氏为启圣王夫人，颜子兖国复圣公，曾子郕国宗圣公，子思沂国述圣公，孟子邹国亚圣公，河南伯程颢豫国公，伊阳伯程颐洛国公。

虽然“亚圣之大才”之说出于东汉赵岐（见《孟子题辞》），《孟子》在北宋也经历了一个由子入经的“升格运动”[①]，但由皇帝下旨正式加封“亚圣”名号，却发生在元代。而这一封赠，也大大推动了孟子其人其书地位的进一步提升，《孟子弟子列传》的撰著便是在这种大背景下展开的。

2. 经子之辨

吴莱不唯许孟子以“亚圣之大才”的崇高地位，而且有意识地将孟子与列入《史记·孟子荀卿列传》的诸子作了严格区隔，判然分明：一为亚圣，一为诸子；所撰一为经书，一为子书。

上引宋濂碑文之语，即已表明吴莱以邹衍、荀子诸子不当与作为“亚圣”的孟子并列。《孟子弟子列传序》开篇亦云：

太史公《孟子列传》，首孟轲，继邹衍、奭、淳于髡、慎到、荀卿、墨翟、尸佼、长卢子，曰皆在孔子后。荀卿可言也，彼数子者不同道，奈何同传？将以孟子置诸战国辩士之流乎？是又非不知孟子者也。一则曰述唐虞三代之德，二则曰述仲尼之意，彼数子者，亦有一于此乎[②]？

这里，吴莱将邹衍诸子视为“战国辩士之流”，而孟子则是

① 参徐洪兴：《唐宋间的孟子升格运动》，载《中国社会科学》1993年第5期。

② 明·宋濂：《文宪集》卷十一《孟子弟子列传序》，影印文渊阁《四库全书》本。本文所引《孟子弟子列传序》文字皆出该本，下不一一注明。

继述唐虞三代之德和孔子之意的大儒，因“不同道”，故不当以“皆在孔子后”而列为同传。鉴于此，吴氏才“本太史公《孟子列传》，删去诸子，且益以高第弟子万章、公孙丑之徒凡十有九人云”[①]。如此处置，孟子承绪孔子的“亚圣”地位便很好地突显出来了。

3. 荀学“浸淫于异端”

吴氏序言中所谓“荀卿可言也”一语，表明在他的观念中荀卿与邹衍诸子的不同，因为毕竟荀子亦属儒家八派之一。然而在孟、荀之间，吴莱却旗帜鲜明地表明了“尊孟抑荀”的立场。吴氏追溯荀子的学术师承，称“子弓与仲尼不同时，又行事无大卓卓，不足以配孔子”，又称：

> 将荀卿之学，实出于子弓之门人，故尊其师之所自出，与圣人同列，亦已浸淫于异端矣。于是孟子之没者久，所谓“沟愚瞀儒”，正指万章、公孙丑之徒也。荀卿在战国号称大儒，犹同门异户者如此，又况邹衍、奭、淳于髡、墨翟以下诸子，违离怪诞者甚矣，何可与同传哉？荀卿既死，李斯用事，孟子之徒党尽矣，悲夫[②]！

吴莱以荀卿之学“浸淫于异端”，而对孟子弟子万章、公孙丑之徒横加非薄，导致孟子一派长期湮没不彰；而荀子之学出于子弓，学术不纯，不足以如孟子一般承绪孔子之学，故荀子不当与孟子同传，更遑论邹衍、墨翟诸子。可见，吴氏《孟子弟子列传》之作，亦有意针对荀子之《非十二子》（“沟愚瞀儒”之说即

① 元·吴莱：《孟子弟子列传序》。
② 元·吴莱：《孟子弟子列传序》。

出其中）而反动之，以为孟派正名。

4. 孔一曾一思一孟

《孟子弟子列传序》一文，体现出吴莱鲜明的道统观。序文开篇所谓“一则曰述唐虞三代之德，二则曰述仲尼之意”，其实便是排斥荀卿、邹衍诸子，将孟子作为三代以来学术正宗，将“孔孟”并称。下文又称：

> 盖战国以儒自名者八家，而四家最显：子游氏、子夏氏、荀氏、孟氏。孟子学出于曾子、子思，荀卿犹从而讥之曰：“世俗之沟愚瞀儒，谨谨然，略法先王，案往旧造说而不知其统。我则异焉，治则法后王而已矣。”至于子游、子夏，亦曰：“是儒之贱者，所重必仲尼、子弓。”

如此，吴莱进一步溯孟学之源，建立起“尧—舜—禹—汤—孔—曾—思—孟”的儒家道统。这既与《孟子》篇末之道统确立精神相契，“孔—曾—思—孟”之说又显然与宋元以来四书学的建立与兴起直接相关①。

5.《赵注》、《朱注》之间

从《序》文看，吴莱之所以撰著《孟子弟子列传》，一是出于对《史记·孟荀列传》将孟子与荀子、邹衍诸子并提的不满，一是出于对《荀子·非十二子》非议孟子弟子万章、公孙丑等人的反动。这两种原因的背后，又都是由于孟子在元代获得了官方封赠的“亚圣”地位。而且，《孟子弟子列传》撰成，恰与《史记》中的《仲尼弟子列传》匹配，孔孟并称、孟为亚圣的观念会

① 《论语》、《大学》、《中庸》、《孟子》四书的作者分别被理学家认定为孔子、曾子、子思、孟子，而朱熹在《中庸章句序》中亦大大强调了孔孟之间曾子和子思的存在，建立起“孔—曾—思—孟—二程”的儒家道统。

得到进一步强化。

不过，孟子弟子的具体名录，历代说法却不尽统一。元代之前，以东汉赵岐《孟子章句》（以下简称《赵注》）和南宋朱熹《孟子集注》（以下简称《朱注》）为代表。依《赵注》，有“孟子弟子”十五人：乐正子、公孙丑、陈臻、公都子、充虞、季孙、子叔（疑）、高子、徐辟、咸丘蒙、陈代、彭更、万章、屋庐子、桃应；另有“学于孟子者”四人：孟仲子、告子、滕更、盆成括。这十九人，皆可宽泛地称为孟子弟子。宋徽宗政和五年（1115），从太常议封爵孟子弟子十八人从祀孔庙，即基本依照《赵注》之说，惟除去滕更①。依《朱注》，则以季孙、子叔（疑）二人非孟子弟子②，且不取“学于孟子者”四人，故认定属于孟子弟子者仅十三人。

值得注意的是，“自朱子《集注》出，乃始非之，世莫有从赵氏之说者矣”③。比如宋赵顺孙《四书纂疏》、元陈天祥《四书辨疑》、元胡炳文《四书通》、明胡广《四书大全》等四书类著作，皆从朱熹之说。而吴莱撰《孟子弟子列传》，著录孟子弟子十九，其数恰与《赵注》相同。有学者推断，吴氏乃在政和五年封爵十八人名单之上“益以滕更”④，而这一名单正与《赵注》相同，显然包含被朱熹排除掉的“季孙、子叔（疑）”二人。因文献不足，我们无由知晓吴氏去取之故，但他对待《朱注》并非盲

---

① 《宋史·礼志八·文宣王庙》载：“（政和）五年，太常寺言：‘兖州邹县孟子庙，诏以乐正子配享，公孙丑以下从祀，皆拟定其封爵：乐正子克利国侯，公孙丑寿光伯，万章博兴伯，告子不害东阿伯，孟仲子新泰伯，陈臻蓬莱伯，充虞昌乐伯，屋庐连奉符伯，徐辟仙源伯，陈代沂水伯，彭更雷泽伯，公都子平阴伯，咸丘蒙须城伯，高子泗水伯，桃应胶水伯，盆成括莱阳伯，季孙丰城伯，子叔承阳伯。’”

② 朱子于《孟子·公孙丑下》“季孙曰异哉子叔疑”下注曰：“此孟子引季孙之语也。季孙、子叔疑，不知何时人。”

③ 清·朱彝尊：《曝书亭集》卷五十八《孟子弟子考》，四部丛刊影清康熙本。

④ 清·朱彝尊：《经义考》卷二三六，前揭，第1200页。

从而一字不易，却是显而易见的。猜度其中缘由：一方面，尽管元仁宗皇庆二年（1313）十一月下诏重行科举，规定“蒙古、色目人，第一场，经问五条，《大学》、《论语》、《孟子》、《中庸》内设问，用朱氏《章句集注》”[①]，但在吴莱生活的时代，《四书集注》并未取得如明清时期那般尊崇的地位，学者对《集注》文字或有不从亦属正常；另一方面，从学派归属上看，吴莱之学可溯源于永康陈亮，陈亮乃属浙东事功之学，与朱子之学本有差别[②]。

四、体式与观念

通过前文考证，我们基本可以认定旧题程复心的《孟子年谱》属于后人伪作，不当归入元代。如此，则元代较为可信的“年谱传记类”著述不过各有一部，分别为吴迂的《孟子年谱》和吴莱的《孟子弟子列传》。

无论“孟子年谱”还是“孟子弟子列传”，从著述体式角度讲，在元代之前的整个孟学史上，都是少有的品目。“孟子弟子列传”之类著述，在元代之前几乎无考；“孟子年谱”类著述，元代之前较为流行者当为《孟氏谱》，据学者考证，“大概为南宋后期人所作”[③]。如此，则元代出现的这两部著述就显得殊有意义。“年谱”及“弟子列传”，皆针对孟子其人而发，而元代及之前之所以罕有问世，一个很重要的原因是文献不足，如《史记》

① 《元史·选举志一·科目》；又《通制条格》卷五《科举》，杭州：浙江古籍出版社，1986年，第76页。

② 参清·黄宗羲、全祖望：《宋元学案》卷五十六《龙川学案》，前揭，第1827页。

③ 张培瑜：《孟子的生辰卒日及其公历日期》，载《孔子研究》2011年第1期。

关于孟子的记载便很有限，孟子的许多事迹"虽太史公不能具知，况后世乎?"[①] 这也直接导致了"自汉以来注家林立，鲜从事乎此者"[②]；之所以文献不足，真正的学术原因则在于孟子学术及政治地位的长期不彰。而宋元以来之所以会出现"孟子年谱"类著述，也正与《孟子》升子入经、其人封赠"亚圣"名号等孟学史上的重要事件直接相关。

如前所述，"年谱类"、"传记类"两种著述体式有着密切关联，不过细分起来，之间还略有差别。就元代孟学来讲，"年谱"更关注孟子其人其书在时间维度上的纵向伸展，体现出一种"历史观念"；而"弟子列传"更关注孟子其人其学在学派构成维度上的整体面目，体现出一种"学派观念"。因吴迂《孟子年谱》已经亡佚，无由知其体例，但就后世所见孟子"年谱"看，大概有两种不同形式：一是按时间线索梳列其人平生事迹，比如清人曹之升《孟子年谱》；一是将其著作按时间线索打散归置，比如题名程复心的《孟子年谱》，便是按时间线索重新排定《孟子》的篇次文字。而后一种处置方式，能够体现出撰者对《孟子》其书性质及大旨的认知，比如程氏《孟子年谱序》即称：

> 《孟子》非编年之书，安得以见梁惠王为应聘第一事？……一见曰"叟"，知非四十不动心之时，其不以游梁始，甚明著也。……《孟子》一书，无非欲君臣、父子、兄弟，去利怀仁，义以相接，而弗放其良心也。以见梁惠王始，以不忍梁惠王终，以仁义君民之治统为前序，以尧、舜、汤、文、孔子见知闻知之道统为后序，此孟子作书之大旨，全不

---

① 元·吴莱：《孟子弟子列传序》。

② 清·周广业：《蓬庐文钞》卷四《书程复心孔子论语年谱孟子年谱后》，民国二十九年本。

因岁月编次，故知不自见梁王始也[①]。

这一年谱编撰体式，可以从一个特殊角度深化对《孟子》思想的理解。

当然，元代之所以会出现“年谱”及“弟子列传”类著述，皆因孟子其人其书地位在元代的提升而来。而孟子地位之所以会在元代得到大幅提升，除去宋代以来的孟子升格运动和四书学的建立及推广，还有一个重要条件，就是元代统治者实行的“以儒治国”的文化政策。须知，元代是一个由北方蒙古族建立起来的特殊政权，统治者“重儒”观念的形成经历了一个复杂的过程，但这一观念恰恰是孟学乃至整个儒学在元代得以发展的重要前提[②]。

① 见《四库全书存目丛书·史部》第76册，济南：齐鲁书社，1996年，第23页。

② 参周春健：《元代四书学研究》第一章，上海：华东师范大学出版社，2008年，第30—45页。

论元人的“四书六经观”①

提要：《四书》与《六经》的关系问题，涉及汉宋学术之争，是四书学乃至中国哲学史上的一个重要问题。这一问题的提出，主要源于宋儒朱熹的“四子，六经之阶梯”之说。在元代学者中，既有完全恪守朱熹之说的“述朱派”，也有因受北方学风或政治因素影响而出现的“反朱派”，又有试图寻找《四书》、《六经》所以相通理据的新型“四书六经观”，因而并非如一般所认为的毫无发明。这一面目，体现出元代作为一个北方蒙古族政权的独特学术品格。

一、问题的提出

《四书》与《六经》的关系问题，是四书学乃至哲学史上的一个重要问题。《四书》与《六经》的关系能够成为一个问题，

① 本文发表于《哲学研究》2014年第5期，《人大复印资料》“中国哲学”类2014年第7期全文转载。

主要源于宋儒朱熹曾经提出过“四子，《六经》之阶梯”[1] 之说。《四书》、《六经》观，是朱熹四书学体系的一个重要组成部分。

需要指出，《四书》与《六经》关系语境下的“六经”，与代表周秦礼乐文化的“六艺”之义大为不同，而与汉唐“五经”近义。朱熹在《文集》、《语类》中，有多处表述是将“六经”理解成了与汉唐训诂之学相应的《诗》、《书》、《礼》、《易》、《春秋》五部经书。有时虽然提及《乐》，却往往仅是与《礼》对举，并非实指其书。

讨论《四书》与《六经》关系的学术意义在于，《四书》与《六经》孰先孰后，孰为主导，反映出来的是两种迥然相异的学术主张，甚至代表着不同的学术时代。一般而言，从支撑某一阶段的经典系统角度划分，中国思想史可以分为先秦“六艺时代”、汉唐“五经时代”和宋明“四书时代”三个大的阶段。经过隋唐儒者尤其是北宋理学家的大力表彰，《大学》、《中庸》、《论语》、《孟子》四部典籍逐渐形成一个有着密切内在关联的经典系统，至南宋朱熹结集定名为《四书》，并精心结撰《四书章句集注》，集儒家心性学与义理解经之大成，最终创立“四书学”。自此，支撑汉唐学术的《五经》系统逐渐退却，理学《四书》系统走到幕前。譬如元仁宗皇庆、延祐年间恢复科举，士子首先要考的经典正是《四书》，并且答题只能依据朱熹之《四书集注》。这一规定为明、清两代所沿袭，影响中国后期宗法社会八百年。用钱穆先生的话讲：“《四书》结集于程朱，自朱子以来八百年，《四书》成为中国社会之人人必读书，其地位实已越出在《五经》之上。……朱子有言：‘《语》《孟》工夫少，得效多；《六经》工夫多，

① 南宋·朱熹：《朱子语类》卷一〇五，见朱杰人、严佐之、刘永翔主编：《朱子全书》册十七，上海：上海古籍出版社、合肥：安徽教育出版社，2002 年，第 3450 页。

得效少。’此一条，即已把宋以下之孔孟并重代替了汉以下之周孔并重，把《四书》地位来代替了《五经》地位。换言之，乃是把当时之理学来代替了汉唐之经学。”①

那么，作为一个由蒙古“异族”统治的特殊王朝，作为一个崛起漠北草原、“南北道绝，载籍不相通”② 的北方政权，元代学者对《四书》、《六经》关系究竟如何看待？是否真如前人所说，元代学术皆“株守宋儒之书”③ 而无所发明？是否有其独属于这个特殊时代、特殊政权的新说？与明清学术究竟有着怎样的不同？这些问题都值得我们细心考究。

二、朱熹“四子，《六经》之阶梯”说辨正

讨论元代学者的《四书》、《六经》观，必须要从朱熹的《四书》、《六经》观谈起，因为朱熹是四书学的最终确立者，并且其学说在元代“悬为令甲”④，享有崇高地位，对学者产生着重大影响。讨论元人的《四书》、《六经》观，当以朱熹之说作为参照。

朱熹对于《四书》、《六经》的关系，有着明确说明，这集中体现在弟子陈淳的一段记录中：“《近思录》好看。四子，《六经》

---

① 钱穆：《朱子学提纲·朱子之四书学》，第 180—181 页。又，丁为祥先生在其新著《学术性格与思想谱系——朱子的哲学视野及其历史影响的发生学考察》第四章中称：“六经或五经与四书（四子）本身就代表着不同时代的传统——六经代表着举世公认之儒家经典的系统，而四书则代表着儒家的子学系统。”（北京：人民出版社，2012 年，第 282 页）应当说，自朱熹正式结集《四书》并撰作《四书章句集注》，《四书》就不只是代表着儒家的“子学系统”了，而跃身成为居于《六经》（或《五经》）之上的新的“经典系统”。

② 《元史·赵复传》，北京：中华书局，1976 年，第 4314 页。

③ 清·皮锡瑞：《经学历史》，北京：中华书局，2002 年，第 205 页。

④ 清·永瑢等：《四库全书总目·四书类小序》，北京：中华书局，1965 年，第 289 页。

之阶梯；《近思录》，四子之阶梯。”[①] 关于“四子”所指，一直以来普遍认为当指《四书》无疑，而方旭东先生对这一说法提出了质疑：

> 陈淳所录的“四子”，不是指《四书》，而是指周、张、二程四子。……对陈淳所录“《近思录》，四子之阶梯”这句话，可作如下判断：它是说《近思录》是周张二程之书的入门读物，而不是说读《四书》前当先读《近思录》[②]。

这里，我们对《近思录》与“四子”的关系姑且不论，单就《四书》与《六经》的关系而言，其实在朱子那里，即便不把“四子”理解为《四书》，也不影响先《四书》后《六经》、《四书》主导《六经》、《四书》为《六经》之阶梯这一基本观念的成立。朱熹在其他地方的多处论述就印证了这一点，譬如朱子在《书临漳所刊四子后》中说：

> 河南程夫子之教人，必先使之用力乎《大学》、《论语》、《中庸》、《孟子》之书，然后及乎《六经》。盖其难易、远近、大小之序固如此而不可乱也[③]。

《朱子语类》卷六十七载：

> 人自有合读底书，如《大学》、《语》、《孟》、《中庸》等

① 南宋·朱熹：《朱子语类》卷一〇五，见《朱子全书》册十七，前揭，第 3450 页。

② 方旭东：《〈近思录〉新论》，载《哲学研究》2008 年第 3 期。

③ 南宋·朱熹：《晦庵先生朱文公文集》卷八十二，见《朱子全书》册二十四，前揭，第 3895 页。

书，岂可不读？读此四书，便知人之所以不可不学底道理，与其为学之次序，然后更看《诗》、《书》、礼、乐。某才见人说看《易》，便知他错了，未尝识那为学之序[①]。

同书卷一一五又载：

又问读《诗》。曰："《诗》固可以兴，然亦自难。先儒之说亦多失之。某枉费许多年工夫，近来于《诗》、《易》略得圣人之意。今学者不如且看《大学》、《语》、《孟》、《中庸》四书，且就见成道理精心细求，自应有得。待读此四书精透，然后去读他经，却易为力。"[②]

如上所言，先用力乎《四书》，然后及乎《六经》；为学次序当先读《四书》，再读《易》、《书》、《诗》、《礼》；待《四书》读透，再读他经等等，足以证明朱熹"《四书》，《六经》之阶梯"命题的成立。

那么，朱熹为什么会主张《四书》在先、《六经》在后呢？在他看来，从读书进学次序和理会"圣人本意"的角度讲，《四书》具有明显的优于《六经》的特质。譬如《朱子语类》卷一九云："《论语》易晓，《孟子》有难晓处。《语》、《孟》、《中庸》、《大学》是熟饭，看其它经，是打禾为饭。"又同卷："《语》、《孟》工夫少，得效多；《六经》工夫多，得效少。"同书卷一〇四则云：

---

① 南宋·朱熹：《朱子语类》卷六十七，见《朱子全书》册十六，前揭，第2226页。

② 南宋·朱熹：《朱子语类》卷一一五，见《朱子全书》册十八，前揭，第3639页。

> 某尝说，《诗》、《书》是隔一重两重说，《易》、《春秋》是隔三重四重说。《春秋》义例、《易》爻象，虽是圣人立下，今说者用之，各信已见，然于人伦大纲皆通，但未知曾得圣人当初本意否。且不如让渠如此说，且存取大意，得三纲、五常不至废坠足矣。今欲直得圣人本意不差，未须理会经，先须于《论语》、《孟子》中专意看他，切不可忙；虚心观之，不须先自立见识，徐徐以俟之，莫立课程。

从朱熹的话中不难看出，朱子主张先《四书》后《六经》的深层学术原因乃在于："《四书》是直接的孔孟之道，更便于阐发理学思想；而《五经》则是孔孟以前的'先王之教'，与理学的关系远一些、浅一些。"① 也就是说，推崇《四书》，退却《五经》，是宋代理学得以创立的一个学术前提，在理学家心目中至关重要。当然，这一经典系统"替换"的更为宏阔的思想背景是：这是以程朱为代表的宋代理学家应对儒学内部革新和外部佛道挑战的重大举措，也是宋代"新儒学"得以产生的重要条件。正因为此，钱穆先生认为"把《四书》放在《五经》之上，这是开天辟地学术思想里的大革命"②。

三、元人诸说："述朱派"、"反朱派"、"申发派"

如所周知，元代是一个由蒙古族统治的北方政权，政治中心

① 邱汉生：《四书集注简论》，北京：中国社会科学出版社，1980年，第20页。
② 钱穆：《经学大要》，台北：素书楼文教基金会，2000年，第483页。

在大都（今北京），元代四书学也经历了一个由南向北的传播过程，并在南方和北方各自形成了众多学派。譬如北方有以许衡为代表的“鲁斋学派”、以刘因为代表的“静修学派”；南方有以金履祥、许谦为代表的“北山学派”，以吴澄为代表的“草庐学派”，以陈栎、胡炳文为代表的“新安学派”等等。不同学派的四书学主张存在诸多差异，在《四书》与《六经》关系问题上，也与朱熹之说多所不同，呈现出多样的色彩。

1. 述朱派：“《四子》，《六经》之阶梯”

元代各派学者中，皆有遵从朱熹“《四子》，《六经》之阶梯”之说者。或完全复述此命题，或说法略异而精神实通。尤其是元仁宗延祐科举之后，这派说法更是因朝廷的表彰而占据主导。从学术师承上讲，这些学者大多是朱学的续传。

北山学派代表人物金履祥（1232－1303）、许谦（1270，一作1269－1337）虽然号称“纯然得朱子之学髓”[①]，但在《四书》、《六经》关系上并没有明确的论断，姑置不论。而新安学派的陈栎（1252－1334）完全赞同朱熹之说，譬如《定宇集》卷十七《又答先生书》云：

> 吾乡自式车姜介轩先生开其源……主簿胡余学先生数老，先后相续，不但文辞古雅，而以《近思录》为《四子》之阶梯，以《四子》为《六经》之阶梯，必使人人习之。

陈栎为徽州休宁人，草窗先生黄智孙门人，智孙学于万菊滕氏（铅），而“滕之先璘、珙二伯仲，皆为朱子高弟”[②]，故陈栎

① 清·黄宗羲、全祖望：《宋元学案》卷八十二，北京：中华书局，1986年，第2801页。

② 清·黄宗羲、全祖望：《宋元学案》卷七十，前揭，第2350页。

论学亦“以朱子为宗”[①]。

再如汪克宽（1301—1369，一说1304—1372）《重订四书集释序》云：“《四书》者，《六经》之阶梯，东鲁圣师以及颜、曾、思、孟传心之要，舍是无以他求也。”所论与朱子原话几乎一致，而克宽为东山先生汪华再传，汪华为双峰饶鲁门人，饶鲁则为朱熹之再传弟子。

莆田人黄仲元（1231—1312）《四如讲稿》卷一曾云：“《论》、《孟》，《六经》之阶梯。二书首尾次第，各有条序，而不可乱。”亦与朱子之说无二。值得注意的是，仲元与《六经》并提的只是《论》、《孟》，而未及于《大学》、《中庸》，但实际上《论》、《孟》在这里可以作为《四书》的代称来理解。朱熹在其《语类》、《文集》即有多处《六经》、《语》、《孟》并称的情况，并以《语》、《孟》指代《四书》，看来这是一个传统。而据《宋元学案》，仲元乃得其父黄绩“德远家学”，黄绩为瓜山先生潘柄门人，潘柄则“年十六，即有志于道，与立之往事朱子于武夷，朱子以所学授之”[②]，故而仲元亦属朱子续传。

2. 反朱派：“《语》、《孟》，圣贤之成终者也”

元人对《四书》、《六经》关系的认识，“述朱”一派是主流。这易于理解，因为毕竟当初实现元代四书学北传的关键人物德安（今湖北安陆）儒生赵复（1215—1306），其身份便是“朱学续传”（《宋元学案·晦翁学案下》）或谓“程朱续传”（《宋元学案·鲁斋学案》），何况后来有了国家科举制度对朱熹《四书集注》尊崇地位的保障。但更值得关注的当是“反朱”一派，因为在这种对朱说反动的背后，折射出的是元代学术的多样面目和独

① 清·黄宗羲、全祖望：《宋元学案》卷七十，前揭，第2354页。

② 清·黄宗羲、全祖望：《宋元学案》卷六十九，前揭，第2291页。

特品格。这中间，又以刘因（1249－1293）和吴澄（1249－1333）二人最有代表性。

先来看刘因。

刘因字梦吉，保定容城（今河北容城）人，学者称“静修先生”。据《元史·刘因传》，因“初为经学，究训诂疏释之说”，后见周、程、张、邵、朱、吕之书而发生四书学转向，并撰有《四书集义精要》三十卷等。“《语》、《孟》，圣贤之成终者”，是刘因在《叙学》一篇中提出的观点，涉及对《四书》与《六经》关系问题的认识。他说：

> 先秦三代之书，《六经》、《语》、《孟》为大。世变既下，风俗日坏，学者与世俯仰，莫之致力，欲其材之全，得乎？三代之学，大小之次第，先后之品节，虽有余绪，竟亦莫之适从，惟当致力《六经》、《语》、《孟》耳。世人往往以《语》、《孟》为问学之始，而不知《语》、《孟》圣贤之成终者。所谓博学而详说之，将以反说约者也，圣贤以是为终，学者以是为始，未说圣贤之详，遽说圣贤之约，不亦背驰矣乎？所谓“颜状未离于婴孩，高谈已及于性命”者也[①]。

此处“《语》、《孟》”，亦可作为《四书》的代称来理解。如前所述，《四书》是宋代理学体系得以建立的最重要的典籍依据，一定程度上说，倒了《四书》便是倒了理学，《四书》在先的位置不容动摇。然而在刘因这里却试图动摇它，“世人往往以《语》、《孟》为问学之始，而不知《语》、《孟》圣贤之成终者”，前半句道出了宋元以来学术发展的实情，后半句则意在说明《四

---

① 元·刘因：《静修集》续集卷三《叙学》。

书》之学应当作为问学之终，而非如程朱等人所言的问学之始。而且，“圣贤以是为终，学者以是为始，未说圣贤之详，遽说圣贤之约，不亦背驰矣乎”的反问，分明是对朱熹以来的四书学传统的严厉反动和批判。

至于当以何者为始，刘因接下来称：

> 虽然，句读训诂不可不通，惟当熟读，不可强解，优游讽诵，涵咏胸中，虽不明了，以为先入之主可也。必欲明之，不凿则惑耳。《六经》既毕，反而求之，自得之矣。治《六经》必自《诗》始。……本诸《诗》以求其情，本诸《书》以求其辞，本诸《礼》以求其节，本诸《春秋》以求其断，然后以《诗》、《书》、《礼》为学之体，《春秋》为学之用，一贯本末具举，天下之理穷，理穷而性尽矣。穷理尽性以至于命，而后举夫《易》。《易》也者，圣人所以成终而所成始也。

不难看出，刘因乃是将代表“圣贤之详”、可以“反而求之而自得”的《六经》作为问学之始的。反对朱熹“《四子》，《六经》之阶梯”而主张“问学自《六经》始”，这是刘因四书学独具的特点。

再来看吴澄。

吴澄字幼清，抚州崇仁（今江西崇仁）人。曾任国子监丞、国子司业、太中大夫等，著有《五经纂言》、《吴文正集》等，学者称“草庐先生”。他所开创的“草庐学派”，与北方“鲁斋学派”、“静修学派”鼎足而为元代三大理学派别之一。吴澄并没有在其著述中明确提出《四书》、《六经》是何种关系，但在他任国子司业时提交的国子监改革方案中，却清楚地表明了先《六经》

后《四书》的立场。这需要从许衡（1209—1281）任国子祭酒之事说起。

许衡较早接受了南儒赵复传播而来的四书学，并将之教授弟子，在忽必烈朝任国子祭酒兼管太学时，又通过规定教材及亲自著述在教育层面推广《四书》，使四书学得到更广泛的传播。至元十年（1273），许衡在以阿合马为代表的“理财权臣派”排挤下辞职还乡，由于朝中诸多汉人儒士的坚守，由许衡订立的在国子学中推行《四书》的规矩并未废除。至元十三年（1276），国子学社生不忽木、坚童、太答、秃鲁等上书忽必烈，提出兴学要求，并建议将《大学》的“修身、齐家、治国、平天下”之道列为国子学教学内容，忽必烈也最终先于至元十四年（1277）设置蒙古国子监，又于至元二十四年（1287）再置国子监，并确定其制度，正式将《四书》列为教材，且使其占据了先于《六经》的重要位置，规定：

> 凡读书，必先《孝经》、《小学》、《论语》、《孟子》、《大学》、《中庸》，次及《诗》、《书》、《礼记》、《周礼》、《春秋》、《易》。博士、助教，亲授句读音训，正、录、伴读以次传习之。讲说则依所读之序，正、录、伴读亦次而传习之①。

然而到忽必烈统治晚期，国子监教学内容却发生了细微的变化。至元二十五年（1288），南儒程钜夫（1249—1318）曾向朝廷建议：“吴澄不愿仕，而所定《易》、《诗》、《书》、《春秋》、

---

① 《元史·选举志一·学校》。

《仪礼》、《大小戴记》，得圣贤之指，可以教国子，传之天下。”[1]这其实是一个信号，即要在国子监教育中加重《五经》的分量。这便与许衡等极力推重《四书》的立场有了很大差别。成宗时，袁桷（1266—1327）上《国学议》，对宋末以来推崇《四书》的风气提出了严厉批评，同时指出：“今科举既废，而国朝国学定制，深有典乐教胄子之古意。傥得如唐制，《五经》各立博士，俾之专治一经，互为问难，以尽其义……庶足以见经济之实。”[2]这一主张，便使《四书》优于《五经》的地位受到了很大挑战。仁宗即位的当年（1311），时任国子司业的吴澄提交了他的国子监改革方案：

> 公为取程淳公《学校奏疏》、胡文公“二学教法”及朱文公《贡举私议》三者，斟酌去取，一曰经学：学《易》、《诗》、《书》、《仪礼》、《周礼》、《礼记》（大戴记）附《春秋三传》，附右诸经各专一经，并须熟读经文，旁通诸家，讲说义理度数，明白分晓。凡治经者，要兼通《小学书》及《四书》。……是为拟定教法[3]。

这个方案虽然不像袁桷那样态度激烈地排斥《四书》，而是再次将《小学》及《四书》纳入教学内容，但《四书》仅处于“兼通”地位、逊于《五经》的倾向显而易见。尽管吴澄自幼即习读《四书》，也曾提出过“《四书》，进学之本要也”[4]的论断，但在这份国子监改革方案中，却明显地主张《六经》为先，与朱

① 元·虞集：《道园学古录》卷四十四。
② 元·袁桷：《清容居士集》卷四十一。
③ 元·吴澄：《吴文正公集》卷首《吴文正公年谱》。
④ 元·吴澄：《吴文正集》卷十一《赠学录陈华瑞序》。

熹之说迥然相异。

3. 申发派："《六经》、《四书》所以相通"

元代还有个别学者，对朱熹"《四子》，《六经》之阶梯"说有所申发，颇具新意。

作为东莱吕祖谦续传的义乌人王袆（1321—1372），在其所撰《四子论》中称：

> 然而先儒之论，以谓治《六经》者，必先通乎《四书》，《四书》通则《六经》可不治而通也。至于《六经》、《四书》所以相通之类，则未有明言之者①。

王袆所谓"《四书》通则《六经》可不治而通"之说，显然来自于二程。《河南程氏遗书》卷二十五载程氏之语云："学者当以《论语》、《孟子》为本，《论语》、《孟子》既治，则《六经》可不治而明矣。"而这种"读论语孟子法"，亦被朱熹当作指导性的"纲领"，置于《论语集注》之前。当然，"《论语》、《孟子》既治，则《六经》可不治而明矣"的提法，意在强调《论》、《孟》乃至整个《四书》的重要，并非真的说治《四书》后即可不治《六经》。程朱之意乃在于，《六经》之"道"与《四书》之"道"相通，而《四书》易于理会，故通《四书》亦可通《六经》。

饶有兴味的是王袆所阐述的"《六经》、《四书》所以相通"的理据，当属发前人所未发。兹移录如下：

> 以予论之，治《易》必自《中庸》始，治《书》必自

---

① 元·王袆：《王忠文集》卷四。

《大学》始，治《春秋》则自《孟子》始，治《诗》及《礼》、《乐》必自《论语》始。是故《易》以明阴阳之变，推性命之原，然必本之于太极，太极即诚也，而《中庸》首言性命，终言天道、人道，必推极于至诚，故曰治《易》必始于《中庸》也。《书》以纪政事之实，载国家天下之故，然必先之以德峻德、一德三德是也，而《大学》自修身以至治国、平天下，亦本原于明德，故曰治《书》必始于《大学》也。《春秋》以贵王贱霸，诛乱讨贼，其要则在乎正谊不谋利，明道不计功，而《孟子》尊王道，卑霸烈，辟异端，距邪说，其与时君言，每先义而后利，故曰治《春秋》必始于《孟子》也。《诗》以道性情，而《论语》之言《诗》，有曰"《关雎》乐而不淫，哀而不伤"，又曰"可以兴，〔可以观，〕可以群，可以怨"。《礼》以谨节文，而《论语》之言礼，自乡党以至于朝廷，莫不具焉。《乐》以象功德，而《论语》之言"乐自《韶》舞"以及"翕纯皦绎"之说，莫不备焉，故曰治《诗》及《礼》、《乐》必始于《论语》也。此《四子》、《六经》相通之类然也。虽然，总而论之，《四子》本一理也，《六经》亦一理也。汉儒有言："《论语》者，五经之辖辖，六艺之喉衿。《孟子》之书，则而象之。"嗟乎！岂独《论语》、《孟子》为然乎？故自阴阳、性命、道德之精微，至于人伦日用、家国天下之所当然，以尽乎名物、度数之详，《四子》、《六经》皆同一理也。统宗会元，而要之于至当之归，存乎人焉尔。

在这里，王祎找到了《六经》与《四书》在哲学上的契合点，将《六经》与《四书》一一比附，以此解释《六经》与《四书》之所以相通，这可算作元代一种新型"四书六经观"。不过，程子所谓"《论语》、《孟子》既治，则《六经》可不治而明矣"，强调的是《四书》与《六经》的相通；而朱熹所谓"四子，《六经》之阶梯"，强调的则是《四书》与《六经》的差别及阶段性。二者虽有关联，却不完全属同一层面的问题。

四、元人"四书六经观"与元代学风

那么，对于元人在《四书》、《六经》关系上的"述朱"、"反朱"、"申发"诸说，到底该如何认识？每种说法的背后，与学者个人学术渊源以及整个元代学风有着怎样的关联？

"述朱派"与"申发派"的问题相对简单，因为持这两派观点的学者大都属于朱学续传，对朱子之学十分崇信。这与元代四书学北传的大趋势有关，赵复等人将朱学《四书》传到北地，并逐渐为朝廷所重视，继而于仁宗时期恢复科举，带来了朱熹《四书集注》更为广泛的传播，并促使元代学术风气发生了一个"四书学"的转向[①]。时人虞集即称："昔在世祖皇帝时，先正许文正公得朱子《四书》之说于江汉先生赵氏，深潜玩味而得其旨，以之致君泽民，以之私淑诸人。而朱氏诸书定为国是，学者尊信，无敢疑贰。"[②] 欧阳玄（1283－1358）亦云："后是四十年，贡举法行，非程朱学不试于有司，于是天下学术，凛然一趋于正。"[③]这一四书学转向，聚集了更多学者探研朱学《四书》，并在《四书》、《六经》关系上尊崇朱熹"四子，《六经》之阶梯"之说。

---

① 参周春健：《元代四书学研究》第二章，上海：华东师范大学出版社，2008年，第73－76页。

② 元・虞集：《道园学古录》卷三十九《跋济宁李璋所刻九经四书》。

③ 元・欧阳玄：《圭斋文集》卷五《赵忠简公祠堂记》。

“反朱”一派的情形较为复杂。吴澄主张先《五经》后《四书》，不排除他任国子司业时可能面临政治上的竞争；另外从其学术行历考察，在《五经》和《四书》之间，吴澄明显倾力于《五经》。他以理学解说《五经》，于《易》、《书》、《仪礼》、《礼记》、《春秋》皆为《纂言》，代表了其学术上的最高成就。而在四书学方面，则仅有《中庸纲领》一篇，以及《吴文正集》卷三中所保留的论述《大学》一书的文字。受其影响，“草庐学派”门人弟子中治《四书》者亦甚寥寥，看来并不偶然。

至于刘因的“问学自《六经》始”之说，则需要从如下几个方面来认识：

首先，刘因主张问学先《六经》而后《四书》的立论根据，在逻辑上存在一些问题。他是从经学发展历史前后顺序的角度提出这一观点的：

> 《六经》自火于秦，传注于汉，疏释于唐，议论于宋，日起而日变，学者亦当知其先后，不以彼之言而变吾之良知也。近世学者，往往舍传注疏释，便读诸儒之议论，盖不知议论之学自传注疏释出，特更作正大高明之论尔。传注疏释之于经，十得其六七；宋儒用力之勤，铲伪以真，补其三四而备之也。故必先传注而后疏释，疏释而后议论，始终原委，推索究竟以己意体察，为之权衡，折之于天理人情之至①。

然而正如《宋明理学史》所言：“这些说法，意在强调汉唐

① 元·刘因：《静修集》续集卷三《叙学》。

传注疏释的重要。这与‘拨弃汉唐训诂’的宋代理学家们有所不同。”① 理学传统轻视汉唐训诂，他们直接以《四书》探求孔孟精义，而他们获得理学精义的途径恰恰是越过汉唐训诂，主要靠“自家体贴出来”②。由此说来，在时代顺序上，理学及四书学固然居于汉唐训诂及《六经》之后，但“议论之学自传注疏释出”之说却并不符合学术发展实际，也无法推导出问学当先《六经》而后《四书》的结论。

其次，“《语》、《孟》为问学之始”与“《语》、《孟》圣贤之成终者”，其实并不相“背驰”，在朱熹那里是统一起来的。朱子“四子，《六经》之阶梯”之说，应该是从学习难易程度的角度立论的。若说“圣贤之成终”，《六经》与《四书》都是理学精义的最终所在，都是理学家的最高追求。朱熹所谓“《六经》、《语》、《孟》皆圣贤遗书，皆当读，但初学且须知缓急。《大学》、《语》、《孟》最是圣贤为人切要处”③，就是明证。朱熹从来没说过《四书》包含圣人之道而《六经》不包含之类的话。相反，他曾说：“道在《六经》，何必它求？”④ 又说：“窃谓圣人道在《六经》，若日星之明。”⑤ 他只是将《四书》的学习作为第一个阶段，待《四书》通透后再研《六经》，而“阶梯”之义，正在于此。刘因却把二者对立起来了，以为“问学之始”便不是“圣贤之成终者”，这也可算作对朱子本旨的一种偏离。

---

① 侯外庐等：《宋明理学史》第三编，北京：人民出版社，1997 年，第 718 页。

② 北宋·程颢、程颐：《二程集·河南程氏外书》卷第十二，北京：中华书局，2004 年，第 424 页。

③ 南宋·朱熹：《朱子语类》卷十三，见《朱子全书》册十四，前揭，第 412 页。

④ 南宋·朱熹：《晦庵先生朱文公文集》卷三十《答汪尚书（七月十七日）》，见《朱子全书》册二十一，前揭，第 1299 页。

⑤ 南宋·朱熹：《晦庵先生朱文公文集》卷四十三《答李伯谏（甲申）》，见《朱子全书》册二十二，前揭，第 1953 页。

复次，刘因重《六经》“传注疏释”而轻《四书》“议论之学”，显然是针对入元以来的虚浮学风而发的，所谓“世变既下，风俗日坏，学者与世俯仰”，“颜状未离于婴孩，高谈已及于性命”，“学者多好高务远，求名而遗实，逾分而远探，躐等而力穷”，指的就是这种情况。这说明，四书学由南宋传衍至元代初年，即已暴露出了一定弊端，与朱熹当年创立四书学时面临的学术情势有着很大不同。刘因如此提倡，目的是想为虚浮的风气中注入一些“求实”的成分，这在思想史上又有着进步意义。

可是，为什么同样是北方学者的许衡没有做到而刘因做到了呢？除去二人所处学术环境有所差别外，一个至关重要的原因就是刘因有着深厚的北方传统经学渊源，“与宋儒否定汉唐儒学史不同，他认为宋代儒学不过是汉唐儒学史的发展而已。这也是北方学术传统在刘因身上的表现”①。

五、元明清四书学：“偏离”与“回归”

作为理学集大成者的宋儒朱熹，将《大学》、《论语》、《孟子》、《中庸》四部书汇集成编，撰作《章句集注》，并在客观效果上，最终完成了经典系统由汉唐《五经》向宋代《四书》的替换。朱熹所倡导的“四子、《六经》之阶梯”之说，开启了一个理学新时代。自南宋末年朱学受到最高统治者的推崇，至元仁宗延祐年间恢复科举，朱学《四书》“悬为令甲”，朱子的这一观念作为主流观念在社会上流行。

① 查洪德：《理学背景下的元代文论与诗文》，北京：中华书局，2005 年，第 212 页。

元朝是一个特殊时期，元代学术乃在北方“训诂疏释之学”与朱熹“理学四书学”相互交错的基础上展开。就元代学者的“四书六经观”而言，既有完全恪守朱子之说的“述朱派”，也有因受北方学风或政治因素影响而出现的“反朱派”，又有试图寻找《四书》、《六经》所以相通理据的新型“四书六经观”，故而决非完全“株守宋儒之书”而毫无建树。所有这些，都具备了元朝这个特殊政权、特殊朝代所独有的品格，对于全面认识元代学术以及整个四书学，有着重要价值。

至于明清，由于科举的日益稳固发达，朱学《四书》地位如日中天，朱熹的《四书》、《六经》观更是受到学者甚至统治者的崇扬。譬如明人何乔新《道统》云：“紫阳朱夫子后出江左，年弥高而德弥邵。其著述之大者……《四书》之精详，为《六经》之阶梯。”① 又如明人薛己云：“医之有《内经》犹儒道之《六经》，无所不备。四子之说则犹《学》、《庸》、《语》、《孟》，为《六经》之阶梯，不可缺一者也。”② 甚至清代乾隆帝本人亦称：“朕观宋儒周、程、张、朱之学，与《四书》相表里，为《六经》之阶梯，平易精实，有裨学者。”③ 此皆与朱熹之说毫无二致。

那么，元人的“四书六经观”，在整个四书学史上到底处于什么位置，有着怎样的特点？我们说，“四子，《六经》之阶梯”之说，乃由朱熹在北宋理学家基础上总结并最终定型，又因四书学北传而影响至元朝。有元一代，在“四书六经观”上大致可以区分为“述朱”、“反朱”、“申发”三派，呈现出多样色彩。就元

---

① 明·何乔新：《椒邱文集》卷二。

② 明·薛己：《薛氏医案》卷二十。

③《圣祖仁皇帝御制文》第四集卷四《谕大学士温达、松柱、李光地、萧永藻、王掞》。

代四书学而言，“其时经义、经疑并用，故学者犹有研究古义之功”[①]，未曾脱离学术太远。时至明清，虽然四书学得到了更为广泛的传播，但主要是缘于国家科考对于广大士子的无限诱惑力，以至出现“坊刻《四书》讲章，则旋生旋灭，有若浮沤；旋灭旋生，又几如扫叶，虽隶首不能算其数。盖讲章之作，沽名者十不及一，射利者十恒逾九”[②] 的糟糕情况。在这一趋势下，学术层面的四书学渐趋淡漠，关于《四书》、《六经》关系的讨论，也显得单调了许多。不少士子眼中只有《四书》甚至只有《朱注》，而无意理会其余经书，这是对朱熹“四子，《六经》之阶梯”本旨的更大“偏离”。当然，到了明清之际，顾炎武（1613—1682）等启蒙思想家开始反思并批判理学、朱学之弊端，重视考据训诂，由此带来了清代“汉学”的兴起，天下学术又“鬼使神差”地由宋明《四书》之学“回归”到汉唐《五经》之学上去了，不过这与朱熹的“阶梯”之说有着重大区别。

① 清·永瑢等：《四库全书总目·四书类案语》，前揭，第307页。

② 清·永瑢等：《四库全书总目·四书类存目案语》，前揭，第320页。

元西域人廉希宪与孟子学[①]

提要：在元代，西域人华化现象十分普遍，廉希宪是其中的代表，被誉为色目人中理学名臣第一。在元代四书学北传的背景之下，廉希宪受早期交游诸儒或太极书院的影响，精研《孟子》，深究《孟子》性善、义利、仁暴之旨，被元世祖赞为“廉孟子”。其出处行事，亦多方面体现出《孟子》思想之精髓。对于西域人之华化，有学者表示赞赏，认为是“进夷狄而中国之”；有学者则批评之，依然怀有较为浓重的夷夏之防观念。民族、文明、政权之间的相互错综，共同构成了元代鲜活的历史。

按照著名史家陈垣先生的说法：“西域之名，汉已有之，其范围随时代之地理知识及政治势力而异。……元人著述中所谓西域，其范围亦极广漠，自唐兀、畏吾儿，历西北三藩所封地，以达于东欧，皆属焉。质言之，西域人者色目人也。”[②] 陈垣先生于民国十二年（1923）撰著名作《元西域人华化考》（以下简称

---

① 本文发表于《杭州师范大学学报》2016 年第 4 期。

② 陈垣：《元西域人华化考》卷一《元西域范围》，上海：上海古籍出版社，2000 年，第 1 页。

《华化考》)，正是基于西域人入华后所受华夏文明影响深刻之事实，尤其是“畏吾儿、突厥、波斯、大食、叙利亚等国，本有文字，本有宗教，畏吾儿外，西亚诸国去中国尤远，非东南诸国比，然一旦入居华地，亦改从华俗，且于文章学术有声焉，是真前此所未闻，而为元所独也”[①]。

据《元史》本传，廉希宪（1231—1280），布鲁海牙（1197—1265）子，畏吾儿（今通译作“维吾尔”）人。布鲁海牙年十八时随其主归附蒙元，充宿卫，后随太祖西征而得重用，拜真定路达鲁花赤、燕南诸路廉访使、顺德等路宣慰使等职。希宪即生于其父燕南诸路廉访使任上，可见父子属典型之入华西域人。而希宪平生所受孔孟儒学熏染颇深，在西域学者中是极有代表性的一位。陈垣先生称：“西域人纯为儒者有廉希宪。……元色目人中，足称为理学名臣者，以希宪为第一。希宪系出畏吾儿，去中原益远，较高智耀之系出唐兀，其沾被华化倍难。然希宪笃信好学，过于智耀，斯为可贵。”[②] 又因希宪喜读《孟子》，并被元世祖赞以“廉孟子”而名世，则希宪与《孟子》甚有渊源。

然而，廉希宪研习《孟子》的具体内容与历史背景究竟如何？在其出处行事中如何体现孟子学的内在精神？究竟该如何看待作为西域人的廉希宪对于儒学经典《孟子》的习学？这些问题都值得深入考究。惜乎廉希宪并无专门孟学著述流传，前贤时哲相关探讨亦不丰富，《华化考》也仅节录《元史》本传相关文字，未曾展开详致分析。本文的撰述，便意欲在这方面略作补足与发明。

① 陈垣：《元西域人华化考》卷一《元西域范围》，前揭，第2页。

② 陈垣：《元西域人华化考》卷二《西域人之儒学》，前揭，第9—10页。

一、廉希宪习《孟》渊源考

关于廉希宪习学《孟子》的文献来源，最常见的是《元史》本传的记载：

> 世祖为皇弟，希宪年十九，得入侍，见其容止议论，恩宠殊绝。希宪笃好经史，手不释卷。一日，方读《孟子》，闻召，急怀以进。世祖问其说，遂以性善义利仁暴之旨为对。世祖嘉之，目曰廉孟子，由是知名①。

时元世祖忽必烈居于潜邸，希宪"以辛卯（1231）五月二十五日生于燕"②，年十九则当为公元1249年。其时，忽必烈已开始组织幕府，延聘人材，廉希宪便是潜邸旧臣之"西域人集团"中的代表人物③。

在这场问对中，廉希宪对于《孟子》主旨给出了自己的概括——一为性善论，一为义利之辨，一为仁暴之辨，可谓准确的当，得其要害。

不过《元史》乃出明人手笔，且记述简略，明代之前，尚有两处文献值得关注，这两处文献抑或为《元史》所本。一为元人元明善（1269—1322）所撰《平章政事廉文正王神道碑》，云：

---

① 明·宋濂等：《元史》卷一二六《廉希宪传》，北京：中华书局，1976年，第3085页。

② 元·苏天爵：《元名臣事略》卷七《平章廉文正王》，影印文渊阁《四库全书》本。

③ 参萧启庆：《忽必烈"潜邸旧侣"考》，载氏著《内北国而外中国：蒙元史研究》上册，北京：中华书局，2007年，第131—133页。

年十九，宿卫世祖王邸。一日，问王所怀何书，对曰《孟子》。又问大指，对曰陈王道，明义利，不忍一牛，恩充四海。上善之，尝呼王廉孟子[①]。

一为元人苏天爵（1294—1352）所撰《平章廉文正王》，云：

年十九，侍孝懿北觐，入侍世祖潜藩。上亦因其多智，有威容，论议宏深，恩顾殊绝。（《家传》）

公于书嗜好尤笃，虽食息之顷，未尝去手。一日，方读《孟子》，闻急召，因怀以进。上问何书，对曰《孟子》。上问其说谓何，公以性善、义利之分、爱牛之心扩而充之足以恩及四海为对。上善其说，目为廉孟子。（《家传》）[②]

除去“性善、义利、仁暴”，此两处文献又增加了希宪习学《孟子》的另外两点心得：一为“陈王道”，一为“不忍一牛，恩充四海”。这五点，基本包含了《孟子》的哲学基础、政治思想、价值标准等主要方面，可见希宪习《孟》之全、之深。

问题在于，元代初年的实际学术情形是：“南北道绝，载籍不相通。洛闽之学惟行于南，北方之士惟崇眉山苏氏之学。”[③] 在此情况下，廉希宪何以能够读到《孟子》这样的儒家经典？从上引《平章廉文正王》所述“上问其说谓何”的反应看，忽必烈此时似乎亦未曾接触过《孟子》之书。这要从廉希宪的学问渊源讲起。

① 元·苏天爵：《元文类》卷六十五，四部丛刊影元至正本。
② 元·苏天爵：《元名臣事略》卷七，影印文渊阁《四库全书》本。
③ 明·冯从吾：《元儒考略》卷一，影印文渊阁《四库全书》本。

首先，廉希宪习读《孟子》似乎与其家学无甚直接渊源，但其成长环境却为其习《孟》提供了外在条件。《元史·布鲁海牙传》载：

> 布鲁海牙，畏吾人也。祖牙儿八海牙，父吉台海牙，俱以功为其国世臣。布鲁海牙幼孤，依舅氏家就学，未几，即善其国书，尤精骑射。年十八，随其主内附，充宿卫。太祖西征，布鲁海牙扈从……①

由此知，希宪之父布鲁海牙大概未曾习读儒家典籍，他所熟悉的乃其“国书（按，即畏吾儿文字）”，所擅长的是“骑射”，体现出西域民族的典型特征。这与其自幼生长的环境有关，毕竟他直到十八岁才随主内附，东归蒙古。不过等来到蒙古又任职汉地，布鲁海牙也同其他诸多西域人一样，体现出一种“华化”倾向，比如采用汉族姓名，为其子取“廉”姓，便是典型一例。元人苏天爵曾专门记载这则旧事，云：

> 公以辛卯五月二十五日生于燕，适孝懿公廉访使命下，孝懿喜曰：“是儿必大吾门，吾闻古者以官受氏，天将以廉氏吾宗乎？吾其从之。”举族承命。（河南高公撰《家传》）②

西域人喜以汉语为名，效慕华俗，乃一时之风会；加之希宪生于燕、长于燕，这便为其日后习读《孟子》诸书提供了条件。

其次，从希宪的直接师承看，习学内容主要是“五经学”，

---

① 明·宋濂等：《元史》卷一二五《布鲁海牙传》，前揭，第3070页。

② 元·苏天爵：《元名臣事略》卷七《平章廉文正王》，影印文渊阁《四库全书》本。按：文中“孝懿”为希宪之父布鲁海牙之谥号。

而非“四书学”。据《元史》，希宪曾师事金儒王鹗（1190－1273）[①]。《元史·阔阔传》载：“岁甲辰，世祖闻王鹗贤，避兵居保州，遣使征至，问以治道，命阔阔与廉希宪皆师事之。”[②] 这一事件，在王鹗本传中亦可得到印证，云：

> 甲辰冬，世祖在藩邸，访求遗逸之士，遣使聘（王）鹗。及至，使者数辈迎劳，召对。进讲《孝经》、《书》、《易》，及齐家治国之道，古今事物之变，每夜分，乃罢。世祖曰：“我虽未能即行汝言，安知异日不能行之耶！”岁余，乞还，赐以马，仍命近侍阔阔、柴祯等五人从之学[③]。

这里所谓从学五人中，便极有可能包括廉希宪。甲辰年，当为公元1244年，其时忽必烈尚为皇弟，而他于此时“思大有为于天下，延藩府旧臣及四方文学之士，问以治道”[④]，为其日后推行汉化、稳定蒙元统治奠定了坚实基础。值得注意的是王鹗进讲的内容，《孝经》、《书》、《易》为典型的五经学内容，而“齐家治国之道”，或为《大学》之义，然未曾明确提及《论语》、《孟子》。而这一知识结构，或许正是希宪从王鹗问学的主要内容。换句话说，廉希宪习读《孟子》，未必是从王鹗处获得。

再次，从其早期交游看，应该能够接触到《孟子》之学，然时间或在获誉“廉孟子”之后。希宪本传云：

---

① 黄宗羲、全祖望《宋元学案》未为廉希宪立传，王梓材、冯云濠《宋元学案补遗》卷九十九《苏氏蜀学略补遗》（北京：中华书局，2012年，第6083－6085页）将其列为“文康门人”，而“文康”即为王鹗之谥号。

② 明·宋濂等：《元史》卷一三四《阔阔传》，前揭，第3250页。

③ 明·宋濂等：《元史》卷一六〇《王鹗传》，前揭，第3756页。

④ 明·宋濂等：《元史》卷四《世祖本纪一》，前揭，第57页。

岁甲寅，世祖以京兆分地命希宪为宣抚使。京兆控制陇蜀，诸王贵藩分布左右，民杂羌戎，尤号难治。希宪讲求民病，抑强扶弱。暇日从名儒若许衡、姚枢辈谘访治道，首请用衡提举京兆学校，教育人材，为根本计①。

希宪在京兆宣抚使任上谘访治道的名儒许衡（1209—1281）和姚枢（1203—1280）都在孟子学的研究或传播方面有所贡献。先说许衡，作为元代理学宗师，不仅接受了南方传来的四书学，而且广为教授弟子，并且在后来的国子祭酒任上大力推行《四书》教育，又有《孟子标题》等专门著述。而许衡之前的学问，主要是“出入经传，泛滥释老”②，未曾接触到理学典籍，让他接受包括《孟子》在内的四书之学的，正是曾任燕京行台郎中的姚枢。至于姚枢获得理学《四书》的途径，则来自实现元代四书学北传的重要人物——湖广德安（今湖北安陆）人赵复（约1215—1306）。而赵复之所以能够最终答应北上传学，又恰恰缘于负有“奉诏即军中求儒、道、释、医、卜士”之命的姚枢的苦心劝说③。《考岁略》对姚枢、许衡当年研习《孟子》等四书的情形有详尽记载：

雪斋姚枢公茂，方以道学自任，闻先生苦学力行，因过魏相与聚居，剖微穷深，忘寝与食。壬寅，雪斋隐苏门，传伊洛之学于南士赵仁甫先生（按：赵复，字仁甫），即诣苏门访求之，得伊川《易传》、晦庵《论孟集注》、《中庸大学

① 明·宋濂等：《元史》卷一二六《廉希宪传》，前揭，第3085页。
② 元·许衡：《鲁斋遗书》卷十三《考岁略》，影印文渊阁《四库全书》本。
③ 参周春健：《元代四书学研究》第一章，上海：华东师范大学出版社，2008年，第15—17页。

章句》、《或问》、《小学》等书。读之，深有默契于中，遂一一手写以还。聚学者，谓之曰："昔者授受，殊孟浪也，今始闻进学之序。若必欲相从，当悉弃前日所学章句之习，从事于《小学》洒扫应对，以为进德之基。不然，当求他师。"众皆曰："唯。"[①]

由此还可得知，姚枢、许衡等研习《孟子》等四书学的主要典籍依据，正是朱子的《孟子集注》等书。希宪从之谘访治道，并用许衡"提举京兆学校"，获知和看重的恐怕也正是朱子之四书学。

不过，谘访之事发生在"岁甲寅"，当为公元 1254 年。而希宪"一日，方读《孟子》"之确切时间，虽未必在其"年十九"（1249）之时，却也未必在"岁甲寅"（1254）之后。假如希宪获誉"廉孟子"之事真的在谘访姚、许之前，则表明希宪接触到《孟子》可能是通过其他途径。

一种可能的推测是：廉希宪年少时是否与建立于燕京的太极书院有所往来？而太极书院由时居相位的杨惟中（1205－1259）与姚枢共谋建立，"立周子祠，以二程、张、杨、游、朱六君子配食，选取遗书八千余卷，请（赵）复讲授其中"[②]，从而成为四书学北传的一个重要阵地。赵复在太极书院中所讲授的内容，乃至"遗书八千余卷"中，便极有可能包括《孟子》在内的四书学的内容[③]。太极书院的创建，当在 1236 至 1241 年间[④]，且本来就

① 元·许衡：《鲁斋遗书》卷十三《考岁略》，影印文渊阁《四库全书》本。

② 明·宋濂等：《元史》卷一八九《赵复传》，前揭，第 4314 页。

③ 参周春健：《元代四书学研究》第一章，前揭，第 17－19 页。

④ 参周春健：《宋元明清四书学编年》卷三"太宗十二年，庚子（1240），建太极书院，讲授程朱之学，刻印《四书》等典籍"条，台北：万卷楼图书有限公司，2012 年，第 134－137 页。

是一个讲学场所，生于燕长于燕的廉希宪少时前往书院问学，也是一件再自然不过的事情，获闻《孟子》之学当在情理之中。《元史》赵复本传载："自复至燕，学子从者百余人。"[①] 希宪亦或许正是这百名学子中之一员。

简言之，身为入华西域人的廉希宪能够自幼习读《孟子》之学，乃是发生在宋末元初南方四书学北传的历史文化背景之下。

二、廉希宪出处行事与孟学思想

首先需要说明，其一，因廉希宪并无孟学著述流传，故而无法系统条理其孟学思想，却可以通过其出处行事推考其对孟学思想之应用；其二，从前文考辨可知，廉希宪当年习学的典籍，虽然不止《孟子》一部却以习《孟》知名，因此下文主要从孟学角度寻找其所以行事的理论依据，而不再对可能包含同样义理的其他经典之思想作出分析[②]。

应当说，廉希宪并不是一个典型的学者，而首先是一位政治家，他文武兼备，官至中书平章政事，高居相位，辅助忽必烈排除干扰、建元中统，在元代初年的政治生活中扮演了极为重要的角色。明人文翼德甚至将其功业与裴度（765－839）、韩琦（1008－1075）、王阳明（1472－1529）等历史名宦并列，称："人材之杰出，未易时遘也。裴度、韩琦、廉希宪、王守仁之徒，千古无二。使不尚书，不宰相，惟一道一郡之用，则其伟绩奇伐，亦有限矣。"[③] 而明人黄汝亨（1558－1626）则更以希宪为宋

① 明·宋濂等：《元史》卷一八九《赵复传》，前揭，第4314页。

② 比如经权思想、先富后教思想等，《论语》中亦有相关主张。

③ 明·文德翼：《求是堂文集》卷十四《江太守保障九江碑记》，明末刻本。

代范仲淹（989—1052）、韩琦所不及，云：“希宪十九能明孟子仁义、性善之旨，名儒良相，功德咸备。宋韩、范诸公无以复加，岂惟廉哉，岂惟廉哉！”[①] 在廉希宪的出处行事中，亦多方面体现出孟学思想的深刻影响。

1. “所谓行权，此其是也”

经权之辨，是《孟子》思想的重要方面，最有代表性的论述要数著名的“嫂溺援手”一例。《离娄上》云：

> 淳于髡曰：“男女授受不亲，礼与？”孟子曰：“礼也。”曰：“嫂溺，则援之以手乎？”曰：“嫂溺不援，是豺狼也。男女授受不亲，礼也。嫂溺，援之以手者，权也。”曰：“今天下溺矣！夫子之不援，何也？”曰：“天下溺，援之以道；嫂溺，援之以手。子欲手援天下乎？”[②]

平时遵行既定规范，如遇特殊情况，在不丧失基本礼义原则的前提下适当变通，不可拘泥，这是孟子在与淳于髡的辩论中提出的一种重要伦理原则及政治原则[③]。权者，“变而通之之谓也。变而通之，所谓反复其道也”[④]。

① 明·黄汝亨：《廉吏传·廉希宪》，明万历刻本。

② 《孟子》文字及标点，参清焦循撰、沈文倬点校本《孟子正义》。下同。

③ 前人对这一问题议论甚夥，不过需要提醒：“学者在引述此章的时候，往往只注意前半段，而不注意后半段，只看到孟子权说的伦理学意义，而没有看到它的政治学意义。这种看法是片面的，不利于全面理解孟子的思想。实际上，孟子关于‘行权’的思想首先是政治意义的，其次才是伦理意义的。”（见杨泽波：《孟子评传》第四章，南京：南京大学出版社，1998 年，第 204 页）杨海文先生又以“孟子经权观由背反于经的激进权智、返归于经的温和权慧两部分构成”，在传统经权思想史上有其独特理论价值。（见氏著《激进权智与温和权慧：孟子经权观新论》，载《中山大学学报》2011 年第 4 期）

④ 清·焦循撰，沈文倬点校：《孟子正义》卷十五，北京：中华书局，1987 年，第 522 页。

廉希宪在京兆、四川宣抚使任上，即曾于危急时刻假借君诏，果断处置刘太平、霍鲁海等人谋反一案，被世祖赞赏为善于“行权”。《元史》希宪本传详载此事：

赵良弼还自关右，奏刘太平、霍鲁海反状，皆如希宪言。初分汉地为十道，乃并京兆、四川为一道，以希宪为宣抚使。太平、霍鲁海闻之，乘驿急入京兆，密谋为变。后三日，希宪至，宣布诏旨，遣使安谕六盘。未几，断事官阔阔出遣使来告：浑都海已反，杀所遣使者朵罗台，遣人谕其党密里火者于成都、乞台不花于青居，使各以兵来援，又多与蒙古军奥鲁官兀奴忽等金帛，尽起新军，且约太平、霍鲁海同日俱发。希宪得报，召僚属谓曰：“上新即位，责任吾等，正为今日。不早为之计，殆将无及。”遣万户刘黑马、京兆治中高鹏霄、华州尹史广，掩捕太平、霍鲁海及其党，获之，尽得其奸谋，悉置于狱。复遣刘黑马诛密里火者，总帅汪惟正诛乞台不花，具以驿闻。时关中无兵备，命汪惟良将秦、巩诸军进六盘，惟良以未得上旨为辞，希宪即解所佩虎符银印授之曰：“此皆身承密旨，君但办吾事，制符已飞奏矣。”又付银一万五千两，以充功赏，出库币制军衣，惟良感激，遂行。又发蜀卒更戍，及在家余丁，推节制诸军蒙古官八春将之，谓之曰：“君所将之众，未经训练，六盘兵精，勿与争锋，但张声势，使不得东，则大事济矣。”会有诏赦至，希宪命绞太平等于狱，尸于通衢，方出迎诏，人心遂安。乃遣使自劾停赦行刑、征调诸军、擅以惟良为帅等罪，帝深善之。曰：“《经》所谓行权，此其是也。”别赐金虎符，使节制诸军，且诏曰：“朕委卿以方面之权，事当从宜，毋拘常制，坐失事机。”①

外地叛党谋反，远离京都，事出紧急，希宪果断采取“停赦行刑、征调诸军、擅以惟良为帅”诸手段，成功平定叛乱，稳定朝廷局势，可谓魄力无比矣。自劾诸“罪”，实为赫赫之功！故世祖深善之，并赐金虎符，委以方面之权。而“事当从宜，毋拘常制，坐失事机”，既是对希宪此次表现的肯定，又是对希宪今后处事的期许。至于世祖所云“《经》所谓行权，此其是也”的“《经》”，所指正当是《孟子》。世祖对希宪的这一评断，既表明希宪善于行权，又表明世祖、希宪之君臣二人，皆深通于《孟子》之精义。

对此，明人胡粹中更是给予廉希宪以“孟子之后，一人而已”之极高评价，云：

> 孟子在当时，义利仁暴之说，齐梁诸君所不乐闻。岂惟齐梁之君？后世汉唐贤主亦未有能表章之者。顾乃千有余年，而元世祖独喜闻之；不惟喜闻之，而又能行之，故终以不嗜杀人一天下。呜呼，贤哉！然自孟子之后，传其学而能行者，希宪一人而已。故其于额尔布格（按，即阿里不哥）、珲塔噶（按，即浑都海）、刘太平之乱，能权而得中；谏方士炼丹，却帝师受戒，又深得距邪说、放淫辞之义。宜乎！世祖以廉孟子目之也②。

“自孟子之后，传其学而能行者，希宪一人而已”的赞誉，

① 明·宋濂等：《元史》卷一二六《廉希宪传》，前揭，第3087—3088页。

② 明·胡粹中：《元史续编》卷一，影印文渊阁《四库全书》本。

或有拔高之嫌，然而希宪所为“能权而得中”，确能得孟子“经权之辨”真谛。

2. “受孔子戒，距邪说，放淫辞”

胡粹中赞誉廉希宪精于孟学的另一个方面，乃以其深得孟子“距邪说，放淫辞”之旨，所指即为希宪当年“谏方士炼丹，却帝师受戒”一事。《元史》本传载：

> 方士请炼大丹，敕中书给所需，希宪具以秦、汉故事奏，且曰：“尧、舜得寿，不因大丹也。”帝曰：“然。”遂却之。时方尊礼国师，帝命希宪受戒，对曰：“臣受孔子戒矣。”帝曰：“孔子亦有戒耶?”对曰：“为臣当忠，为子当孝，孔子之戒，如是而已。”①

需要指出，蒙元时期宗教多元发展，尤其是佛教和道教，更是在政治事务与经济生活中发挥了重要作用。有元一代，自帝王以至于百姓，多有信奉佛教、道教者，尤以藏传佛教为盛。《元史·释老传》称：“元兴，崇尚释氏，而帝师之盛，尤不可与古昔同语。维道家方士之流，假祷祠之说，乘时以起，曾不及其什一焉。”② 上引“方士请炼大丹”，即可见元世祖至元初年道教之流行；而“时方尊礼国师”，则指世祖对于佛教之尊崇。国师又称帝师，乃从佛教首领中选出，以资问政。世祖佞佛，在中统元年（1260）甫一即位，即尊年轻的吐蕃萨斯迦人八思巴（1235—1280）为帝师，“授以玉印，命制蒙古新字”③。而且不惟世祖如此，元代“累朝皇帝，先受佛戒九次，方正大宝。而近侍陪位

---

① 明·宋濂等：《元史》卷一二六《廉希宪传》，前揭，第3092页。

② 明·宋濂等：《元史》卷二〇二《释老传》，前揭，第4517页。

③ 明·宋濂等：《元史》卷二〇二《释老传》，前揭，第4518页。

者，必九人或七人，译语谓之暖答世，此国俗然也”[1]。

而从廉希宪的学问渊源看，他自幼所接受的是孔孟儒学及传统经史之学，与佛老之学乃属异途。故而见方士炼丹，影响国计民生，便以秦汉故事及儒家道统之发端人物尧舜之例劝诫，世祖应允之。而当世祖命希宪受佛戒时，希宪亦直言相告已“受孔子戒”，并释孔子之戒内容为“为臣当忠，为子当孝”，直截表明其坚定的儒学立场。而且，如此应答，其实也是一种“权变”和“无奈”，与当年孟子面对杨墨之学流行的情形极其相似。《孟子·滕文公下》云：

> 公都子曰：“外人皆称夫子好辩，敢问何也?”孟子曰：“我岂好辩哉? 予不得已也。……世衰道微，邪说暴行有作，臣弑其君者有之，子弑其父者有之。孔子惧，作《春秋》。《春秋》，天子之事也。是故孔子曰：‘知我者其惟《春秋》乎，罪我者其惟《春秋》乎?’圣王不作，诸侯放恣，处士横议，杨朱、墨翟之言盈天下，天下之言，不归杨则归墨。杨氏为我，是无君也。墨氏兼爱，是无父也。无父无君，是禽兽也。公明仪曰：‘庖有肥肉，厩有肥马，民有饥色，野有饿莩，此率兽而食人也。’杨墨之道不息，孔子之道不著，是邪说诬民，充塞仁义也。仁义充塞，则率兽食人，人将相食。吾为此惧，闲先圣之道，距杨墨，放淫辞，邪说者不得作。作于其心，害于其事；作于其事，害于其政。圣人复起，不易吾言矣。昔者禹抑洪水而天下平，周公兼夷狄、驱猛兽而百姓宁，孔子成《春秋》而乱臣贼子惧。《诗》云：

① 元·陶宗仪著，文灏点校：《南村辍耕录》卷二《受佛戒》，北京：文化艺术出版社，1998年，第21页。

‘戎狄是膺，荆舒是惩，则莫我敢承。’无父无君，是周公所膺也。我亦欲正人心，息邪说，距诐行，放淫辞，以承三圣者，岂好辩哉，予不得已也。能言距杨墨者，圣人之徒也。”

这里的“邪说”，即指“无父无君”的杨墨之学。这里的“淫辞”，乃指“杨墨不习《六经》，违悖先圣之道，作为我、兼爱之言，因而天下人亦不习《六经》，由杨墨之言而又放滥之，遂成一无父无君之害”。孟子之所以拒斥，则因“孟子习《六经》先圣之道，知此无父无君之淫辞起于杨墨，故先距之。……既拒杨墨，以涤其原，于是放逐其依附淫佚之辞，以绝其流”[①]。于廉希宪而言，因其有孔孟儒学信仰，故视当时的佛道之学为“邪说”、“淫辞”，故而哪怕是皇帝意愿，亦坚决谏议和拒绝，彰显出其不屈风节。正因为此，胡粹中才称誉廉希宪深得孟子“距邪说、放淫辞之义”。清人有诗赞之曰：“佞佛石喇麻，君臣尽膜拜。懿渠文正王，却受孔子戒。”[②] 所言良不诬也！

3. “教不可缓，不嗜杀人”

元代于湖广行省设荆南路，治所在今湖北江陵、公安一带，对于元朝来讲属于僻远南方。至元十二年（1275），廉希宪受到元世祖的紧急召见并委以开化荆南之重任。《元史》本传载：

十二年，右丞阿里海牙下江陵，图地形上于朝，请命重臣开大府镇之。帝急召希宪还，使行省荆南，赐坐，谕曰：“荆南入我版籍，欲使新附者感恩、未来者向化，宋知我朝有臣如此，亦足以降其心。南土卑湿，于卿非宜，今以大事

① 清·焦循撰，沈文倬点校：《孟子正义》卷十三，前揭，第458页。

② 清·邓显鹤：《沅湘耆旧集》卷九十八《阅辍耕录三首》（之二），清道光二十三年邓氏南邨草堂刻本。

付托，度卿不辞。”[①]

希宪承命，“冒暑疾驱以进。至镇，阿里海牙率其属郊迎，望拜尘中，荆人大骇。即日禁剽夺，通商贩，兴利除害，兵民按堵。首录宋故宣抚、制置二司幕僚能任事者，以备采访，仍择二十余人，随材授职。……时宋故官礼谒大府，必广致珍玩，希宪拒之。”[②] 同时，廉希宪雷厉风行地推出了一系列稳定秩序及惠及民生的政策法令，诸如“令凡俘获之人，敢杀者，以故杀平民论。为军士所虏，病而弃之者，许人收养；病愈，故主不得复有。立契券质卖妻子者，重其罪，仍没入其直。先时，江陵城外蓄水捍御，希宪命决之，得良田数万亩，以为贫民之业。发沙市仓粟之不入官籍者二十万斛，以赈公安之饥”[③]，再一次展示出其施政的干练与魄力。

更重要的是，在当地秩序稳定、生活有序之“大纲既举”后，希宪明确提出“教不可缓也”[④]，并接连推出系列举措，“大兴学，选教官，置经籍，旦日亲诣讲舍，以厉诸生”[⑤]。所置经籍之细目虽不可详考，然从希宪之学术渊源及四书学北传的实际情形推断，《孟子》之书当包括其中。而兴学教化的效果十分明显，在希宪主政荆南后，“西南溪洞，及思、播田、杨二氏，重庆制置赵定应，俱越境请降。事闻，帝曰：‘先朝非用兵不可得地，今希宪能令数千百里外越境纳土，其治化可见也。’关吏得江陵人私书，不敢发，上之，枢密臣发之帝前，其中有曰：‘归附之初，人不聊生。皇帝遣廉相出镇荆南，岂惟人渐德化，昆虫草

---

① 明·宋濂等：《元史》卷一二六《廉希宪传》，前揭，第3093—3094页。
② 明·宋濂等：《元史》卷一二六《廉希宪传》，前揭，第3094页。
③ 明·宋濂等：《元史》卷一二六《廉希宪传》，前揭，第3094页。
④ 明·宋濂等：《元史》卷一二六《廉希宪传》，前揭，第3094页。
⑤ 明·宋濂等：《元史》卷一二六《廉希宪传》，前揭，第3094页。

木，咸被泽矣。’帝曰：‘希宪不嗜杀人，故能尔也。’”[①]

因希宪通于儒学，治理地方过程中“道之以德，齐之以礼”[②]，故而会出现“人渐德化，昆虫草木，咸被泽矣”的理想世风，而这一效果为“重刑用兵”之治策所远不及。在这一事件中，希宪与孟子学至少有两处关联：一为先富后教，一为不嗜杀人。

《论语·子路》载：“子适卫，冉有仆。子曰：‘庶矣哉!’冉有曰：‘既庶矣，又何加焉?’曰：‘富之。’曰：‘既富矣，又何加焉?’曰：‘教之。’”治国之道，以富民为先，这并非儒家的专利，法家亦如此主张，然先庶后富，先富后教，齐之道礼，教不可缓，便独为儒家所极看重。而且不惟孔子如此，孟子亦有类似观点。《梁惠王上》云：“是故明君制民之产，必使仰足以事父母，俯足以畜妻子，乐岁终身饱，凶年免于死亡，然后驱而之善，故民之从之也轻。”《滕文公上》云：“人之有道也，饱食暖衣、逸居而无教，则近于禽兽。圣人有忧之，使契为司徒，教以人伦：父子有亲，君臣有义，夫妇有别，长幼有叙，朋友有信。”据此，“是治民之法，先富后教，为自古不易原则”[③]。希宪饱读经史，正是从孔孟经典中获取精义，以达致用。

至于希宪之治理荆南，“不嗜杀人”，泽被草木，一方面，盖由于希宪深知《孟子》“今夫天下之人牧，未有不嗜杀人者也。如有不嗜杀人者，则天下之民皆引领而望之矣。诚如是也，民归之，由水之就下，沛然谁能御之”[④] 之仁政思想；另一方面，则是缘于他深得《孟子》“不忍一牛，恩充四海”之旨，这也正是

---

① 明·宋濂等：《元史》卷一二六《廉希宪传》，前揭，第3094—3095页。

② 语出《论语·为政》2·3。

③ 程树德撰，程俊英、蒋见元点校：《论语集释》第三册，北京：中华书局，1990年，第907页。

④ 语出《孟子·梁惠王上》1·6。

其当年曾经向忽必烈汇报过的《孟子》主旨之一。"不忍一牛"，典出《孟子·梁惠王上》。所不同的是，当年梁惠王虽不忍一牛而欲以羊易之，在孟子看来依然是"恩足以及禽兽，而功不至于百姓"的行为，仍不算施仁政。孟子的理想社会模式是：

> 五亩之宅，树之以桑，五十者可以衣帛矣。鸡豚狗彘之畜，无失其时，七十者可以食肉矣。百亩之田，勿夺其时，数口之家可以无饥矣。谨庠序之教，申之以孝悌之义，颁白者不负戴于道路矣。老者衣帛食肉，黎民不饥不寒，然而不王者，未之有也①。

达到如此状态，需要主政者"发政施仁"；倘能发政施仁，便可"使天下仕者皆欲立于王之朝，耕者皆欲耕于王之野，商贾皆欲藏于王之市，行旅皆欲出于王之涂，天下之欲疾其君者皆欲赴愬于王，其若是，孰能御之"②。希宪之主政荆南，"能令数千百里外越境纳土"，与孟子"发政施仁"之主张若合符契，难怪忽必烈称誉他"其治化可见也"。

4. "丈夫见义勇为，祸福无预于己"

至元十六年（1279），也就是在廉希宪去世的前一年，他曾于疾中，"戒其子曰：'丈夫见义勇为，祸福无预于己，谓皋、夔、稷、契、伊、傅、周、召为不可及，是自弃也。天下事苟无牵制，三代可复也。'又曰：'汝读《狄梁公传》乎？梁公（按，唐代名相狄仁杰）有大节，为不肖子所坠，汝辈宜慎之！'"③

这并非仅仅属人之将终之善言，希宪一生，确实时时处处竭

① 语出《孟子·梁惠王上》1·7。

② 语出《孟子·梁惠王上》1·7。

③ 明·宋濂等：《元史》卷一二六《廉希宪传》，前揭，第3096页。

力践行其不屈之大丈夫气节及回复夏商周三代治世之理想。

孟子在与时人景春对话中提出“大丈夫”之标准：“居天下之广居，立天下之正位，行天下之大道，得志与民由之，不得志独行其道，富贵不能淫，贫贱不能移，威武不能屈，此之谓大丈夫。”[①] 这一立论，不仅是修养论意义上的，而且包含政治论意义，故本章章旨言：“以道匡君，非礼不运，称大丈夫。阿意用谋，善战务胜，事虽有刚，心归柔顺，故云妾妇，以况仪、衍。”[②] 希宪之出处行事，从不阿谀面从，而以天下事为重，每每敢于激切直言。《元史》本传载：

> 希宪每奏议帝前，论事激切，无少回惜。帝曰：“卿昔事朕王府，多所容受，今为天子臣，乃尔木强耶？”希宪对曰：“王府事轻，天下事重，一或面从，天下将受其害，臣非不自爱也。”[③]

而当希宪因故被谪居家患疾时，“帝遣医三人诊视，医言须用沙糖作饮，时最艰得，家人求于外，阿合马与之二斤，且致密意。希宪却之曰：‘使此物果能活人，吾终不以奸人所与求活也。’帝闻而遣赐之”[④]。阿合马（？—1282）为回回人，是元代初年理财派权臣的代表人物，此人多智巧言，益肆贪横，曾在元世祖面前诋毁廉希宪。希宪不为阿合马小利而屈从，体现出可贵的气节。

而且，希宪之治政，志存高远，以恢复三代圣治为最高追

---

① 语出《孟子·滕文公下》6·2。

② 清·焦循撰，沈文倬点校：《孟子正义》卷十二，前揭，第420页。

③ 明·宋濂等：《元史》卷一二六《廉希宪传》，前揭，第3091页。

④ 明·宋濂等：《元史》卷一二六《廉希宪传》，前揭，第3092—3093页。

求。不惟其疾革时如此戒子，在其早年即怀此志。至元初年，“帝谕希宪曰：‘吏废法而贪，民失业而逃，工不给用，财不赡费，先朝患此久矣。自卿等为相，朕无此忧。’对曰：‘陛下圣犹尧、舜，臣等未能以皋陶、稷、契之道，赞辅治化，以致太平，怀愧多矣。今日小治，未足多也。’”①

倘若将这段话与希宪疾革戒子之语合而观之，则可以明显看出，希宪始终以皋、稷、周、召等三代贤臣自期，最终理想则是至于尧舜之大治。这一情怀，与孟子当年亦有相通之处：一方面，孟子亦曾以“三代之得天下也以仁”②，推崇三代之治；另一方面，照汉人赵岐说法，孟子晚年退而撰修《孟子》，“垂宪言以诒后人”时，所怀正是“自知遭苍姬以讫录，值炎刘之未奋，进不得佐兴唐虞雍熙之和，退不能信三代之余风，耻没世而无闻焉”③ 的遗憾。希宪熟稔《孟子》，自然可以领会孟子之政治理想。清人焦袁熹亦曾感慨云：

> 世之学士，称先道古者多矣，特以是为美云尔，固非能真知其可行而实有志乎是也。如廉公者，可不谓振古之豪杰哉！“天下事无牵制，即三代可复”，此语真不愧“廉孟子”之目。孟子欲行殷周助法，定养民之制，此志不遂，犹寄望于后之仁人。读其书不以是而为心，是皆曲学阿世之尢，而孟子之所谓民贼也。方今急务，无若减江南浮粮，稍复宋元之旧，然议者已忧其多所牵制矣，谁为廉孟子者，上天至

① 明·宋濂等：《元史》卷一二六《廉希宪传》，前揭，第 3090—3091 页。

② 语出《孟子·离娄上》7·3。

③ 清·焦循撰，沈文倬点校：《孟子正义》卷一《孟子题辞》，前揭，第 10—11 页。

仁，不终剿生民之命，跂予望之，恶能已哉[1]！

可见，廉希宪乃着实把《孟子》之真精神落实到了其日常生活和政治生命当中。

三、廉希宪习染孔孟与夷夏关系

明人王世贞（1526—1590）曾对廉希宪之平生功业有极高评价，将其与耶律楚材、伯颜并称为元代“三仁”，云：

> 吾尝谓元有三仁焉，楚材辅刚主而柔之，使不为暴于天下，又能以死塞利孔，其仁蔽天地矣。巴延（按，即伯颜）之下宋也肃而谧，其居功也廉而约，其处废也恬而智，其应世事也毅而裁，古社稷臣哉！乃廉希宪又有学力焉，宰相之为真宰相也，男子之为真男子也。噫！孰谓元无人[2]。

需要注意，这一段文字的版本依据为清文渊阁《四库全书》本，而属明末刻本的江用世所辑《史评小品》中也辑录了王世贞的这段评语，文字上却有出入。出入较大者有二：一为清本“辅刚主而柔之，使不为暴于天下”，明本作“调乳虎而驯之，使不尽血肉中国”；一为清本“孰谓元无人”，明本作“孰谓胡无人”[3]。“中国”之改“天下”，“胡”之改“元”，当皆缘于清朝亦

① 清·焦袁熹：《此木轩杂著》卷六，清嘉庆九年刻本。

② 明·王世贞：《读书后》卷四《书廉希宪巴延诸传后》，影印文渊阁《四库全书》本。

③ 明·江用世：《史评小品》卷二十二《元》，明末刻本。

属“异族”统治中原，于传统夷夏观念敏感而避讳。然于希宪而言，“元”本作“胡”，却准确反映出其本为西域畏吾儿异族之身份特征，亦反映出西域人华化之显著效果。

廉希宪以西域人之身份而习染孔孟儒学，号为“廉孟子”，且将其学贯于为人行政当中，气节凛然，治化可观。其实在有元一代，属于色目人、西域人而习染华俗、文章彬彬者非止希宪一人。清人王士祯谓：

> 元名臣文士，如移剌楚才（按，即耶律楚材），东丹王突欲孙也。廉希宪、贯云石，畏吾人也。赵世延、马祖常，雍古部人也。孛朮鲁翀，女直人也。迺贤，葛逻禄人也。萨都剌，色目人也。郝天挺，朵鲁别族也。余阙，唐兀氏也。颜宗道（按，即伯颜宗道），哈剌鲁氏也。瞻思，大食国人也。辛文房，西域人也。事功、节义、文章，彬彬极盛，虽齐鲁、吴越衣冠士胄，何以过之[①]？

在元代，特殊的民族构成及文化背景，造成了色目人、西域人等华化现象之普遍。有学者认为：“在元代多民族统一政体内，因民族不同而礼俗相异，即所谓‘五方之人，言语不通’，‘殊方异俗’，‘嗜欲不同’。虽然蒙古统治者推行各依本俗的政策，但元代东迁西域诸族既住华夏已久，耳濡目染，广受汉文化思想影响，遂从名氏、居室、礼仪及立身处世等各方面都受到中国传统礼俗的感染，他们‘修孔氏之业，读文公之书’，继而乃‘释棚掉甲，理冠带、习俎豆，来游来歌，莫不洗涤’，以致‘亦一时

① 清·王士祯：《池北偶谈》卷七《元人》，影印文渊阁《四库全书》本。

风会’。”[①]

问题是，究竟该如何看待这种夷夏之间存在的张力？就廉希宪而言，有二事曾为人诟病，此二事皆与夷夏关系相关。

其一，至元元年（1264），廉希宪“丁母忧，率亲族行古丧礼，勺饮不入口者三日，恸则呕血，不能起，寝卧草土，庐于墓傍。宰执以忧制未定，欲极力起之，相与诣庐，闻号痛声，竟不忍言。未几，有诏夺情起复，希宪虽不敢违旨，然出则素服从事，入必缞绖。及丧父，亦如之”[②]。希宪在父母去世时，皆严遵儒家三年之丧及丁忧之制，而其时朝廷尚未将丁忧之制悬为令甲。直到成宗大德八年（1304），朝廷方颁布诏书曰：“三年之丧，古今通制。今后除应当怯薛人员、征戍军官外，其余官吏父母丧亡，丁忧终制，方许叙仕。夺情起复，不拘此例。”[③] 此距希宪之去世（1280）已逾二十余载。廉希宪作为色目人，父母去世时远远不受三年之丧限制，完全可以从其民族之本俗。一般人“斤斤然唯恐汉法之拘束之，而廉希宪、赵世延乃乐于受古礼之拘束”[④]，足见其诚挚儒学情怀。明人伍袁萃赞曰：“予谓使江陵丧父时哀毁如廉公，又谁忍夺其情哉？夷狄之有臣，不如诸夏之亡也，悲夫！”[⑤] 江陵丧父，即指明代万历年间内阁首辅张居正（1525—1582）之父去世，皇帝不许其回乡丁忧而夺情使其继续任职之事[⑥]。面对父母之丧，伍袁萃以张居正尚不若廉希宪之情

---

① 马建春：《元代东迁西域人礼俗汉化之考察》，载《西北民族学院学报》2001年第4期。

② 明·宋濂等：《元史》卷一二六《廉希宪传》，前揭，第3090页。

③ 《元典章·吏部》卷五《典章十一》，元刻本。

④ 陈垣：《元西域人华化考》卷六《西域人丧葬效华俗》，前揭，第112页。

⑤ 明·伍袁萃：《林居漫录》卷一多集，明万历刻本。

⑥ 参《明史·张居正传》及黄仁宇《万历十五年》第一章《万历皇帝》（北京：三联书店，1997年）。

真切，故悲夫“夷狄之有臣，不如诸夏之亡也”① 之古训，是对传统夷夏之防观念的批判，可谓面对新的历史境遇所产生的新型夷夏观，较诸以往，通达了许多。

清人徐乾学（1631－1694）对希宪之举却颇有微词。在他看来，“从来有诏夺情而坚辞不起，未有辄加以罪者。纵加以罪，亦孝子所不辞也。故非国家安危之际，而借君命为口实以起复，皆实忘其亲而贪位者耳。希宪起复，竟未一辞，吾不敢以为醇儒”②。从希宪之政治行历及平时作为看，他决非贪图权势、萦怀私利之辈，加之希宪本属西域人，在元初当时历史条件下依然能主动实行丁忧之制，已可见其对儒学信仰之笃，乾学之批评或有苛责之嫌。至于其“不敢违旨”而应允起复，或亦可视作一种“权变”，不可视为“忘其亲”，希宪在任上依然“出则素服从事，入必缞绖”便是明证。

其二，王夫之（1619－1692）于明清之际，睹江山之易主，于史事有所感发，云：

> 先王收之于胶庠，而奖之以饮射，非以钳束之也。凡以养其和平之气而潜消其险诈也。王泽既斩，士非游说不显，流及战国，蔑宗周，斗群雄，诛夷亲臣，斩艾士民，皆不逞之士雠其攀附之私以燏乱天下。嗣是而后，上失其道，则游士蜂起。朱温之为枭獍，敬翔、李振导之也；石敬瑭之进犬羊，桑维翰导之也。乃至女直、蒙古之吞噬中华，皆衣冠无赖之士投幕求荣者窥测事机而劝成之。廉希宪、姚枢、许衡之流，又变其局而以理学为捭阖，使之自跻于尧、舜、汤、

① 语出《论语·八佾》，原文作：“子曰：‘夷狄之有君，不如诸夏之亡也。’”

② 清·徐乾学：《读礼通考》卷一〇九，影印文渊阁《四库全书》本。

文之列，而益无忌惮。游士之祸，至于此而极矣[①]。

其中，对于廉希宪、姚枢、许衡等人以理学侍奉蒙元，提出激烈批评。究其因，乃在于在船山看来，蒙元之建立乃属“蒙古之吞噬中华”，夷夏之防甚为强烈而自觉。这自然与船山所处明清之际的政治形势和文人心态有关，因为清朝是继元代之后又一个由异族“吞噬”而建立起来的政权。

对于此，有学者却从另外一个角度进行审视。清人章邦元称：

> 姚枢、许衡、赵复、廉希宪、窦默，皆以理学名儒而事夷狄，天若故意欲抑诸子矣。虽然，元主起朔漠，罔识《诗》《书》，若非诸子悉心启沃，令稍知纲常名教，则中国将化为夷狄，而人道息矣。然则天生诸子，非以弃诸夷狄，固欲进夷狄而中国之也[②]。

在章邦元看来，姚枢、许衡、廉希宪诸人功劳卓著，其功在于以儒家学说教化起于朔漠，罔识《诗》《书》的元主，将夷狄进于中国，而不致使中国沦于夷狄而致人道灭息。这一夷夏观，又与元人当时之观念相通。元人郝经曾云：

> 虽然，天无必与，惟善是与；民无必从，惟德之从。中国而既亡矣，岂必中国之人而后善治哉！圣人有云：“夷而

① 清·王夫之：《读通鉴论》卷十四《东晋安帝》，见《船山全书》第十册，长沙：岳麓书社，2011年，第538页。

② 清·章邦元：《读通鉴纲目札记》卷十九《蒙古诏窦默许衡至开平》，清光绪十六年铜陵章氏刻本。

进于中国则中国之。”苟有善者，与之可也，从之可也，何有于中国于夷[①]？

今日能用士而能行中国之道，则中国之主也。士于此时而不自用，则吾民将膏铁钺、粪土野，其无孑遗矣[②]！

其实，郝经的夷夏观较诸章邦元，更体现出对于蒙古统治者的某种“妥协性”，也因此具有了很强的现实意义。“能行中国之道，则中国之主”，表明郝经为蒙古政权在中原统治的正当性找到了一个恰当的理论借口；而“士于此时而不自用”的劝勉和召唤，则为广大汉族士人仕于元廷、维护道统铺平了道路[③]。

在夷夏关系的处理上，清人陶保廉曾提供了另外一种折衷方案，亦颇启人。顺治五年（1648）和同治初年，陕西、甘肃等地曾经爆发回民与汉民的大型冲突，导致朝廷对回民进行了大肆屠戮。保廉感慨云：

吾愿汉民勿藐视回民，勿诟为异种，以消畛域之见。回民如必服膺回教，则宜反居默克故乡。今既世居中土千余年，衣服语言皆同华夏，何妨尽弃旧习，概从孔孟？《元史》所称受孔子戒之廉希宪，世祖目为廉孟子者，非即畏吾儿人乎[④]？

保廉此处虽然对汉民和回民“各打二十大板”，不过劝汉民不藐视回民，劝回民尽弃旧习，概从孔孟，道出的却是华夷之间

① 元·郝经：《陵川集》卷十九《辨微论·时务》，影印文渊阁《四库全书》本。

② 元·郝经：《陵川集》卷三十七《与宋国两淮制置使书》，影印文渊阁《四库全书》本。

③ 参周春健：《元代四书学研究·结语》，前揭，第305—306页。

④ 清·陶保廉：《辛卯侍行记》卷四，清光绪二十三年养树山房刻本。

不同文明和平相处的真谛。

四、结语：学术与治术之间

《华化考》一书撰于公元1923年，其时正值中国军阀混战、民不聊生之际，亦即陈垣先生所谓“中国被人最看不起之时，又值有人主张全盘西化之日”[①]。故而陈垣在《华化考》中亦竭力展示“西域人归化中国之事”[②]，表著西域人“敦诗书而说礼乐”之盛[③]，以彰显华夏文明之魅力。但这不意味着西域人真的完全抛弃了其本民族之文化或习俗，更不意味着西域文明较诸华夏文明低级或幼稚，不同文明皆有各自的优长所在。

不过学术不同于治术，蒙元统治者要想在包括广大中原地区在内的整个元朝实现其稳固统治，对于华夏儒术的选择是一个必然，这里面存在一个“各取所需”的现实问题[④]。而且在这个过程中，西域人发挥了重要的推进作用。精于《孟子》的廉希宪早在甲寅岁（1254），即曾荐举汉族名儒许衡“提举京兆学校，教育人材，为根本计”[⑤]，后来许衡更是出任集贤殿大学士兼国子祭酒，通过规定学校四书五经教材并亲自著述，使儒学在元代教育领域得到更广泛的普及。而在至元二十一年（1284），时任朝列大夫、左侍议奉御的畏吾儿人阿鲁浑萨理亦曾“劝帝治天下必用儒术，宜招致山泽道艺之士，以备任使。帝嘉纳之，遣使求贤，

① 陈智超编注：《陈垣来往书信集》，上海：上海古籍出版社，1990年，第818页。

② 陈垣：《元西域人华化考》卷一《华化意义》，前揭，第4页。

③ 陈垣：《元西域人华化考》卷一《元时西域文化状况》，前揭，第3页。

④ 参周春健：《元代四书学研究》第二章，前揭，第72—73页

⑤ 明·宋濂等：《元史》卷一二六《廉希宪传》，前揭，第3085页。

置集贤馆以待之”①，其目的亦正在“由中国历史观察，熟审当时情形，以为惟此于元有利，遂主张以此收服中国之人心也”②。

对于廉希宪等元代西域人来讲，因入华而习染华俗，因孔孟儒学包含精义且于政治统治必要而习学并推行儒术，蒙古统治者亦审时度势，多有采纳，终于在元代初年形成“以儒治国”的文化政策③。当然，在这一过程中，更有汉族士人为维护儒家道统不坠所做出的不懈努力。简言之，民族、文明、政权之间的相互错综，共同构成了元代鲜活的历史。

① 明·宋濂等：《元史》卷一三〇《阿鲁浑萨理传》，前揭，第3175页。
② 陈垣：《元西域人华化考》卷二《佛教世家之儒学》，前揭，第29页。
③ 参周春健：《元代四书学研究》第一章，前揭，第30页。

辽金元三《史》读札[①]

提要：笔者近年究心辽、金、元三代学术研究，平日研读中华书局本《辽史》、《金史》、《元史》[②]，觉其中有必要辨证者，遂作札记若干，以就教于方家。诸条之排列，以在三《史》中先后顺序为序。

一、《辽史》读札

1.《太祖纪下》："（神册）五年春正月乙丑，始制契丹大字。……九月……壬寅，大字成，诏颁行之。"（册1页16）

按：清李有棠《辽史纪事本末》卷一云："《永乐大典》引《纪异录》云，渤海既平，乃制契丹大字三千余言，在天显元年。与《纪》异。"按，太祖神册五年为公元920年，天显元年为公元926年，相隔六年。又，清金门诏《补三史艺文志·经部·小学类》著录曰："太祖《契丹大字》，耶律庶成制。"按，金氏所

---

① 本文发表于《现代哲学》2013年第4期。

② 三《史》之版本为——元·脱脱等：《辽史》，中华书局，1974年；元·脱脱等：《金史》，中华书局，1975年；明·宋濂等：《元史》，中华书局，1976年。

云撰者误，耶律庶成主要生活于圣宗、兴宗朝，由其弟耶律庶箴卒于道宗大康八年（1082）推论，太祖时庶成盖尚未出生。王仁俊《辽史艺文志补证》袭之，亦误。黄任恒《补辽史艺文志》，不误。

2.《穆宗纪上》：“天禄五年秋九月癸亥，世宗遇害，逆臣察割等伏诛。丁卯，即皇帝位。群臣上尊号曰天顺皇帝，改元应历。戊辰，如南京。是月，遣刘承训告哀于汉。冬十一月，汉、周、南唐各遣使来吊。乙亥，诏朝会依嗣圣皇帝故事，用汉礼。”（册 1 页 69）又，《仪卫志四》：“穆宗应历元年，诏朝会依嗣圣皇帝故事，用汉礼。”（册 3 页 920）

按：嗣圣皇帝，辽太宗耶律德光之尊号。《续文献通考》卷九十六《王礼考》云：“世宗天禄五年十一月（穆宗已即位），诏朝会依嗣圣皇帝故事，用汉礼（互见“朝仪门”）。臣等谨按：《仪卫志》作应历元年，误也。”按，穆宗“应历元年”与世宗“天禄五年”为同年（951），十一月时世宗已崩，诏书当为穆宗所发，故应属穆宗朝事，《续文献通考》所辨反误。

3.《景宗纪上》：“（保宁八年十二月）戊午，诏南京复礼部贡院。”（册 1 页 96）

按：是年（976）诏南京复礼部贡院，当为辽代科举正式实行“省试”之始。然辽代正式实行科举当在此之前，《辽史·室昉传》载：“会同初，登进士第，为卢龙巡捕官。”证明在太宗时即已科举取士。故宋叶隆礼《契丹国志》卷二十三所谓：“太祖龙兴朔漠之区，倥偬干戈，未有科目。数世后，承平日久，始有开辟。”实非确论。

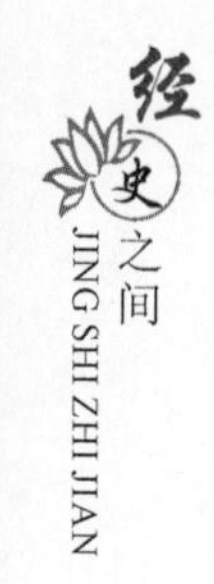

4.《道宗纪一》:“(清宁元年十二月)戊戌,诏设学养士,颁《五经》传疏,置博士、助教各一员。”(册1页253)

按:《辽史·百官志四·南面京官》载:“五京学职名总目:道宗清宁五年,诏设学养士,颁经及传疏,置博士、助教各一员。”与《道宗纪》所载不符。中华书局本《辽史》卷四十八校勘记云:“清宁五年诏设学养士。按《纪》,诏设学养士在清宁元年十二月。”清厉鹗《辽史拾遗》卷十六《补选举志》亦云:“《续文献通考》曰:‘辽太祖时,置上京国子监,设祭酒、司业、监丞、主簿。时南京立太学,圣宗统和九年八月,以南京太学生员寖广,特赐水硙庄一区。道宗清宁五年,诏设学养士,颁《五经》及《传疏》,置博士、助教各一员。六年六月,中京置国子监。’鹗案:南京太学赐水硙庄一区,《辽史·本纪》系统和十三年九月事;诏设学,颁《五经》传疏,系清宁元年十二月事。王圻所引,年月误矣。”

二、《金史》读札

1.《熙宗纪》:“(皇统元年二月)戊子,上亲祭孔子庙,北面再拜。退谓侍臣曰:‘朕幼年游佚,不知志学,岁月逾迈,深以为悔。孔子虽无位,其道可尊,使万世景仰。大凡为善,不可不勉。’自是颇读《尚书》、《论语》及《五代》、《辽史》诸书,或以夜继焉。”(册1页76—77)

按:熙宗祭庙时间,《金史·礼志八·宣圣庙》亦认为在“皇统元年二月戊子”,《金史·孔璠传》则以为在是年“三月”:“皇统元年三月戊午,上谒奠孔子庙,北面再拜,顾谓侍臣曰:‘朕幼年游佚,不知志学,岁月逾迈,深以为悔。大凡为善,不可不勉。孔子虽无位，其道可尊，万世高仰如此。'"清徐乾学《资治通鉴后编》卷一一四、《续通考》卷四十八《学校考》、《续通典》卷五十三《礼典》等均亦以为在"三月"。未知孰是。

2.《熙宗纪》："（皇统二年正月）壬子，衍圣公孔璠薨，子拯袭。"（册1页78）

按：璠之卒年，元陈桱《通鉴续编》卷十六、清徐乾学《资治通鉴后编》卷一一五均以为在宋高宗绍兴十二年，即金之"皇统二年（1142）"；而《金史·孔璠传》则云："皇统三年，璠卒。子拯袭封，加文林郎。"与《熙宗纪》所云年代不一，《续通志》卷五三六《孔氏后裔传》与之同。

3.《海陵纪》："（正隆元年，1156）二月癸酉朔，改元正隆，大赦。庚辰，御宣华门观迎佛，赐诸寺僧绢五百匹、彩五十段、银五百两。"（册1页106）

按：《金史·章宗纪三》载"二月……庚午，御宣华门，观迎佛"，事在"承安二年（1197）"，属章宗事，与海陵王"观迎佛"事为二事。

4.《世宗纪上》："（大定三年）七月庚戌，太白昼见。以太子太师宗宪为平章政事，以孔总为袭封衍圣公。"（册1页132）

按：元陈桱《通鉴续编》卷十八亦以为"金以孔总袭封衍圣公"在"孝宗皇帝隆兴元年（金大定三年，1163）"之"秋七月"。清徐乾学《资治通鉴后编》卷一二一及《续通志》卷四十九所载同。（日）今关寿麿《宋元明清儒学年表》以为"金以孔总为衍圣公"事在宋孝宗淳熙七年（即金大定二十年，1180），或误也。

5.《章宗纪一》：“（大定二十九年，1189）秋七月……辛巳，诏京、府、节镇、防御州设学养士。初设经童科。”（册1页211）

按：据《金史·选举志一·经童科》，金代“经童科”经历了一个初设、废置、复置的过程，云：“初，天会八年（1130）时，太宗以东平童子刘天骥，七岁能诵《诗》、《书》、《易》、《礼》、《春秋左氏传》及《论语》、《孟子》，上命教养之，然未有选举之制也。熙宗即位之二年，诏辟贡举，始备其列，取至百二十二人。天德间（1149—1153），废之。章宗大定二十九年，上谓宰臣曰：‘经童岂遽无人，其议复置。’”故《章宗纪》云大定二十九年“初设”之说，盖误也。

6.《章宗纪二》：“（明昌六年八月）己巳，以温敦伯英言，命礼部令学官讲经。”（册1页236）

按：温敦，女真姓。温敦伯英，生平无考。《金史》曾为二“伯英”立传，一为《文艺传上》所立之《杨伯仁传》，称：“杨伯仁，字安道，伯雄之弟也。天性孝友，读书一过成诵。登皇统九年进士第，事亲不求调。天德二年，除应奉翰林文字。初名伯英，避太子光英讳，改今名。”一为《循吏传》所立之《张彀传》，称：“张彀，字伯英，许州临颍人。大定二十八年进士，调宁陵县主簿。……兴定元年，以疾卒。”杨、张二“伯英”，盖与此处“温敦伯英”或皆非指同一人。

7.《章宗纪四》：“（泰和四年二月，1204）癸丑，诏刺史，州郡无宣圣庙学者并增修之。”（册1页267）

按：清秦蕙田《五礼通考》卷一一九、《续通志》卷五十三等所载同。《续文献通考》卷四十八《学校考》则以为事在“承安四年（1199）二月”，或误也。

8.《选举志一·进士诸科》:“正隆元年(1156),命以《五经》、《三史》正文内出题,始定为三年一辟。”(册 4 页 1135)

按:《续文献通考》卷三十四《选举考》云:“正隆二年(1157),以《五经》、《三史》正文内出题。明昌二年(1191),改令《五经》、子史内出题。”与《金史》等所云“正隆元年”之说不同。

9.《选举志一·进士诸科》:“(大定)二十八年(1188),复经义科。”(册 4 页 1136)又,《选举志二·文武选》:“经义进士。皇统八年,就燕京拟注。六年,与词赋第一人皆拟县令,第二人当除察判,以无阙遂拟军判。……大定二十八年始复设是科,每举专主一经。”(册 4 页 1163)

按:《续文献通考》卷三十四《选举考》亦云:“二十八年,复经义科,申定试期。……旧制,试女直进士在再试汉进士后,是年以复设经义科,更定是制。”《金史·选举志一·进士诸科》则以为在“二十九年”(1189),云:“旧制,试女直进士在再试汉进士后,大定二十九年以复设经义科,更定是制。”或非也。

10.《徒单镒传》:“(大定)十五年,诏译诸经,著作佐郎温迪罕缔达、编修官宗璧、尚书省译史阿鲁、吏部令史杨克忠译解,翰林修撰移剌杰、应奉翰林文字移剌履讲究其义。”(册 7 页 2186)

按:所译诸经,目不可考。清金门诏《补三史艺文志》著录《五经译解》一书,注曰:“大定年诏温迪罕缔达、宗璧、阿鲁、杨克忠译解,移剌杰、移剌履讲究其义。”又著录《四书译解》一书,注曰:“温迪罕缔达、宗璧、阿鲁、张克忠等译,一作杨克忠。”龚显曾《金艺文志初录》亦著录此二书,均以为此次译

经所成即《五经译解》、《四书译解》，未知所据。又，金氏、龚氏又著录《女直字孝经》一书，注曰“大定年译”或“大定间译”。按，世宗大定年间，译经活动有明确记载者有十五年（1175）和二十三年（1183）两次，二十三年译经所进《五经》、诸子等书中不包括《孝经》，则《女直字孝经》或为十五年所译。

11.《孔元措传》：“承安二年正月，诏元措兼曲阜县令，仍世袭。”（册 7 页 2312）

按：《金史・章宗纪二》以为“特命袭封衍圣公孔元措世袭兼曲阜令”事在“二月”，清秦蕙田《五礼通考》卷一二一、清徐乾学《资治通鉴后编》卷一三〇、《续通志》卷五十二等所载同。

三、《元史》读札

1.《文宗纪五》：“（至顺三年正月）壬午……封孔子妻郓国夫人亓官氏为大成至圣文宣王夫人。”（册 3 页 799）

按：清秦蕙田《五礼通考》卷一一九云：“至顺三年（1332），封先圣夫人，制曰：‘我国家惇典礼以弥文，本闺门以成教，乃瞻素王之庙，尚虚元媲之封，有其举之，斯为盛矣！大成至圣文宣王妻亓官氏，来嫔圣室，垂裕世家，笾豆出房，因流风于殷礼；琴瑟在御，存燕乐于鲁堂。功言邈若于遗闻，仪范俨乎其合德。作尔袆衣之象，称其命鼎之铭。噫！秩秩彝伦，吾欲广《关雎》、《鹊巢》之化；皇皇文治，天其兴河图凤鸟之祥，可特封大成至圣文宣王夫人。’”朝廷之制颁布时间，各家差异较大：清孙承泽《元朝典故编年考》卷七及毕沅《续资治通鉴》卷二〇六以为在“至顺元年（1330）”；明李之藻《頖宫礼乐疏》卷二以为在“至顺二年（1331）”，柯劭忞《新元史·文宗纪下》与之同。

2.《祭祀志五·宣圣》：“阙里之庙，始自太宗九年（1237），令先圣五十一代孙袭封衍圣公元措修之，官给其费。而代祠之礼，则始于武宗。”（册 6 页 1899）

按：清秦蕙田《五礼通考》卷一二一《祀孔子》载：“《祭祀志》：阙里之庙，始自太宗三年（1231）。”与《元史》所载不符。

3.《杨惟中传》：“皇子阔出伐宋，命惟中于军前行中书省事。克宋枣阳、光化等军，光、随、郢、复等州，及襄阳、德安府，凡得名士数十人，收伊、洛诸书送燕都，立宋大儒周惇颐祠，建太极书院，延儒士赵复、王粹等讲授其间，遂通圣贤学，慨然欲以道济天下。”（册 11 页 3467）

按：关于太极书院的创建年代，侯外庐等《宋明理学史》据明人孙承泽《元朝典故编年考》认为在太宗八年（1236），周良霄《赵复小考》一文据郝经《太极书院记》认为在窝阔台十二、十三年（1240—1241）间。（日）今关寿麿《宋元明清儒学年表》则将“蒙古杨惟中与姚枢谋建太极书院于燕京，延赵复为师”一条，系于“宋理宗嘉熙二年”，即公元 1238 年，为又一说。

4.《张文谦传》：“（至元）十九年（1282），拜枢密副使。岁余，以疾薨于位，年六十八。”（册 12 页 3697）

按：文谦之卒年，元人虞集《张氏新茔记》云：“至元二十年（1283）二月壬申，公薨。”（载元苏天爵《元文类》卷三十）与《元史》所载有异。

5.《许衡传》："至元二年（1265），帝以安童为右丞相，欲衡辅之，复召至京师，命议事中书省。衡乃上疏曰：'臣性识愚陋……'书奏，帝嘉纳之。"（册12页3718—3726）

按：考许衡上疏所言，与其《时务五事》一文所载恰合，惟文字略有差异。然《鲁斋遗书》卷十三《考岁略》、明杨士奇《历代名臣奏议》卷六十六《治道》、清孙承泽《元朝典故编年考》卷二《大儒时务书》等，皆以《时务五事》之上在"至元三年（1266）"，而非如《元史》所言在"至元二年"。待考。

6.《吴澄传》："皇庆元年（1312），升司业，用程纯公《学校奏疏》、胡文定公《六学教法》、朱文公《学校贡举私议》，约之为教法四条。"（册13页4012）

按：据元人危素《临川吴文正公年谱》及虞集《道园学古录》卷四十四《临川先生吴公行状》，吴澄升国子司业、定教法四条事均在武宗至大四年（1311）。《元史》本传以为在仁宗皇庆元年，概据揭傒斯《神道碑》之说："仁宗即位，进司业，乃损益程淳公《学校奏疏》、胡文定公《大学教法》、朱文公《学校贡举司议》，为教四条：一曰经学，二曰行实，三曰文艺，四曰治事。"按，仁宗即位之年，即皇庆元年。

7.《袁桷传》："泰定四年（1327）卒，年六十一。"（册13页4026）

按：据元苏天爵《滋溪文稿》卷九《袁文清公墓志铭》："泰定初，辞归。四年八月三日，以疾终于家，享年六十有二。"则认定袁桷之卒年一致，而生年较《元史》所载要早一年。

8.《敬铉传》："（敬俨）叔祖铉，与太原元好问同登金进士

第，国初为中都提学，著《春秋备忘》四十卷，仁宗朝命刻其书，今行于世。”（册 13 页 4096）

按：明朱睦㮮《授经图义例》卷十六、清黄虞稷《千顷堂书目》卷二、清倪灿、卢文弨《补辽金元艺文志》等，皆著录“《春秋备忘》十卷、《续备忘遗说》三十卷”，或《元史》所言“四十卷”乃合二书而言。又，清金门诏《补三史艺文志》著录“敬俨《春秋备忘》四十卷，一作敬铉”，误。清钱大昕《补元史艺文志》作“四十卷”，注曰：“一作四十六卷，一作三十卷。”清朱彝尊《经义考》卷一九三据吴澄《春秋备忘序》，作“三十卷”，注曰“佚”。

9.《张特立传》：“（宪宗三年，1253）癸丑，特立卒，年七十五。中统二年，诏曰：‘中庸先生学有渊源，行无瑕玷，虽经丧乱，不改故常，未遂丘园之贲，俄兴窀穸之悲。可复赐前号，以彰宠数。’”（册 15 页 4476）

按：《金史·张特立传》云：“后卒癸丑岁，年七十五。”与《元史》同。柯劭忞《新元史·张特立传》则云“至元三年卒，年七十五”，以为张特立卒年在 1266 年，未知所据。然中统二年（1261）诏书之颁布，当在张特立卒后，故其卒年当在此前，《新元史》之说盖误也。

元代科举之罢与蒙汉观念之“冲突”①

摘要：元顺帝时期的罢废科举，体现出以许有壬为代表的儒士集团和以伯颜为代表的蒙古势力在诸多观念上的冲突，大端有四：举子是否赃败，科举人才是否可用，士人是否欲求物质私利，科举是否妨碍蒙古选法。这些冲突不仅体现在学术层面，更体现在政治层面。元代科举之罢废，是元朝作为“征服王朝”政治生态的一个集中体现。元代科举的推行时间较短，选拔人才有限，这是导致元代吏治腐败、运祚不长的重要原因。

元朝（1271—1368）是由北方蒙古族建立起来的少数民族政权，同时也是中国历史上第一个真正实现了南北统一的“征服王朝”（美国学者魏特夫之语）。职是之故，元代学术与政治之间有一定的特殊性。科举考试，不惟与学术密切关联（考试依据往往是儒家经典），而且是极其重要的士子仕进途径，影响着天下的稳定，故而对于窥测元代学术与政治之间的关联，是一个很好的视角。

---

① 本文发表于《安徽大学学报》2016 年第 6 期。

一、许、伯之辨与科举之罢

南宋灭亡（1279）之后，由于时势需求以及蒙古人对于科举的轻视，科举取士一度停废。经历了元代世祖、成宗、武宗三朝，在王鹗、许衡、王恽等汉族儒士的大力推进下，至元仁宗皇庆二年（1313）十一月，皇帝终于下诏，规定自皇庆三年（1314）八月正式恢复科举。同时规定，无论蒙古人、色目人，还是汉人、南人，第一场皆考《四书》，且以朱子《四书章句集注》为准；而汉人、南人又考《五经》，版本亦以程朱之说为主。元仁宗延祐二年（1315）三月，首次廷试进士，录取进士56人，元代的科举制度得以正式建立①。

然而科举只实行了二十余年，至顺帝至元元年（1335），便爆发了一场关于科举罢废的激烈争论。争论双方，分别是汉族士人代表参政许有壬、监察御史吕思诚，以及蒙古势力代表丞相伯颜、中书平章政事彻里帖木儿。关于此次事件，《元史·彻里帖木尔传》有一段详细记述：

> 至元元年，拜中书平章政事。首议罢科举，又欲损太庙四祭为一祭。监察御史吕思诚等列其罪状劾之，帝不允，诏彻里帖木儿仍出署事。时罢科举诏已书而未用宝，参政许有壬入争之。太师伯颜怒曰："汝风台臣言彻里帖木儿邪？"有壬曰："太师以彻里帖木儿宣力之故，擢置中书。御史三十

① 参周春健：《元代四书学研究》第二章，上海：华东师范大学出版社，2008年，第60—65页。

人不畏太师而听有壬，岂有壬权重于太师耶?”伯颜意解。有壬乃曰：“科举若罢，天下人才觖望。”伯颜曰：“举子多以赃败，又有假蒙古、色目名者。”有壬曰：“科举未行之先，台中赃罚无算，岂尽出于举子?举子不可谓无过，较之于彼则少矣。”伯颜因曰：“举子中可任用者唯参政耳。”有壬曰：“若张梦臣、马伯庸、丁文苑辈皆可任大事。又如欧阳元功之文章，岂易及邪?”伯颜曰：“科举虽罢，士之欲求美衣美食者，皆能自向学，岂有不至大官者邪?”有壬曰：“所谓士者，初不以衣食为事，其事在治国平天下耳。”伯颜又曰：“今科举取人，实妨选法。”有壬曰：“古人有言，立贤无方。科举取士，岂不愈于通事、知印等出身者?今通事等天下凡三千三百二十五名，岁余四百五十六人。玉典赤、太医、控鹤，皆入流品。又路吏及任子其途非一。今岁自四月至九月，白身补官受宣者七十二人，而科举一岁仅三十余人。太师试思之，科举于选法果相妨邪?”伯颜心然其言，然其议已定不可中辍，乃为温言慰解之，且谓有壬为能言。有壬闻之曰：“能言何益于事。”彻里帖木儿时在座，曰：“参政坐，无多言也。”有壬曰：“太师谓我风人劾平章，可共坐邪?”彻里帖木儿笑曰：“吾固未尝信此语也。”有壬曰：“宜平章之不信也，设有壬果风人言平章，则言之必中矣，岂止如此而已。”众皆笑而罢。翌日，崇天门宣诏，特令有壬为班首以折辱之。有壬惧及祸，勉从之。治书侍御史普化诮有壬曰：“参政可谓过河拆桥者矣。”有壬以为大耻，遂移疾不出。

初，彻里帖木尔之在江浙也，会行科举，驿请考官，供张甚盛，心颇不平，故其入中书以罢科举为第一[①]。

由这段引文，我们可以获知如下信息：

首先，自延祐开科取士之初，科举的推行之路便不顺畅，朝中总有反对声音。比如在顺帝至元元年此次罢科举之前，彻里帖木尔在江浙任上就对科举“心颇不平”，故而甫一入中书，便“以罢科举为第一”。关于这点，许有壬说得更为明白：“主者虽随事折之，而当时大臣复有不悦贡举限秩而用事者，欲因而摇之。周旋扶护而潜弭之，一二人是赖。盖设科来，列圣首诏，必有因而摇之者。庚申之春，则剥复之机系焉。癸亥冬，惴惴几坠。”[②] 这里的“庚申（1320）”，乃指元英宗即位之年；“癸亥（1323）”，则为泰定帝即位之年。元代科举遭受“惴惴几坠”的危险境地，距延祐间复科举，也不过七八年时间。

其次，许有壬先世居颍，后徙汤阴，幼颖悟，曾“擢延祐二年进士第”[③]，是元代恢复科举后的首批进士。吕思诚则曾从名儒萧𣂏治经，并曾“三为祭酒，一法许衡之旧，诸生从化，后多为名士”[④]。许、吕二人皆为汉人，均对儒学有很深的感情，并在推进和维护元代科举的施行方面有所贡献。伯颜、彻里帖木儿二人，则代表了蒙古权势集团的保守势力，故对汉人、南人以及科举取士有着敌意和成见。许有壬和伯颜的激烈争辩，便是两派势力在科举问题上意见相左的集中展现。

---

① 明·宋濂等：《元史·彻里帖木尔传》，中华书局，1976 年，第 3404—3406 页。相关文字，又参明人陈邦瞻撰《元史纪事本末》卷八，北京：中华书局，1979 年，第 61—62 页。

② 元·许有壬：《至正集》卷三十二《送冯照磨序》，影印文渊阁《四库全书》本。

③ 明·宋濂等：《元史·许有壬传》，前揭，第 4199 页。

④ 明·宋濂等：《元史·吕思诚传》，前揭，第 4251 页。

再次，许、伯争辩，围绕科举共有四个回合的交锋。二人的争辩，共同揭示出元代学术与政治的实质，也体现出在这一问题上蒙汉观念之“冲突”。

二、蒙汉观念冲突之表现

基于科举之罢而体现出来的蒙汉观念之冲突，简要说来，大端有四：

1. “人才觖望”与“举子赃败”

正如姚大力先生所言：“元代科举入仕的儒生人数虽然极少，可是毕竟成为广大士人阶层的希望所在。这本来是有利于元政权的社会心理因素。”① 此语道出的，正是科举考试在维护社会安定方面所具有的极其重要的功能。这一功能，不仅是学术的（读经），又是政治的（秩序）。

宋元鼎革之际，科举久废，汉人无进仕之阶，曾引发士人从业身份的严重分化。加之元朝特殊的历史境遇，使元代文人怀有复杂的心态。今人么书仪分析这一心态的形成原因时称：

> 由于元朝八十年不开科举，使当时那些接受了儒家思想传统，并怀有拯物济世理想的文人心灵受到伤害。生计问题造成的人心散乱，不思进取导致的士人品格丧失，怀旧情绪带来的对汉唐盛世不切实际的旧梦重温，地位改变迫使文人对生活多角度的观察思考以及对儒家传统观念的突破，错综

① 姚大力：《元朝科举制度的行废及其社会背景》，载《蒙元制度与政治文化》，北京：北京大学出版社，2011年，第258页。

复杂地纠合在一起，使元代文人的心态呈现出一种独特的面貌[①]。

时人王鹗有感于此，曾经提出尽快恢复科举的建议："贡举法废，士无入仕之阶，或习刀笔以为吏胥，或执仆役以事官僚，或作技巧贩鬻以为工匠商贾。以今论之，惟科举取士，最为切务。"[②] 而仁宗时一旦恢复科举，广大读书人顿觉有了用武之地，欢欣鼓舞，士气大振。时人刘诜为高师周作墓铭即云："仁宗皇帝以明经修行取天下士，君忻然曰：'庶几可以展吾志矣！'"[③] 曾经得到仁宗礼遇的宰辅大臣李孟亦曾作诗表露心志云："百年场屋事初行，一夕文星聚帝京。豹管敢窥天下士，龙（一作"鳌"）头谁占日边名？宽容极口论时事，衣被终身荷圣情。愿得真儒佐明主，白头应不负平生。"[④]

许有壬之所以竭力反对罢废科举，并称"科举若罢，天下人才觖望"，原因正在于此。所谓"觖望"，乃指因不满意而生怨恨。元朝建立几十年，汉族士人好不容易盼到实行科举，其心情是"如种待获，适惟其时"[⑤]，如今没过几年便要废止，怨怼之情可想而知，许有壬所言不诬也。

许有壬对待科举的态度代表的是汉族士人的立场，丞相伯颜却不这样看，他反驳许有壬的第一条证据是——"举子多以赃败，又有假蒙古、色目名者"，这是伯颜对科举士子政治素质和

① 么书仪：《元代文人心态》第一章，北京：文化艺术出版社，1993 年，第 7 页。

② 明·宋濂等：《元史·选举志一·科目》，前揭，第 2017 页。

③ 元·刘诜：《桂隐文集》卷二《高处士师周》，影印文渊阁《四库全书》本。

④ 清·顾嗣立：《元诗选》二集卷五《初科知贡举》，影印文渊阁《四库全书》本。

⑤ 元·黄溍：《文献集》卷七上《诸暨州乡贡进士题名记》，影印文渊阁《四库全书》本。

道德品质的双重否定。劈头便击其要害，伯颜下手不可谓不重。

其实，许有壬也承认举子中存在赃败行为，故称“举子不可谓无过”，但相对于朝中更多官员来说，“较之于彼则少矣”，故不可以偏概全。何况从历史的眼光来看，“科举未行之先，台中赃罚无算，岂尽出于举子”？因此过错不可尽归之于科举。应当说，许有壬的反驳是有力的，科举出身者较为清廉也确属事实。元代镇江人俞希鲁在《送录事司达鲁花赤萨都剌序》中即称：“选举得人，前代故不论，自我朝设科以来，搜罗俊彦，济济在官。廉声能绩，煊赫中外。然儒者之效，诚有益于国家也。”① 相反，倒是未行科举时的元廷，由于轻视儒学，重用胥吏，未能使吏治受到“其精者为道德，而粗者为礼乐刑政”② 的儒家学说的限制，而致政治腐败严重。姚大力先生称：

> 取代儒生大批涌入中下层官僚机构的，是缺乏正统的儒家思想熏习教冶的胥吏令史。用当时人的话说，他们以刻薄文法、精深薄书相尚，捱蹭岁月，“一旦得用，如猛虎之脱槛、饥鹰之掣鞲”。国家即使有善政良法，付诸实行，也“往往误于胥吏。将以除弊，反足厉民”。显然，这种选仕制度损害了官僚素质与传统法度之间的内在谐调，破坏了国家机器理应具有的前述调节作用。其结果既加速了吏治的腐败，也催化了整个社会状况的恶化。……正因为如此，明初澄清吏治的重要措置之一，就是一反元代用吏之道而行之，明确宣布“黜吏用儒”。科举制度在遭致被贬斥命运时，恰

---

① 《嘉庆丹徒县志（二）》卷五十四《艺文志·杂文·元文》，《中国地方志集成·江苏府县志辑》第三十册，南京：江苏古籍出版社，1991 年，第 316—317 页。

② 元·戴表元：《剡源文集》卷八《大学中庸孝经诸书集解音释序》，影印文渊阁《四库全书》本。

恰从反面证明了自己的存在对中国传统社会的积极意义①。

因此可以说，“‘举子赃败’只是巴延为达到停罢科举制度而夸大其词，与现实大相径庭。正如有的学者所言：‘可以断言，元代进士中的贪赃之徒只是极少数，绝大多数进士是能够廉洁自持的。’”②

至于伯颜所说汉人中“又有假蒙古、色目名者”，确属事实。元人王礼亦曾感慨：“予观曩时铨选薄，南士嗜仕进者往往诡籍于北，而讳弃父母之邦，倍本忘初，岂仁人之用心哉?”③ 所谓“南士嗜仕进者往往诡籍于北”，即指科考报名时，南方之士假冒北方蒙古、色目人户籍，为的是增加录取的几率。然而这一情形的出现，并非简单出于道德层面的“倍本忘初”，更为现实的因素是，元代科举制度具有明显的优待“国族”，压制汉人、南人的倾向。这便使得数倍于蒙古、色目人的汉人、南人科考士子，仅获得与蒙古、色目人大致相当的录取名额，从而迫使他们采取“假蒙古、色目名”的“对策”④。一个典型的例子是元人鲁钝生。杨维桢《鲁钝生传》载：

鲁钝生，不知何许人，或曰东鲁人也。六岁，善读书，日记万余言。十岁，能为古歌诗。长，明《春秋》经学。状貌奇古，人以为伟兀氏（按，维吾尔氏）。鲁钝生笑曰：“使余氏西域，用法科才，魁天下士，一日之长耳，不幸生江南

① 姚大力：《元朝科举制度的行废及其社会背景》，前揭，第 270 页。

② 刘海峰、李兵：《中国科举史》第四章，上海：东方出版中心，2004 年，第 263 页。

③ 元·王礼：《麟原后集》卷三《西溪八咏序》，影印文渊阁《四库全书》本。

④ 参刘海峰、李兵：《中国科举史》第四章，前揭，第 264—266 页；又姚大力：《元朝科举制度的行废及其社会背景》，前揭，第 265—266 页。

为孤隽。”落魄湖海间，以任纵自废①。

鲁钝生所苦笑的，也恰是因出身江南而在科举考试中难得仕进。因此，伯颜批驳许有壬的“又有假蒙古、色目名者”，非但不能说明“举子之赃败”，反而更说明了蒙元朝廷在科举制度上对汉人、南人的歧视。

2.“有才者多”与“可任用者少”

第一个回合的论辩，丞相伯颜未占上风。当许有壬以“科举未行之先，台中赃罚无算，岂尽出于举子？举子不可谓无过，较之于彼则少矣”作为证据，驳斥伯颜的“举子多以赃败”之说后，伯颜理亏，于是以“举子中可任用者唯参政耳”应之。此语实一箭双雕：一方面，改换论辩角度，不再言举子赃败，而言举子无用无能；另一方面，“可任用者唯参政耳”之表达，又包含拉拢许有壬之意味。

许有壬并不上当，而是举出张梦臣、马伯庸、丁文苑、欧阳玄（字元功，一作原功）等优秀举子据理力争。伯颜的这一立论其实非同小可，因为他这样说来，便“完全否定了科举制度的人才选拔功能，这是不公允的。元代科举考试选拔了大量的人才，他们在政治、文学以及学术等方面成为元代社会的中流砥柱。正如许氏所言：‘若张梦臣、马伯庸、丁文苑辈皆可任大事。又如欧阳元功之文章，岂易及邪？’在《类编历举三场文选》目录首页中出版者的‘咨’文说：‘圣朝科举自甲寅至乙亥凡八科，人材辈出，其于性理之学，宏博之文，治平之策，精到者多，视前代科目之弊不可同日而语矣。’‘丙子之岁，梯云受阻，举业中辍，斯文兴废，实存乎人。钦惟圣天子德圣教明，诏复旧制，四

① 元·杨维桢：《东维子文集》卷二十八《鲁钝生传》，四部丛刊影旧钞本。

方风动，文治益隆……将以抱才负艺借经科第而行其实学焉。'"①

不过，伯颜等如此看待举子，可能是从士子科进为官后的政治功业相对较小来讲的。这是元代政治的又一个现实，然而这与科举制度中的歧视汉人、南人密切相关。因为元朝进士出身的官员，无论数量还是地位，在官僚构成中皆居劣势。真正在元代政治系统中发挥作用的，还是拥有雄厚根基的"宿卫近侍"和"吏业循资"。元人朱德润即曾云：

> 国家承平，垂七十年，治教休明，百度具张，而取士之科尤广。凡入官者，首以宿卫近侍，次以吏业循资。盖近侍多世勋子孙，吏业多省台旧典。自此，或以科举，或以保荐。内则省台院部，外则路府州县，咸以岁月计迁，九品分班，森布天下，可谓盛矣！而百家九流之人，亦杂出于其间，岂遴选之多而士之所以求进者亦不专以儒术欤②？

另外，即便有士子科举为官，任正职者一般为蒙古人、色目人，而汉人、南人多为副职，再加上数量有限，政治影响自然就相对薄弱。但实际上，元代进士治理地方的政绩相当突出，非如伯颜所说一无是处。有学者曾经作过统计：

> 尽管由于元代中期才采行科举，由进士担任的地方官只占整个元代地方官吏中的极小部分，但是"元代进士在《元史·良吏传》所录总人数中、《新元史·循吏传》所录总人数中及部分志书各自所录元代'名宦'总人数中所占的比

① 刘海峰、李兵：《中国科举史》第四章，前揭，第261页。

② 元·朱德润：《存复斋文集》卷四，明刻本。

例，却要远远高出上述比例……由此可以确凿地得出这么一个结论：元代进士在元代地方官队伍中是出类拔萃的，他们治理地方的政绩是突出的，他们的政治素质要远远高于元代地方官队伍的平均水平”。不仅如此，不少进士还成为中央的重要官员，延祐二年（1315 年）科进士共计 56 人，在其后的十五六年中“司风纪，掌纶綍，内综机务，外使绝域，才不乏使”。泰定四年（1327 年）的 85 名新科进士中，二十余年之后，“同榜之士扬历台省，蔚有令闻，则贡举所贤之效，成均养士之隆，益可征也”①。

著名元史专家萧启庆先生也认为：“元代科举制度虽受不少局限，但仍有助于减少门第、族群、地域的隔阂，以文学经术为评准，为元代统治阶层注入一批学养、背景相近似的新菁英。设若元代不速亡，科举制度或能使‘统治菁英’的成份及性质发生不小的改变。”②

由此说来，伯颜所谓“举子中可任用者唯参政耳”一语，更可能是一种论辩技巧，而与元代政治的实际情形有较大出入。

3. “其事在治国平天下”与“欲求美衣美食”

在前两轮论辩中，伯颜诋毁科举和拉拢许有壬，皆被许有壬有力驳回，于是他采取了第三招——安抚。所谓“科举虽罢，士之欲求美衣美食者，皆能自向学，岂有不至大官者邪”，其意是说，科举虽罢而士子仍有出路，仍然可以为官，不必过于计较。而此语背后真正的潜台词则是——在伯颜看来，士人重视科举，无非意在“求美衣美食”，这便是对士人阶层精神品格的贬低了。

---

① 刘海峰、李兵：《中国科举史》第四章，前揭，第 261－262 页。

② 萧启庆：《元代科举与菁英流动：以元统元年进士为中心》，载《内北国而外中国：蒙元史研究》（上册），北京：中华书局，2007 年，第 212 页。

许有壬当然无法接受，于是义正辞严地回击道：“所谓士者，初不以衣食为事，其事在治国平天下耳。”

在儒家观念中，从来是将“闻道”、“行道”视为头等大事，“美衣美食”非其所忧。《论语·卫灵公》载：“子曰：‘君子谋道不谋食。耕也，馁在其中矣；学也，禄在其中矣。君子忧道不忧贫。’”而孔子赞颂颜渊“一箪食，一瓢饮，在陋巷。人不堪其忧，回也不改其乐”[①] 的“孔颜乐处”，其实亦在“乐道”[②]。许有壬所谓士者“其事在治国平天下”，文献来源正出列于《四书》之首的《大学》[③]。许有壬以此语作答，当是受了四书学北传并应用于科举的直接影响。

反观元代诸儒士，体现“不以衣食为事，其事在治国平天下”之儒家品质者，不乏其人，不妨举二三典型者。一为四书学北传之最关键人物江汉赵复。据《元史·赵复传》载，太宗乙未岁（1235），元出兵伐宋，有德安（今湖北安陆）之战。姚枢奉诏求儒、释、道、医、卜士，德安儒者赵复被俘，欲自尽，枢劝之曰：

> 果天不君与？众已同祸，爰其全之，则上承千百年之统，而下垂千百世之洪绪者，将不在是身耶？徒死无义，可除君而北，无他也[④]。

---

① 《论语·雍也》6·9。

② 程伊川曾言：“使颜子而乐道，不足为颜子。”朱子则言：“直谓颜子为乐道，有何不可。”详细辨析，可参刘贡南《道的传承——朱熹对孔子门人言行的诠释》第一章，上海：华东师范大学出版社，2011 年，第 17—28 页。

③ 朱子曾言《四书》之次序：“学问须以《大学》为先，次《论语》，次《孟子》，次《中庸》。《中庸》工夫密，规模大。”（《朱子语类》卷 14《大学纲领》）

④ 元·姚燧：《牧庵集》卷四《序江汉先生死生》，影印文渊阁《四库全书》本。

正是怀着这种“传道”、“传宗”的信念，赵复才随姚枢来到燕京，并创太极书院，传播四书学，使元代北地亦受到程朱理学的广泛影响。《宋元学案》又曾记述关于赵复的另一则遗事，由此可见赵复之品格与气节：

> 世祖尝召见曰：“我欲取宋，卿可导之乎?”对曰：“宋，父母国也，未有引他人之兵以屠父母者。”世祖义之，不强也①。

另外，同属于“元代理学三大家”的许衡和刘因，平生为学为官，亦恪遵“行道”、“尊道”之信念，志在“治平”，决不苟且。《南村辍耕录》载：

> 中书左丞魏国文正公鲁斋许先生衡，中统元年应召赴都日，道谒文靖公静修刘先生因，谓曰：“公一聘而起，毋乃太速乎?”答曰：“不如此则道不行。”至元二十年，征刘先生至，以为赞善大夫。未几，辞去。又召为集贤学士，复以疾辞。或问之，乃曰：“不如此则道不尊。”②

如杜维明先生所言，虽然“《辍耕录》里的这个故事并未明言，刘氏之使道尊就一定超迈于许氏之使道行。考虑到环境以及身涉其中的个人感受，从道德角度观，两种选择都是正确恰当的。尽管南北之间存在着分歧，使道尊和使道行对于所有相关的

① 清·黄宗羲、全祖望：《宋元学案》卷九十《鲁斋学案》，前揭，第2994—2995页。

② 元·陶宗仪：《南村辍耕录》卷二《征聘》，影印文渊阁《四库全书》本。

儒家学者而言都是极其重要的”[①]。

伯颜显然未曾预料到“士之欲求美衣美食”之说，已经触碰到了儒家知识分子道德及信仰的底线，并招致许有壬的严厉回击。“安抚”不成，于是他最终向许有壬亮出了底牌——科举“实妨选法”。

4. “一岁仅三十余人”与“实妨选法”

伯颜“今科举取人，实妨选法”一语，便极为显白地将“科举”与“选法”对立起来了，同时也直白地宣告了伯颜之所以力主罢科举的最主要原因——儒家士子通过科举取士获取官位，从而分割了蒙古贵族集团的政治利益。

针对于此，许有壬据理力争，首先申明朝廷施政当“立贤无方”，要不拘一格简拔人才；其次表彰科举取士之出身贤能，“科举取士，岂不愈于通事、知印等出身者”；最后以精确的数据统计说明，在元代科举考试中，儒士数量之微小及地位之卑下：“今通事等天下凡三千三百二十五名，岁余四百五十六人。玉典赤、太医、控鹤，皆入流品。又路吏及任子其途非一。今岁自四月至九月，白身补官受宣者七十二人，而科举一岁仅三十余人。”

应当说，许有壬所举这一证据是可靠的。这里，我们不妨再举几组数据以证明之。时人姚燧曾言：

> 太凡今仕惟三涂：一由宿卫，一由儒，一由吏。由宿卫者，言出中禁，中书奉行制敕而已，十一之。由儒者，则校官及品者，提举、教授出中书，未及者，则正、录而下出行省、宣慰，十分一之半。由吏者，省、台、院、中外庶司、

① 杜维明：《刘因儒家隐逸主义解》，载《道、学、政：论儒家知识分子》，上海：上海人民出版社，2000年，第68页。

郡县，十九有半焉[①]。

美国学者艾尔曼统计云：

在1315年到1400年间，总共只录取2179名进士，平均每年34名。从1279年到1450年间，大部分的高层官职都是经由荐举或其他管道擢拔，而且根据1314年到1366年间的数据，蒙古人和其他非汉族民族占了全部举人和进士名额的50%，虽然他们的人口数仅占整体注册户籍人口的3%[②]。

姚大力先生也称，元代科举的规模，无论就取录人数或进士的地位前途而言，与唐宋相比都很不足道。

自延祐二年至元亡54年间，以35年为一代，合1.5代，则入仕人总数当为28000人。其中由科举入仕者，包括国子监应贡会试中选者共计1400.5人，占仕途总额的5.0%。这个比率，大致上只相当于唐代和北宋的六七分之一[③]。

综上显见，在元代政坛，官位最主要的来源当属“宿卫”与“吏”，而“儒”通过科举途径，不过占“十分之一半”的微小比例。照理说，儒士是无论如何也不会对“选法”造成任何威胁

① 元·姚燧：《牧庵集》卷四《送李茂卿序》，影印文渊阁《四库全书》本。

② ［美］艾尔曼：《南宋至明初科举科目之变迁及元朝在经学历史上的角色》，载《元代经学国际研讨会论文集》，前揭，第75页。

③ 姚大力：《元朝科举制度的行废及其社会背景》，前揭，第263页。

的，反倒是常有生不逢时之叹。明人徐一夔曾感慨云：

> 入元之后，当国者类皆西北右族，所用不过门第、吏胥、技艺杂流三等而已。自予所见，科目之行历五六举，吾邑仅得一人。彼出自学校得释谒者，虽一人亦无之。皓首穷经，不免有不遇时之叹[①]。

况且，即便儒士通过科举为官，也不会占据重要位置，这与元代的基本国策有关。明人方孝孺云："元之有天下，尚吏治而右文法。凡以吏仕者，捷出取大官，过儒生甚远，故儒生多屈为吏。"[②] 因此，当许有壬以确凿证据反问伯颜"太师试思之，科举于选法果相妨邪"时，伯颜亦"心然其言"。只是因为罢科举木已成舟，许有壬之反驳再有力也无力回天，伯颜遂再次做起"表面工作"，"乃为温言慰解之，且谓有壬为能言"。

三、元代罢科举之原因与实质

元代中期科举之罢，由时任宰辅的蒙古贵族伯颜主导。究其因，既有伯颜反感儒学及汉人的个人因素，更因为当时社会存在一股强大的反科举的社会力量。而若探其本质，则实为朝廷两股政治势力的较量。简言之，元代科举之兴废，不仅仅属于学术之争，更是政治力量角逐的结果。

考察丞相伯颜的个人行历，似乎找不到他受汉学正面影响的

---

① 明·徐一夔：《始丰稿》补遗《送齐彦德岁贡序》，清武林往哲遗著本。

② 明·方孝孺：《逊志斋集》卷二十二《林君墓表》，影印文渊阁《四库全书》本。

充足证据。《元史》本传亦只言其“长于西域”，后为元世祖赏识而留在身边，屡建战功，深略善断，被誉为“真宰辅也”[①]。然据明人权衡所撰《庚申外史》，伯颜曾经明确表达了对汉人及科举的极端反感。

> 伯颜奏曰：“陛下有太子，休教读汉儿人书，其间好生欺负人。往时，我行有把马者久不见，问之云‘往应举未回’，我不想科举都是这等人得了。”遂罢今年二月礼部科举[②]。

伯颜所谓“休教读汉儿人书，其间好生欺负人”，未知其所指具体为何，却鲜明地体现出他对于儒学典籍的反感与排斥。这里的“今年”，所指为元顺帝“乙亥至元元年”（1335）。也恰好是在这一年，由伯颜主导，元代科举被罢。

由前文可知，其实不惟伯颜如此看待汉人及科举，彻里帖木尔亦然。这已不是某一两个人情感好恶的事情了，而是出于两种社会力量的抗衡。有学者云：

> 此次停罢科举的由头是彻里特穆尔（按，即彻里帖木尔）的上奏，其理由只是看到科举制度的繁盛以后“心颇不平”，这实际上是元代社会一种较为普遍的社会心理，不少蒙古贵族从狭隘的民族利益出发，不希望通过科举选拔的人才来削弱民族专制权力，加之鄙视汉儒，戏称科举制度为“俗儒守亡国余习”；而有些南宋遗民，基于对科举制度流弊

① 明·宋濂等：《元史·伯颜传》，前揭，第3099页。
② 明·权衡：《庚申外史》，清雍正六年鱼元传钞本。

的深刻认识，也对其产生了偏见，甚至将南宋灭亡归罪于科举制度，“以学术误天下者，皆科举程文之士”。这样在元代社会就形成了一股强大的反科举力量。他们往往从无法选拔真正的人才和进士赃败两个角度批评科举制度[①]。

许有壬与伯颜的论辩，恰好也体现出在对待儒学和科举上这两种不同观念的冲突。

不过，倘若再进一步深究便会发现，丞相伯颜罢废科举，更深刻的原因在于将其作为一种政治斗争的策略，打击某些势力，同时又拉拢某些力量。关于这点，姚大力先生曾有精到的分析：

把罢科举的原因单纯地归诸决策者个人的好恶，总不能令人十分信服。伯颜此举，更可能是他在为垄断朝政而进行的派别斗争中，由于铁腕政治的需要而采取的一种手段。它远远超出了科举行废的本身所具有的意义。

……伯颜并没有燕铁木儿奠立文宗朝的那种勋绩可以依恃。对他来说，只有靠诛灭政敌来进一步扩张自己的权势。唐其势集团被他清除后，通向擅断朝政道路上的下一个障碍，就是以御史台为基地，密切地注视着他的动向，并企图对他的独断专行加以掣肘的儒臣集团了。许有壬说“御史三十人不畏太师而听有壬”，不就分明是在对他进行挑战吗？至元二年，诏“右丞相伯颜，太保定住，中书平章政事孛罗、阿吉剌聚议于内廷。平章政事塔失海牙，右丞巩卜班，参知政事纳麟、许有壬等聚议于中书”。伯颜不仅以内、外廷分别议政的方式排斥许有壬等人，而且还在外廷布置了自

① 刘海峰、李兵：《中国科举史》第四章，前揭，第260页。

> 己的党羽，限制许有壬的言行。朝廷空气的紧张，由此可见一斑。
>
> 正是在上述背景之下，科举成了伯颜进行派别斗争首当其冲的牺牲品——废止科举，对于竭力企图保护它免遭破坏的儒臣无疑将是沉重的政治打击，更何况借此还可以讨好反对科举制度的种种社会势力呢①！

话说开去，虽然自元世祖始即施行“以儒治国”的文化政策②，但元代几代帝王对于儒学及科举的重视，仍然是基于整顿吏治、选拔人才的政治考量，而非如一般儒士那样将其视为实现“治平”抱负的重要途径。由此，伯颜等蒙古权势将罢废科举作为巩固势力、打击政敌的政治手段，也便是情理之中的事了。

四、结语：学术与政治之间

从元仁宗时期的恢复科举，到元顺帝时期的罢废科举，体现出以许有壬为代表的儒士集团与以伯颜为代表的蒙古势力在诸多观念上的冲突。这一冲突不仅体现在学术层面，更体现在政治层面。元代科举之罢废，是元朝作为“征服王朝”政治生态的一个集中体现。台湾学者涂云清称：

> 就蒙元一代的政治史来看，顺帝朝伯颜执政期间，可以说是汉法儒治的谷底时期，自仁宗、英宗至文宗等朝所建立

---

① 姚大力：《元朝科举制度的行废及其社会背景》，前揭，第256—258页。

② 参周春健：《元代四书学研究》第一章，前揭，第30—45页。

的“二期儒治”局面，在伯颜执政期间，为之中辍，究其原因，不外乎以伯颜为代表的蒙古、色目保守势力的全面反扑，这群保守顽固的蒙古、色目贵族，视汉法儒治为毒蛇猛兽，必欲去之而后快，因此停开科举，不过其中的一环而已①。

然而，科举终究在简拔人才和稳定儒士心理方面具有重大的正面作用。如葛兆光先生所言：

> 尽管在元代，这种给读书人提供前途的渠道还不是特别宽，也就是说思想与权力之间这种制度化的链接，还不能容纳更多的士人，但是，它的象征意义却相当强烈，给很多士人暗示了一个知识与利益交换的方式②。

所谓“知识与利益交换的方式”，其意便指士子可以通过科举通向仕途，从而实现“治平”的理想抱负。因此，在政治斗争驱使下的罢废科举，一方面得不偿失，一方面也不会持续太长。果然五年之后，当伯颜所代表的势力集团被打压、伯颜被逐出京师之后，科举便重新施行了。《元史纪事本末》载：

> （元顺帝至元）六年（1340）十二月，诏复行科举。时科举既辍，翰林学士承旨巙巙从容言曰：“古昔取人才以济世用必由科举，何可废也?”帝纳其言，复诏行之。国子监

① 涂云清：《蒙元统治下的士人及其经学发展》第三章，台北：台大出版中心，2012年，第273页。

② 葛兆光：《中国思想史》第二卷第二编，上海：复旦大学出版社，2001年，第284页。

积分生员，三年一次依科举例入会试，中者取一十八名[①]。

不过，元代的科举制度毕竟有所局限，正如姚大力先生所言："元代科举的狭隘规模，把它对国家官僚构成所能发挥的积极影响限制在最低水平上。这不能不是元朝吏治腐败、政治黑暗的一个重要原因。"而这点，恰好是导致元代运祚不长的极为关键的因素。

① 明·陈邦瞻：《元史纪事本末》卷八，北京：中华书局，1979年，第62页。

文献学研究

◎《汉书·艺文志·叙论》疏证

◎《汉志·诸子略》“九流十家”次序考议

◎ 日藏南宋刊单疏本《毛诗正义》（郑风）校读记
——兼议版本与学术的关系

《汉书·艺文志·叙论》疏证①

提要：汉代班固编修《汉书》，创制“艺文志”之崭新品类。《汉志》撰有各类之大序小序，最能体现目录书“辨章学术，考镜源流”之功用。《叙论》为全书之总序，由之可见编修者的学术立场以及秦汉转捩之际学术思想的基本格局。文章乃对《叙论》文字加以疏证，以展示目录学与学术史的密切关联。

《艺文志》为《汉书》“十志”之一，载录先秦两汉图书，分门别类，部次甲乙，开创“史志目录”之崭新品类。它既是目录书，又是学术史，具有特别的价值。清人姚振宗云：“班氏之志艺文也，在当日不过节《七略》之要，为史家立其门户，初不自以为详且尽也。今欲求周秦学术之源流，古昔典籍之纲纪，舍是《志》，无由津逮焉。”② 清儒金榜亦称：“不通《汉·艺文志》，不可以读天下书。《艺文志》者，学问之眉目，著述之门户也。”③ 所言良不诬也！

① 本文发表于湖北大学《中文论坛》（武汉）2015年第1辑（创刊号）。

② 清·姚振宗：《汉书艺文志条理·叙例》。

③ 清·王鸣盛：《十七史商榷》卷二十二。

《汉志》将先秦两汉图书分为“六艺”、“诸子”、“诗赋”、“兵书”、“数术”、“方技”六略，每略又分若干小类，略、类下皆有序文[①]。这些序文对每一略、类的学术作了极为扼要的概括，最能彰显《汉志》“辨章学术，考镜源流”[②]的价值。《叙论》为全书之总序[③]，简要交代《汉志》之成书背景及过程，由之亦可看出编修者的学术立场，以及秦汉转捩之际学术思想的基本格局。

兹对《叙论》文字略作疏证，通释大义，辨析异说，揭橥义理，以见目录学与学术史之密切关联。《汉志》文字，据中华书局1962年标点整理本《汉书》；文字分节，参张舜徽先生《汉书艺文志通释》。

昔仲尼没而微言绝，七十子丧而大义乖。

没，通“殁”，去世。微言，李奇云：“隐微不显之言也。”颜师古云：“精微要妙之言耳。”[④] 微言绝，顾实云：“百家之文，亦称微言。《论语谶》曰：‘子夏六十四人共撰仲尼微言。’然则仲尼微言，《论语》即是。仲尼久殁，难再续记，故云绝矣。”七十子，颜师古云：“谓弟子达者七十二人。举其成数，故言七十。”大义，陈国庆云：“正道的意思，也可以说是诸经的要义。”[⑤] 乖，违离，违背。

---

① 唯“诗赋略”仅有大序，五小类下并无序文。

② 清·章学诚著、叶瑛校注：《文史通义校注·校雠通义》卷一，北京：中华书局，1985年，第945页。

③ 今人李零《兰台万卷：读〈汉书·艺文志〉》即径称为“总序”，今取张舜徽先生《汉书艺文志通释》（武汉：华中师范大学出版社，2004年，第169页）之称谓。

④ 东汉·班固：《汉书·艺文志第十》，北京：中华书局，1962年，第1702页。“疏证”中所引各书，于首次出现时详细注明出版信息及页码，再次出现时不再标注出版信息，仅在引文后标注页码。

⑤ 陈国庆：《汉书艺文志注释汇编·序文》，北京：中华书局，1983年，第2页。

此言“学术之源头”。“艺文”之名，顾实云：“艺，六艺也。孔子曰：‘六艺之于治，一也。’……文，文学也。……故艺文者，兼赅六艺百家之名也。”[①] 刘咸炘云：“群书皆文也，而以六艺为宗，故名艺文。……经即艺，艺即文也。”[②] 张舜徽云：“其所以名为‘艺文’者，艺谓群经诸子之书，文谓诗赋文辞也。……徒以汉代崇儒尊经，故班固此《志》，以艺居上，文居下，而名之曰《艺文志》。”（第167页）述艺文而首举仲尼，乃因孔子删定《六经》之鸿业。夫子删经，于史家而言，尚需考定；然于经师而言，诚为当然，不容置疑，此即四库馆臣所谓“经禀圣裁，垂型万世，删定之旨，如日中天”[③] 是也。班固为古文经学家，亦主孔子删经之论，《汉书·叙传》述《艺文志》撰作缘起，即溯源于孔子之删定《六经》，云：“虙羲画卦，书契后作，虞夏商周，孔纂其业，纂《书》删《诗》，缀《礼》正《乐》，彖系大《易》，因史立法。六学既登，遭世罔弘，群言纷乱，诸子相腾。秦人是灭，汉修其缺，刘向司籍，九流以别。爰著目录，略序洪烈。述《艺文志》第十。”[④] 又，刘光蕡述艺文之源头云：“经籍之重，自孔子始，故从孔子说起也。然不自孔子生说起，而从孔子没说起。为《汉书·艺文》作缘起，见此志叙艺文有别择之意，非漫无去取而录之也。”（第4024页。本文中刘光蕡之说皆转引自施之勉《汉书集释》。）

此二句语出刘歆。顾实考证云：“此汉家尊儒之言也。造端乎武帝罢黜百家，表彰《六经》，大成于成、哀二帝，命刘向、歆父子校理秘文，奏定《七略》，范围方策而不过。班固撰史，

---

① 顾实：《汉书艺文志讲疏》，上海：上海古籍出版社，1987年，第1页。

② 转引自施之勉：《汉书集释》（九），台北：三民书局，2003年，第4023页。

③ 《四库全书总目·经部总叙》，北京：中华书局，1965年，第1页。

④ 东汉·班固：《汉书·叙传第七十下》，前揭，第4244页。

用志艺文，尊儒大典，遂冠百代。今《七略》久佚，幸藉此志。刘歆《移太常博士书》曰：‘夫子没而微言绝，七十子终而大义乖。’故《班志》亦云然也。”（第 2 页）

又“七十子”，诸家多从颜师古之说，以实指孔子弟子达者之七十二人，而以七十为举其成数，张舜徽先生则以为：“以今考之，殊不然也。大抵人之恒言，每喜以三之倍数、九之倍数，形容事物之众多。故凡言‘三十六’、‘七十二’，乃至‘三百’、‘三千’，多属虚数，未可质言。……乃《史记·仲尼弟子列传》所载，仅数十人，大半不能详其行事，但记姓名而已。从知后人所称‘三千’、‘七二’之数，皆夸饰之辞耳。”（第 169 页）聊备一说，亦可用以重估“古诗三千”之说等诸多学术问题。

故《春秋》分为五，《诗》分为四，《易》有数家之传。

《春秋》分为五，颜师古引韦昭云：“谓《左氏》、《公羊》、《谷梁》、《邹氏》、《夹氏》也。”《诗》分为四，颜师古引韦昭云：“谓《毛氏》、《齐》、《鲁》、《韩》。”（第 1702 页）《易》有数家之传，师古未注，据《六艺略》正文，知汉初有施、孟、梁丘诸家。

此言“诸家之分化”，乃顺承前文“七十子丧而大义乖”而来，张舜徽先生辨云：“上世学艺授受，初皆口耳相传，后乃著之竹帛。十口相传，不能无增损之言；五方殊音，不能无讹变之语。师说异同，实由此起。承受既非一本，解说自多纷歧，初不必自仲尼没、七十子丧而后然也。”（第 170 页）至于《六经》中唯举《春秋》、《诗》、《易》而不言《书》、《礼》、《乐》者，刘光蕡以为：“夫子经世之微言大义，莫备于《春秋》。《诗》则大道之散见，为学者求道所从入手处；《易》则大道之会归，为学问造极之域也。……首言《春秋》、《诗》、《易》三经，较《书》、

《礼》、《乐》为完全也。”（第 4025 页）

又“《诗》分为四”，历代注家皆言“齐、鲁、韩、毛”四家，然此四家皆在汉初，而据《汉志》文意，当指春秋战国之际，如此解说，或不当焉。

战国从衡，真伪分争，诸子之言，纷然殽乱。

从衡，通“纵横”，乃指其时盛行之合纵连横之说。殽，颜师古曰：“杂也。”

此言“诸子之竞兴”。《庄子·天下篇》所叹：“后世之学者，不幸不见天地之纯，古人之大体，道术将为天下裂。”《韩非子·显学》所谓：“世之显学，儒墨也。……故孔墨之后，儒分为八，墨离为三。取舍相反不同，而皆自谓真孔墨。”皆指此一状况。庄子所谓“道术将为天下裂”之实质，乃为自“王官学”向“百家言”之转化。“诸子之言，纷然殽乱”之定性，实则站在汉人之经学立场，顾实径称：“此排摈百家之言也。”（第 3 页）

真伪之别，亦以是否合于“六经”为准。刘光蕡云：“诸家之学，其旨符于六经者为真，异者为伪。诸子皆起于战国，不惟《神农》、《黄帝》、《力牧》、《伊尹》、《太公》各书为战国之士所托，即管晏之书，亦战国为管晏之学者所托也。”（第 4025 页）故审度先秦诸子之学，不可过分囿于《汉志》所论。顾实以为：“……武帝初载，既标崇儒之帜，于是淮南著书曰：‘为道必托之于神农、黄帝而后入说。’司马迁撰史曰：‘百家言黄帝其文不雅训，荐绅先生难言之。’扬雄者，汉氏之新圣，拘牵儒言，几若卫其教宗，而一屏百家为外道，故作《法言》曰：‘欲仇伪者必假真。’又曰：‘众言淆乱，则折诸圣。’刘向、歆父子以宗室之亲，受命校书；班固以世臣之谊，奉诏撰史，咸立于钦定国学之下，允宜有若后世官书一面之词。故六艺不言真伪，而诸子往往

言依托，非古矣。由今观之，则汉氏一政府之说，正未足以范围百代而不易，惟其校定册籍，区分流略，俾后之人有可推寻，用以扬搉古今，犹为裨益来学于无穷耳。”（第3页）李零亦云：“今人所谓‘诸子’是包括孔子、七十子和其他诸子的总概念，诸子百家，平起平坐。这里不同，是代表七十子后群龙无首的知识界，天下大乱，完全是负面的概念。”①

至秦患之，乃燔灭文章，以愚黔首。

颜师古云：“燔，烧也。秦谓人为黔首，言其头黑也。”

此言“秦之焚书”。由仲尼而七十子，由春秋而战国，由战国而秦汉，足见《汉志·叙论》之明显“学术史意识”。章学诚云：“《汉志》最重学术源流，似有得于太史叙传，及庄周《天下》篇、荀卿《非十子》之意。此叙述著录，所以有关于明道之要，而非后世仅计部目者之所及也。”②

焚书之由，一者，“群言殽乱，则思想分歧，难于统一意志，最为有国者所忌。故孟子尝言：‘诸侯恶其害己也，而皆去其籍。’”③二者，始皇所崇，在法治而非在儒教，《韩非子·五蠹》所言“明主之国，无书简之文，以法为教；无先王之语，以吏为师”，即为有秦治国之方针。张舜徽言：“周秦法家之言治国，急趋功利，奖励耕战。功以善战为上，利以疾农为本。不欲民之事学，以有妨于耕战也。《商君书·垦令篇》有云：‘民不贵学问则愚，愚则无外交，无外交，则勉农而不偷。民不贱农，则安不殆。’又云：‘不好学问，则务疾农。’可知法家治国之道，不贵

---

① 李零：《兰台万卷》，北京：生活·读书·新知三联书店，2011年，第3页。

② 清·章学诚著、叶瑛校注：《文史通义校注·校雠通义》卷二，前揭，第994页。

③ 张舜徽：《汉书艺文志通释》，前揭，第170页。

民之多智。秦之所以'燔灭文章，以愚黔首'，由斯道也。"（第171页）

又由焚书而可见典籍散亡之故，张舜徽言："顾其时所烧者乃民间藏书，而博士官所职，固未烧也。所不去者医药、卜筮、种树之书。虽有明令保存，竟无留传于后。可知书之散亡，不尽由于秦火，明矣。"（第171页）

汉兴，改秦之败，大收篇籍，广开献书之路。

此言"汉初之献书"。顾实云："此汉人自崇本朝之言也。"（第5页）汉人汲取秦亡之教训，广收图书。其一，其时所收篇籍，"乃指当时天下地图与户口册也，自非经传子史之类"[①]。《史记·萧相国世家》亦云："沛公至咸阳，诸将皆争走金帛财物之府分之，何独先入收秦丞相御史律令图书藏之。沛公为汉王，以何为丞相。项王与诸侯屠烧咸阳而去。汉王所以具知天下厄塞，户口多少，强弱之处，民所疾苦者，以何具得秦图书也。"其二，"大收篇籍，广开献书之路"，确也促成了汉初崇文劝学之治。《史记·太史公自序》云："周道废，秦拨去古文，焚灭《诗》《书》，故明堂石室金匮玉版图籍散乱。于是汉兴，萧何次律令，韩信申军法，张苍为章程，叔孙通定礼仪，则文学彬彬稍进，《诗》《书》往往间出矣。"

齐召南《汉书艺文志考证》云："此二句既叙在孝武之前，则指高祖时萧何收秦图籍，楚元王学《诗》，惠帝时除挟书之令，文帝使晁错受《尚书》，使博士作王制。又置《论语》、《孝经》、《尔雅》、《孟子》博士，即其事也。"[②] 顾实以"齐说可为班氏功臣"（第6页），张舜徽则以为："萧何当时所得，非常见之书籍，

① 张舜徽：《汉书艺文志通释》，前揭，第171页。

② 转引自陈国庆：《汉书艺文志注释汇编》，前揭，第3页。

而是能提供天下阨塞、户口多少之地图与户籍。《史记》所云'何独先入收秦丞相御史律令图书藏之'，乃谓收秦律令于丞相府，取地图户籍于御史大夫府也。齐召南考证《志》文'大收篇籍'语，首举萧何事为例，失其实也。"（第171页）施之勉考证云："《七略》明云广开献书之路，在武帝时，则不得以此二句叙在武帝前，而疑非其时事也。"（第4026页）

迄孝武世，书缺简脱，礼坏乐崩。

孝武，即汉武帝刘彻。简脱，颜师古云："编绝散落，故简脱。"陈国庆云："古时书籍，皆用竹或木简，以丝绳编联之，绳断，则简脱落。"（第4页）

此句及下句皆言"武帝时藏书之状况"。礼坏乐崩、人心不古，其实乃古人常言之语，兴坏、古今亦为一相对概念，体现中国人一贯之"贵古贱今"意识，不可过分拘泥也。李零认为"古人的历史观往往是退步观，此序也不例外"（第2页），亦指此意。

圣上喟然而称曰："朕甚闵焉！"

喟，颜师古云："叹息之貌也。"闵，通"悯"，忧患，担忧。

"圣上"之称，周寿昌《汉书注校补》云："圣上，称孝武也。玩语气似当时语。窃疑汉求遗书始自武帝，当时必有记录，班采其言入文中耶？"① 张舜徽先生以为："周氏所致疑者是也。顾《汉书·艺文志》中，尚有甚可疑者二事：一则《诗赋略》中有《上所自造赋》二篇，颜注云：'武帝也。'夫所谓'上'者，臣工称当代君主之辞也。刘向、刘歆为西汉末年人，去孝武之世犹远，况班氏乎？二则《诸子》、《诗赋》、《兵书》三略中著录之

① 转引自陈国庆：《汉书艺文志注释汇编》，前揭，第4页。

书，班氏自注‘有列传’者，凡十一见。颜师古《注》于儒家《晏子》下发其例云：‘有列传者，谓《太史公书》。’此自注之辞果出刘班手，何可泛云‘有列传’，而不举其书名？由此可见，刘《略》、班《志》，前有所承，甚至有采及武帝时学者之撰述以入己作者，此类是也。然无征不信，莫由详考矣。”（第172页）

“朕甚闵焉”及上文“书缺简脱，礼坏乐崩”之语，或皆出于武帝时诏书。《汉书·武帝纪》云：“（元朔五年）夏六月，诏曰：‘盖闻导民以礼，风之以乐，今礼坏乐崩，朕甚闵焉。故详延天下方闻之士，咸荐诸朝。’”又《汉书·刘歆传》云：“故诏书称曰：‘礼坏乐崩，书缺简脱，朕甚闵焉。’时汉兴已七八十年，离于全经，固已远矣。”

于是建藏书之策，置写书之官，下及诸子传说，皆充秘府。

建，建立，制定。策，政策，计划。写书，抄写书籍。诸子传说，概指传述解说诸子百家经义之书。秘府，指皇室藏书之所。颜师古引如淳曰：“刘歆《七略》曰：‘外则有太常、太史、博士之藏，内则有延阁、广内、秘室之府。’”

此言“汉代秘府之藏书”。藏书之策，前文实有所指。陈国庆云：“王先谦《汉书补注》引何焯曰：《文选》注三十八引刘歆《七略》曰：‘孝武皇帝，敕丞相公孙弘广开献书之路，百年之间，书积如山。’此即所谓藏书之策也。”又引姚明辉《汉书艺文志注解》云：“汉初诸帝，高祖灭秦除项，日不暇及。文景崇尚黄老申韩。武帝立，田蚡、公孙弘先后为相，而董仲舒请尊孔氏，始尚儒术，表章六经。”（第4页）

既言“下及诸子传说”，则以“六经”为上矣，已可见出汉武崇尚经学之风。又由其时兼收百家之书，可见藏书之盛。张舜徽云：“《文选》卷三十八任彦昇《为范始兴作求立太宰碑表》：

‘府之延阁，则青编落简。’李善注引刘歆《七略》曰：‘孝武皇帝敕丞相公孙弘广开献书之路，百年之间，书积如山。’汉求遗书，自武帝始。搜访既周，网罗自易。自六艺经传外，诸子百家，故书雅记，悉辐凑于京师。盖其初尚未专尊儒术，表章六经，故兼收并蓄，于斯为盛也。”（第 173 页）

至成帝时，以书颇散亡，使谒者陈农求遗书于天下。

汉成帝刘骜，在位时间为公元前 33 年至公元前 7 年。谒者，陈国庆云：“官名，汉置，掌宾赞。其首长为谒者仆射，又称大谒者。成帝时，陈农为谒者。”（第 5 页）遗书，遗落民间四方之典籍。

此言“校书、求书之序”。语当出《汉书·成帝纪》：“（河平三年）秋八月乙卯晦，日有蚀之。光禄大夫刘向校中秘书。谒者陈农使，使求遗书于天下。”（第 310 页）

典籍散亡、访求遗书，绝不意味着典籍数量少，盖为求更多典籍版本以利校书而求遗书于天下也。张舜徽先生言：“以《成纪》行文观之，校书之事在上，求书之使在下，是当时实为校书而遣使出外求书也。此与武帝时之求书自异。武帝时重在搜罗遗书，藏之秘府，而未及雠校；成帝时始任专人为之。校书必资异本对勘，故又遣使广求之于天下也。在此以前，若汉初有张良、韩信序次兵法，武帝时杨仆纪奏兵录，皆仅各效所长，偶加清点。若夫鸠集众才，统校群书，则实自河平三年（前 26），诏令刘向诏中秘书始。校雠之名，亦自向定之，所谓‘一人读书，校上下得谬误为校；一人持本，一人读书，若怨家相对为雠’（见《文选·魏都赋》注引刘向《别录》），即是也。当时罗致多人，分任其事，向特总其成耳。”（第 173 页）

诏光禄大夫刘向校经传、诸子、诗赋，步兵校尉任宏校兵书，太史令尹咸校数术，侍医李柱国校方技。

颜师古云："数术，占卜之书。方技，医药之书。"陈国庆云："诏，上命也。光禄大夫，官名。据《汉书·百官志》：'光禄大夫比二千石。本注曰无员。凡大夫议郎，皆掌顾问应对，无常事，唯诏令所使。凡诸国嗣之丧，则光禄大夫掌吊。'……步兵校尉，《后汉书·百官志》：'比二千石，掌宿卫兵（属北军中侯）。太史令，一人，六百石，掌天时星历。凡岁将终，奏新年历云（属太常）。'"（第5—6页）

此言"校书之分工"。刘向（前79—前8，一说前77—前6），本名更生，字子政，江苏沛县人，汉高祖少弟楚元王刘交之四世孙，系汉之宗室。历宣帝、元帝、成帝诸朝，任散骑谏大夫、散骑宗正、光禄大夫、中垒校尉等职。子歆（前50—23，一说前53—23），字子骏，后改名秀，字颖叔，与父共领校书之业。父子事迹见《汉书·楚元王传》，称："父子俱好古，博见强志，过绝于人。"近人钱穆撰有《刘向歆父子年谱》，资料富赡，考证精审，然非仅文献学之作，意乃在驳康南海《新学伪经考》之"歆伪诸经说"也①。

经传、诸子、诗赋、兵书、数术、方技，既为当时校书之分工，亦为《七略》、《汉志》对于图书之分类，所谓"六分法"是也。经传、诸子、诗赋，相当于后世四部分类之经、子、集部；史部书籍，因篇卷无多，附于"六艺略·春秋类"后。兵书、数术、方技，后世皆入子部，而在当时之所以独立三部，原因盖有多重：或与专人负责整理有关，或因兵书目录古即有之（如张

① 参见钱穆：《两汉经学今古文平议·刘向歆父子年谱自序》，北京：商务印书馆，2001年。

良、韩信之《兵法》，杨仆之《兵录》），或因三类典籍所藏与经传、诸子、诗赋非在一处。章学诚云：“刘向校书之时，自领《六艺》、《诸子》、《诗赋》三略，盖出中秘之所藏也。至于《兵法》、《数术》、《方技》，皆分领于专官，则兵、术、技之三略，不尽出于中秘之藏，其书各存专官典守，是以刘氏无从而部录之也。”①

又，“当时参预校书之人，自任宏、尹咸、李柱国外，尚有杜参，见本志《诗赋略》；班斿，见《汉书·叙传》。可知襄校者尚多，实亦不止三人。但此三人各效所长，分任专门术业，自非襄校可比，故特著其名以重之”②。

每一书已，向辄条其篇目，撮其指意，录而奏之。

已，毕也。条，条理。撮，颜师古曰：“总取也。”

此言“刘向《别录》之撰”。刘向“撮其指意，录而奏之”所成，即为中国第一部综合目录书之《别录》。“别录”者，提要也，解题也。所以称“别录”者，乃在将单篇解题最终汇编，单独别行也。南朝梁人阮孝绪《七录序》云：“昔刘向校书，辄为一录，论其指归，辨其讹谬，随竟奏上，皆载在本书。时又别集众录，谓之‘别录’，即今之《别录》是也。”汉代校理图书而有《别录》之撰，犹清代编修《四库全书》而有《四库总目》之撰，二者成书过程及体式类似，皆属“官修目录”。“惜《别录》一书早佚，今可考见之群书《叙录》，仅存《战国策》、《晏子》、《孙卿子》、《管子》、《列子》、《韩非子》、《邓析子》及刘秀（即刘歆）《上山海经表》，共八篇（《关尹子叙录》乃后人伪托）而已，

① 清·章学诚著、叶瑛校注：《文史通义校注·校雠通义》卷二，前揭，第993—994页。

② 张舜徽：《汉书艺文志通释》，前揭，第174页。

顾犹可考见其义例。”①

会向卒，哀帝复使向子侍中奉车都尉歆卒父业。歆于是总群书而奏其《七略》。

会，适逢。卒，完成。哀帝刘欣，公元前 6 年至前 1 年在位。总，汇总，总括。

此言“刘歆《七略》之撰”。《汉书·刘歆传》载：“歆字子骏，少以通《诗》《书》能属文召，见成帝，待诏宦者署，为黄门郎。河平中，受诏与父向领校秘书，讲六艺传记，诸子、诗赋、数术、方技，无所不究。向死后，歆复为中垒校尉。哀帝初即位，大司马王莽举歆宗室有材行，为侍中太中大夫，迁骑都尉、奉车光禄大夫，贵幸。复领《五经》，卒父前业。歆乃集六艺群书，种别为《七略》。”（第 1967 页）自《别录》而《七略》，有类于自《四库总目》而《四库简目》。李零云：“刘向校书，每校一书有提要，曰《别录》，相当《四库全书总目提要》；刘歆把这些提要分门别类，加以简化，曰《七略》，相当《四库全书简明目录》；班固把《七略》裁合省并，写进《汉书》，更简略。”（第 4 页）

《七略》之撰，意义重大。《汉书·刘歆传》赞曰：“仲尼称‘材难不其然与！’自孔子后，缀文之士众矣，唯孟轲、孙况、董仲舒、司马迁、刘向、扬雄。此数公者，皆博物洽闻，通达古今，其言有补于世。传曰‘圣人不出，其间必有命世者焉’，岂近是乎？刘氏《鸿范论》发明《大传》，著天人之应；《七略》剖判艺文，总百家之绪；《三统历谱》考步日月五星之度。有意其

① 张舜徽：《汉书艺文志通释》，前揭，第 174—175 页。今日所存篇目，一说七篇，指《战国策》、《管子》、《晏子》、《列子》、《荀子》、《邓析子》、《说苑》，见陈国庆《汉书艺文志注释汇编》，前揭，第 6 页。

推本之也。”（第 1972—1973 页）张舜徽先生称：“《七略》之为书，实分图书为六大类，而每大类中又分若干种，自是我国图书分类目录之祖。其书虽已亡佚，而义例、内容，俱尚存于《汉书·艺文志》。凡考镜东汉以前学术流别、著述盛衰者，胥必取证于斯，此《汉志》所以可贵也。”（第 175 页）史家范文澜曾拿《七略》与《史记》并举，称誉它们乃西汉“两大著作”：“西汉后期，继司马迁而起的是大博学家刘向、歆父子，做了一个对古代文化有巨大贡献的事业，那就是刘向创始刘歆完成的《七略》。……《七略》综合了西周以来主要是战国的文化遗产，把不值得保存的书籍都废弃了，例如经学博士的讲义，一篇也不录取。它经过选择、校勘、分类、编目、写成定本等程序，并作出学术性的总论和分论，是一部完整的巨著。它不只是目录学校勘学的开端，更重要的还在于它是一部极可珍贵的古代文化史。西汉有《史记》、《七略》两大著作，在史学史上是辉煌的成就。”①

然刘歆之功，非仅一《七略》，亦曾参与“叙录”之撰。顾实云：“盖歆著《七略》，本其父向《别录》之撮要。《七略》之纲，原定于向，歆特卒父业者。故后世亦谓《别录》曰《七略别录》欤。第观歆《上山海经表》，则又卒父业《叙录》之事，不仅奏其《七略》而已也。”（第 11 页）

故有《辑略》，有《六艺略》，有《诸子略》，有《诗赋略》，有《兵书略》，有《术数略》，有《方技略》。

辑，颜师古曰：“辑与集同，谓诸书之总要。”略，陈国庆曰：“约要也。”（第 7 页）六艺，颜师古谓：“《六经》也。”陈国庆云：“六艺之说有二：其一，《周礼·地官》以乡五物教民，三

① 范文澜：《中国通史》第二册，北京：人民出版社，1978 年第 5 版，第 162—163 页。

曰六艺：礼、乐、射、御、书、数。是古代所谓六艺者，乃六种学术。其二，《史记·孔子世家》，孔子以《诗》、《书》、《礼》、《乐》教，弟子盖三千焉，身通六艺者七十二人；又《滑稽列传》：'《礼》以节人，《乐》以发和，《书》以道事，《诗》以达意，《易》以神化，《春秋》以义。'这是以所谓六经为六艺。此处所说的六艺，是指后者说的。"（第8页）术数略，《汉志》正文作"数术略"，后世目录书多作"术数略"。

此言"《七略》、《汉志》之六部分类"。"辑略"之意，阮孝绪《七录序》云："子歆撮其指要，著为《七略》，其一篇即六篇之总最，故以'辑略'为名。"故虽名为"七略"，而实分图书为六类。六略之分，反映出先秦两汉之学术大势。目录家程千帆先生云："《六艺略》主要是儒家的经典著作以及学习经书的基础读物。汉武帝独尊儒术，《六艺略》因而被列于六略之首，而且儒家也被列于《诸子略》之首。《诸子略》包括中国古代哲学、政治、经济、法律等方面的著作。赋是汉代特别发达的文体，也为武帝所爱好，武帝时又曾专门设立乐府以采歌谣，所以《诗赋》单列一略，并仅次于《诸子略》。《兵书略》收军事著作。在战争频繁的年代，军事学对于扩充势力、巩固政权很有作用，春秋战国以来此类书也较多，所以列于《数术》、《方技》二略之前。《数术略》主要是天文历法、占卜星相方面的书。《方技略》主要是医药卫生方面的书。这两略反映了自然科学和应用科学方面的著作。"① 书籍之分类，古名"类例"，由类例而明学术，此正所谓目录书"辨章学术，考镜源流"之功用也。南宋郑樵云"学之不专者，为书之不明也；书之不明者，为类例之不分也。……类

① 程千帆、徐有富：《校雠广义·目录编》第四章，济南：齐鲁书社，1998年第2版，第109页。

例既分，学术自明，以其先后本末具在”[①]，亦言此理。

先六艺，后诸子，再诗赋，次兵书，次数术，次方技，这一排序，是汉代学术思想大势之反映，于后世影响亦甚大。李零云：“《七略》排序有贵贱，《晋中经薄》和《隋志》以四部分图书，经部是群书之首，在最前；史部是经部之附庸，排在经部后；子部是经、史之附庸，又在史部后；诸子是儒家之附庸，又在儒家后；兵书、数术、方技是诸子之附庸，排在最后。这个排序，源自班志，对后世辨伪影响至深。总之，《汉志》的排序，是反映汉代的意识形态。这种意识形态对中国学术影响至为深远。中国辨伪学，尊经贬子，尊儒子贬诸子，尊文学贬方术，根子在这里。”（第 4—5 页）

今删其要，以备篇籍。

颜师古曰：“删去浮冗，取其指要也。其每略所条家及篇数，有与总凡不同者，转写脱误，年代久远，无以详知。”（第 1702—1703 页）

此言“《汉志》之改造《七略》”。《汉志》虽取材《七略》，但绝非重复，而是经过了班固“出、入、省”的改造工作[②]，并从此开创“史志目录”这一品类。张舜徽先生云：“《七略》原本，于每书名之下，各有简要之解题，故为书至七卷之多。由其为簿录专籍，自可任情抒发。至于史册包罗甚广，《艺文》特其一篇，势不得不翦汰烦辞，但存书目。史志之所以不同于朝廷官簿与私家目录者，亦即在此。班氏删《七略》以入《汉书》，散《辑略》以成叙论。后之史家为《艺文》、《经籍志》者，率沿其

---

① 南宋·郑樵：《通志·校雠略·编次必谨类例论六篇》。

② 参周春健：《汉志“出入省”与班固的学术观》，载《古典研究》2010 年第 4 辑。

体，莫之或改矣。”（第 176 页）又云：“簿录群书，其途有三：自向、歆《录》、《略》，下逮荀勖、王尧臣等，皆因校书而叙目录，此朝廷官簿也；班氏删《七略》以入《汉书》，为《艺文志》，历代史志率沿其体，此史家著录也；若晁、陈之总录家藏，各归部类，则私家之目录耳。惟朝廷官簿与私家目录，意在条别原流，考正得失，其所营为既为专门之事，其所论述则成专门之书，考释不厌其详，亦势所能为也。若夫史之为书，包罗已广，《艺文》特其一篇，使每书名下而为解题，则一志之成，卷帙过繁，势不得不翦汰烦辞，但存书目，史之体例然矣。”[①] 由之可见班固作为史家之卓识。

① 《张舜徽集》第一辑，《广校雠略》附录《汉书艺文志释例》，武汉：华中师范大学出版社，2004 年，第 114 页。

《汉志·诸子略》“九流十家”次序考议[①]

提要：东汉班固编修《汉书·艺文志》，在刘向《别录》、刘歆《七略》的基础上，将先汉诸子划分为九流十家，并排定儒、道、阴阳、法、名、墨、纵横、杂、农、小说的次序。九流十家并非平列关系，而是一个有层级的结构。这一次序与思想有关，很大程度上反映出排定者对于诸子各派重要性的认识，亦反映出排定者所处时代的思想学术实际，而非仅仅出于一种分类学上的便利。

东汉班固（32—92）纂修《汉书》时，在刘歆（前50—23，一说前53—23）《七略》的基础上删繁就简，设置“艺文志”，开创了目录学史上“史志目录”的新品类。《汉志》载录先汉典籍，部次甲乙，辨章考镜，是研求中国先秦两汉思想学术的必由“津逮”。

《汉志》将先汉学术分为“六略”，分别为六艺略、诸子略、诗赋略、兵书略、数术略、方技略。其中，“诸子略”又将诸子

① 本文发表于《江汉论坛》2016年第2期，《人大复印资料》“中国哲学”类2016年第6期全文转载。

划分为“九流十家”，名称及顺序如次：儒家、道家、阴阳家、法家、名家、墨家、纵横家、杂家、农家、小说家。这一座次，很大程度上反映出排定者对于诸子各派重要性的认识，亦可反映出排定者所处时代的思想学术实际。然而，前人对待这一排序有着诸多异说，故而值得进一步梳理和辨白。

一、《汉志》“九流十家”之分是否与刘向有关？

由《汉志·总叙》可知，《汉志》文字直接来源于刘歆之《七略》。《总叙》云：

> 会向卒，哀帝复使向子侍中奉车都尉歆卒父业。歆于是总群书而奏其《七略》，故有《辑略》，有《六艺略》，有《诸子略》，有《诗赋略》，有《兵书略》，有《术数略》，有《方技略》。今删其要，以备篇籍①。

所谓“今删其要，以备篇籍”，意即谓“删去浮冗，取其指要也”②。虽然颜师古称：“其每略所条家及篇数，有与总凡不同者，转写脱误，年代久远，无以详知。”③ 但“九流十家”之名称及排序直接出自刘歆《七略》，当无疑义④。

---

① 《汉书》卷三十《艺文志第十》，北京：中华书局，1962 年，第 1701 页。

② 《汉书》卷三十《艺文志第十》颜师古注，前揭，第 1702 页。

③ 《汉书》卷三十《艺文志第十》颜师古注，前揭，第 1702—1703 页。

④ 王欣夫先生认为：“阮孝绪《七录序》：‘固乃因《七略》之词，为《汉书·艺文志》。’是《艺文志》为班固删省《七略》之文，也就是《七略》的节本。《七略》原书已亡，幸而有这个节本，我们还可以根据它来知道《七略》的大概。”见《王欣夫说文献学》第二章，上海：上海古籍出版社，2000 年，第 17 页。

问题是，诸子“九流十家”之分与刘歆之父刘向（前79—前8，一说前77—前6）是否有关？换句话说，刘向在其撰作《别录》过程中是否已经有了对诸子的定名与排序？这是一个有争议的问题，而提出这一问题的缘由在于：后人在讨论九流十家的次序时，曾经指出刘向、刘歆因学术旨趣相异而对诸子有不同态度，所以有必要首先理析清楚。

一种观点认为，“《别录》既不分类，且非有组织之书”[①]。其内容仅是将为各书所作“条其篇目，撮其指意，录而奏之”[②] 的各书之解题汇编起来，故而“刘向校书之功，终身未毕，虽有分工合作之界域，而分类编目之书，殆未及写”[③]。如此说来，刘向之《别录》连六艺、诸子之六大部类尚未分出，遑论“九流十家”之细目？

一种观点认为，“《别录》《七略》大类成于刘向，小类出于刘歆”。其理由在于：

> 刘向领校图书之时，已依据学术范围分工，可知校书之初，甚至在校书之前，已对图书分类进行了研究，似胸有成竹。故校理竣工之后，刘歆等收罗各书叙录，编撰《别录》，组织《七略》，其部类无出分工大类之外者。但刘向领校图书之初，只分大类即可，尚不必详究细目，待刘歆汇编成书，必须认真斟酌，孰先孰后，不容半点含糊，细目的设立或出歆手，故云：“歆乃集六艺群书，种别为《七略》。”[④]

---

① 姚名达：《中国目录学史·溯源篇》，北京：商务印书馆，1998年影印第1版，第53页。

② 《汉书》卷三十《艺文志第十》，前揭，第1701页。

③ 姚名达：《中国目录学史·溯源篇》，前揭，第50页。

④ 乔好勤：《〈别录〉〈七略〉的体例及分类》，载《河南图书馆学刊》1992年第4期。

照这一说法，刘向《别录》中仅有“六艺”、“诸子”之六大部类，诸子之“九流十家”等细目分类当完成于刘歆。

还有一种观点则认为，“《别录》不仅已经分了类，而且还有总序一类的文章，《别录》原是一部有严密组织之书”①。吕绍虞先生从刘氏父子校理群书的实际出发，考证云：

> 刘向等的校书工作，直到刘歆完成其《七略》才告结束，可见刘向等开始校书的时候或在校书的过程中决定要编成像《七略》这样的一部有简明提要的分类目录。六个大类的名目，已见于汉成帝的校书诏令，这个校书诏令的底稿可能出自刘向，也很可能事先征得刘向的同意。至于各个大类应如何加以合理地细分，各个小类的先后应如何合理地安排，以及各个小类的图书，又应如何合理地编次，都是刘向必须研究和解决的问题。刘向自成帝河平三年 54 岁受诏校书，到成帝绥和元年 72 岁去世，校书工作已达 19 年之久，是已经到了接近完成的时候了，所以，接着刘歆用不到两年的时间就完成了他父亲未竟的工作。如谓刘向生前 19 年工作中，除了校雠、叙录以外，关于部次条别的问题，从未加以考虑，当“别集众录”的时候，也只应漫无次序、杂乱地汇集在一起，这也是无论如何很难使人理解的②。

照此说，则在刘向之手，即已完成了诸子略“九流十家”之定名与排列。

---

① 吕绍虞：《中国目录学史稿》第一章，合肥：安徽教育出版社，1984 年，第 27 页。

② 吕绍虞：《中国目录学史稿》第一章，前揭，第 26 页。

我们认为，刘向校理群籍十九年，对于先汉图书之六略三十八种如何细致区分，或因文献不足有不可考处，但若谓刘向所做工作与分类无关，或谓仅一粗略轮廓而未及小类分类，确有不可通之处，理由如次：

其一，从学理上讲，校雠之学并非与思想无关，反而是体现及窥测思想学术嬗变的一个很好窗口。正如章学诚所言："古人著录，不徒为甲乙部次计。如徒为甲乙部次计，则一掌故令史足矣。何用父子世业，阅年二纪，仅乃卒业乎？盖部次流别，申明大道，叙列九流百氏之学，使之绳贯珠联，无少缺逸；欲人即类求书，因书究学。"① 因此，自刘向开始，"部次流别，申明大道，叙列九流百氏之学"即应当是汉代皇室图书校理活动的题中应有之意。刘向"校书之功，终身未毕"，不能成为没有为群书划分大小部类的理由。

其二，从文本证据上讲，据前世文献中所保留的《别录》佚文看，刘向确已对诸子之学做出"九流十家"之定名排序及描述，唯文字与《七略》、《汉志》略有出入。清人姚振宗所辑《别录》佚文中，《辑略》部分关于诸子之佚文为：

> 昔周之末，孔子既没，后世诸子各著篇章，欲崇广道艺，成一家之说。旨趣不同，故分为九家：有儒家、道家、阴阳家、法家、名家、墨家、从横家、杂家、农家。……此九家者，各引一端，高尚其事。其言虽殊，譬犹水火，相灭亦相生也。舍所短取所长，足以通万方之略矣。又有小说家者流，盖出于街谈巷议所造。及赋颂、兵书、术数、方技，

---

① 清·章学诚著、叶瑛校注：《文史通义校注·校雠通义》卷一，北京：中华书局，1985 年，第 966 页。

皆典籍苑囿，有采于异同者也[1]。

由此可知，班固《汉志》“九流十家”之定名排序当直接来源于刘歆《七略》，而刘歆《七略》又是在刘向《别录》基础上“总括群篇，撮其指要”[2] 而成。《汉书·叙传下》所谓“六学既登，遭世罔弘，群言纷乱，诸子相腾。秦人是灭，汉修其缺，刘向司籍，九流以别”，说的正是刘氏父子划分诸子派别这一过程。

二、《汉志》“九流十家”的层级结构

《汉志·诸子略》之“九流十家”，十类间不是一个平列关系，而是一个有层级的结构。这一层级结构的形成，既与对诸子派别分类的历史相关，又与十家之学术性质相关。九流十家的层级结构，有二层、三层之不同划分。

二层之说，起于《汉志·诸子略》大序原文，云：

> 诸子十家，其可观者九家而已。皆起于王道既微，诸侯力政，时君世主，好恶殊方，是以九家之术蜂出并作，各引一端，崇其所善，以此驰说，取合诸侯。

这里，《诸子略》将先秦两汉诸子分为二层，一层是“可观者九家”，一层便是不可观的“小说家”。前九家之所以“可观”，原因在于九家之说与汉人所推崇的《六经》有密切关联。《诸子

① 清·姚振宗辑录、邓骏捷校补：《七略别录佚文》，上海：上海古籍出版社，2008年，第17—18页。

② 《隋书·经籍志·序》。

略》序文云：

> 其言虽殊，辟犹水火，相灭亦相生也。仁之与义，敬之与和，相反而皆相成也。《易》曰："天下同归而殊涂，一致而百虑。"今异家者各推所长，穷知究虑，以明其指，虽有蔽短，合其要归，亦《六经》之支与流裔。使其人遭明王圣主，得其所折中，皆股肱之材已。仲尼有言："礼失而求诸野。"方今去圣久远，道术缺废，无所更索，彼九家者，不犹愈于野乎？若能修六艺之术。而观此九家之言，舍短取长，则可以通万方之略矣①。

其中所谓"合其要归，亦《六经》之支与流裔"，点出的正是汉人观念中的诸子"九家"之学的性质及地位。而何以体现九家与《六经》之密切关联，近人姚明辉释曰：

> 九家虽殊途，而同归于六经，虽百虑而一致于六经，故其会归皆合于六经。儒无论已，道合于尧之克攘，《易》之嗛嗛，是六经之支与流裔也。阴阳出于羲和，法同《易·噬嗑》之象辞。名，孔子亦欲正名，是皆六经之支与流裔也。墨之六长，悉本于六经。孔子叹"使乎使乎"，为从横家所长；杂能一贯王治；农知所重民食，又皆六经之支与流裔之证也②。

可见，九家之学皆自《六经》出，皆为《六经》之支脉。

① 《汉书》卷三十《艺文志第十》，前揭，第 1746 页。

② 姚明辉撰、马庆洲整理：《汉书艺文志注解》，载王承略、刘心明主编《二十五史艺文经籍志考补萃编》第四卷，北京：清华大学出版社，2011 年，第 275—276 页。

“小说家”却不具备这种地位。在汉人看来，“小说家者流，盖出于稗官。街谈巷语，道听涂说者之所造也。孔子曰：‘虽小道，必有可观者焉，致远恐泥，是以君子弗为也。’”[①] 当然，小说家言也并非真的“不可观”，《小说家类》序下文即言：“闾里小知者之所及，亦使缀而不忘。如或一言可采，此亦刍荛狂夫之议也。”只是相对于《六经》以及诸子九家所体现出的“礼乐大道”来讲，小说家言仅是“小能小善”[②]，故而“君子弗为”，君子当志其大者。

这种二层划分，主要从“六艺”观念出发，据诸子各家与《六经》关联之疏密而分。而《别录》、《七略》、《汉志》将“六艺略”置于首位，并视诸子之学为“《六经》之支与流裔”，则无疑受到汉武以来“表彰《六经》，抑黜百家”文化政策的直接影响。

另外一种二层划分与此不同，乃将九流十家分为“前六、后四”两层。梁启超在《〈汉书·艺文志·诸子略〉考释》中说：

> 庄、荀论列诸子，皆就各家施以评骘，而家数不附专名。至司马谈论六家要指，始立阴阳、儒、墨、名、法、道之目，刘《略》因之，加以补苴，析为九流，曰儒，曰道，曰阴阳，曰法，曰名，曰墨，曰纵横，曰杂，曰农，末附小说，都为十家。……司马谈所分六家，颇能代表战国末年思想界之数大潮流，从分类学上观察，应认为有相当之价值，刘《略》踵之以置九流之前六，盖亦觉其无以易矣。然以其

① 《汉书》卷三十《艺文志第十》，前揭，第1745页。

② 《后汉书·蔡邕传》所载蔡邕上封事之语。

不足以赅群籍也，乃益以纵横、杂、农、小说[①]。

如此，则前六之“儒、道、阴阳、法、名、墨”为一层，后四之“纵横、杂、农、小说”为一层。这一划分，不是基于诸子与《六经》关联之疏密，而是从分类学的角度，按照前人对于诸子学派划分之历史先后分层。司马谈（约前165—前110）六家之分在先，纵横、杂、农、小说四家之补在后，故成“前六后四”之结构。当然，《诸子略》虽保留司马谈所定名之诸子六家，排列次序却与《论六家要指》并不相同，这一差异，能够体现出司马氏观念与刘班观念的不同。

今人李零也说：“此略分九流十家。前六家是一类，后四家是一类。前六家，是以儒、道为显学，排在最前面；阴阳近儒，法近道，次之；名、墨排在最后。后四家，纵横、农，偏于技术，放在前面；杂、小说，无法归类，排在最后。”[②] 只是李零之二层划分，不完全出于梁启超那样“分类学的角度”，还包含每家学术性质相关性的因素。

至于三层之说，其实是在二层基础上再行细分。今人李若晖称：“《诸子略》所载诸子九流十家可以分为三组，前面三家，儒、道、阴阳是一组，法、名、墨是一组，后面的几家，纵横、杂、农、小说是一组。”而如此分组的理由，主要基于每组之学术性质及其重要性，云：“第三组为杂拌。第二组相关于刑名。……最主要的是第一组，即前面三家。……依《诸子略》所叙，

---

① 梁启超：《饮冰室合集七·专集之八十四》，北京：中华书局，1989年，第2—3页。

② 李零：《兰台万卷：读〈汉书·艺文志〉》，北京：三联书店，2011年，第72页。

儒、道、阴阳三家溯其源俱出于羲和之职。”[①]

讨论“九流十家”的层级结构，可以使我们更好地探寻“九流十家”排列次序的学术缘由与思想观念。

三、《汉志》“后四家”次序背后的思想观念

《七略》、《汉志》之分类，虽然“分类之法，并不精密”[②]，却可以明显看出采取了一定的分类标准。就诸子略“九流十家”的排列次序而言，有学者认为这一分类及排序与思想无关，而只是一种分类学上的便利。梁启超在《司马谈〈论六家要指〉书后》一文中曾言：

> 刘歆《七略》踵谈（按，即司马谈）之绪，以此六家置九流之前六，然以通行诸书未能尽摄也，则更立纵横、杂、农、小说四家以广之。彼为目录学上著录方便计，原未始不可，若绳以学术上分类之轨则，则殊觉不伦。纵横为对人谈说之资，绝无哲理上根据以为之盾，云何可以厕诸道术之林？农为专技，与兵、医等。农入九流，则兵、医何为见外？若以许行倡并耕论而指为农，然则墨家“以跂跻为服”，亦可指为“织屦家”耶？至如杂与小说，既不名一家，即不得复以家数论，此又其易见者矣。故《七略》增多家数，虽似细密，实乖别裁，其不逮谈也审矣[③]。

① 李若晖：《幽赞而达乎数，明数而达乎德——由〈要〉与〈诸子略〉对读论儒之超越巫史》，载《文史哲》2013年第5期。

② 姚名达：《中国目录学史·溯源篇》，前揭，第60页。

③ 梁启超：《饮冰室合集七·专集之八十四》，前揭，第3页。

这里，梁启超以为《七略》、《汉志》采司马谈《论六家要指》之六家排列于前，采纵横、杂、农、小说四家附列于后，并且分类不尽恰当，次序排列亦仅是目录学上的著录方便，未包含什么学术思考。此处尚有三点值得注意：

其一，司马谈《论六家要指》中六家的排列次序为阴阳、儒、墨、名、法、道家，而《七略》、《汉志》中前六家的排列次序则为儒、道、阴阳、法、名、墨，与司马氏之排序并不相同，任公对此并未做出解释，而这一差异背后是学术立场的不同。

其二，梁启超在《〈汉书·艺文志·诸子略〉考释》中进一步阐明《汉志》"九流十家"分类乃出于"目录学一种便利"，同时又指出对待如此分类的两种极端皆不可取，云："后之学者，推挹太过，或以为中垒洞悉学术渊源，其所分类，悉含妙谛而衷于伦脊，此目论也。反动者又或讥其卤莽灭裂，全不识流别，则又未免太苛。"①

其三，至于九流十家如此排列之缘由，梁氏以为："司马谈所分六家，颇能代表战国末年思想界之数大潮流，从分类学上观察，应认为有相当之价值，刘《略》踵之以置九流之前六，盖亦觉其无以易矣。"而纵横、杂、农、小说四家所以居后且以此序排列，梁氏云：

> 纵横家次于六家后者，盖以苏、张一派，传书不少，既于六家一无所合，故不得不广六以为七。然九流皆以明道术为主，换言之，则思想界之渊丛也，苏、张一派，能在思想界占一位置与前六家并乎？决不然矣。杂家次在八，凡书之

① 梁启超：《饮冰室合集七·专集之八十四》，前揭，第3页。

不能隶前七家者入焉，为编录方便起见，殆非得已。然既谓之杂，则已不复能成家。“杂家者流”一语，既病其不词矣。既以无可归类者入杂家，则农家亦当在杂家前，今反置其后，颇不可解。农为一种职业的学术，其性质与医、兵略同，窃疑刘氏之意，本不认此种书籍为与儒、道、墨、法……等同类，特以“兵书”、“方伎”卷帙浩繁，各别为录，农仅寥寥九家，既不能独立，而又他无所丽，姑列为一“流”以附于诸子；又恐其与专明理论之书相混，故次于杂家以示别也。小说之所以异于前九家者，不在其涵义之内容，而在其所用文体之形式。桓子《新论》云：“小说家合丛残小语，近取譬论以作短篇。”（《文选注》三十七引）故小说中《宋子》十八篇，其所述盖即宋钘一家之学，优足与尹文、慎到……诸书抗衡，特以文体不同而归类斯异。道家有《伊尹》、《鬻子》，小说家复有《伊尹说》、《鬻子说》，亦以文体示别而已[1]。

可见，梁启超始终将《汉志》之分类及排序当作现代意义上的目录分类理解。职是之故，梁氏才倡导“读《汉志》者但以中国最古之图书馆目录视之，信之不太过，而责之不太严，庶能得其真价值也”[2]。

然而正如前述，古典目录之学其实包含丰富的学术思想。章学诚曾言：“古人著录，不徒为甲乙部次计。”近人余嘉锡亦曾提

① 梁启超：《饮冰室合集七·专集之八十四》，前揭，第2页。

② 梁启超：《〈汉书·艺文志·诸子略〉考释》，载《饮冰室合集七·专集之八十四》，前揭，第3页。

出“目录者学术之史也”的著名论断①。故而对待《汉志》“九流十家”之分类及次序，亦有必要分析其所以如此排序的学术缘由及背后的思想观念，才有可能真正把握《汉志》的学术价值。这一分析，仍要从“九流十家”的层级结构说起。

从《汉志·诸子略》序文看，刘班将先汉诸子分为“九流十家”两个层级，并以小说家“君子弗为”而不入流，表明刘班并非仅仅如梁启超所言“小说之所以异于前九家者，不在其涵义之内容，而在其所用文体之形式”，而是在于是否能够当得上“《六经》之支与流裔”之学术地位，是否能够弘扬礼乐“大道”。因此“小说家”位于最末，理所当然。

而“前六、后四”的二层结构，源自刘班之《别录》《七略》《汉志》乃是借鉴司马谈《论六家要指》之六家区分而来，故而将儒、道、阴阳、法、名、墨之六家置于前，而将后来理析增补的纵横、杂、农、小说四家殿于后。从重要性上讲，前六家无疑要优于后四家。当然，既然能够将这四家与前六家相提并论，表明在思想学术上也有一定的关联。

比如“纵横家”，清人刘光蕡称“从横家，即圣人言语科，权事制宜，受命不受辞，惟权制宜，故止能受命，不受辞。不能受辞，辞为自制，故为颛对”②，表明纵横家与儒学之关联。姚明辉释《汉志》序文“从横家者流，盖出于行人之官”则称“《周礼》秋官之属有大行人、小行人，盖掌使之官”③，表明纵横家与周礼之密切关联。张舜徽先生亦以为，春秋用《诗》之道，与纵

---

① 余嘉锡：《目录学发微》卷二，载《余嘉锡说文献学》，上海：上海古籍出版社，2001 年，第 30 页。

② 清·刘光蕡撰、陈锦春整理：《前汉书艺文志注》，载王承略、刘心明主编《二十五史艺文经籍志考补萃编》第五卷，北京：清华大学出版社，2012 年，第 27 页。

③ 姚明辉撰、马庆洲整理：《汉书艺文志注解》，载王承略、刘心明主编《二十五史艺文经籍志考补萃编》第四卷，前揭，第 268 页。

横之学有着相通之处，云：“孔子尝曰‘不学《诗》，无以言’也。其教弟子诵《诗》，贵能奉使专对。苟能深于《诗》教，则出语委婉而不激直，即今之所谓外交辞令也。受命出使，辞必己出。重在因事制宜，与物变化，析疑辨难，应对无方，所谓折冲樽俎者，于是乎在。故其道又与纵横之术有相通者矣。”① 因此并非如梁启超所言，纵横之学丝毫“不明道术”。加之汉代亦有蒯彻、邹阳、主父偃、徐乐、严安、聊苍等著名纵横家，可成一家之言，故而次于六家之下。

再如“杂家”，其特点在于“兼儒、墨，合名、法”，而“治国之体，亦当有此杂家之说。……王者之治，于百家之道无不贯综”②。贯综百家之道，不意味着杂乱无章，而是由于“百家之说，各有短长；舍短取长，皆足资治。是以古之善为国者，率能博观约取，相互为用”③，故而可以作为一家成立，因具“兼合”的性质，故而次于“纵横家”之下。

至于“农家”，讲的是“重农主义”，是一种劝农耕桑的政治主张，与《尚书·洪范》之“八政”主张密切相关，故可作为诸子之一家。或许因其毕竟具有明显的“技艺”的“术”的特点，故而次于“杂家”之后。

赵吉惠先生认为：“《诸子略》提出的‘十家九流说’，其比‘六家说’多出的那四家（纵横、杂、农、小说诸家），如果从学术思想方面看，是很难确认、很难成家的，因为它们缺乏稳定、明确、主导的学术思想与主张。从分析、划分学术思想、学术流派而论，我认为《汉书·艺文志·诸子略》较之《史记·论六家

① 张舜徽：《汉书艺文志通释》，武汉：华中师范大学出版社，2004 年，第 325 页。

② 《汉书》卷三十《艺文志第十》颜师古注，前揭，第 1742 页。

③ 张舜徽：《汉书艺文志通释》，前揭，第 335 页。

之要指》是退步了。”[①] 作为目录书，《七略》、《汉志》的首要任务当然是部次群书，而不是作学术思想的分析，但给群书作怎样的分类及排序，背后却体现出编修者对待学术思想变迁的考量：一方面，纵横、杂、农、小说四家并非缺乏稳定明确的思想主张，并且各自均有代表性人物；另一方面，刘班面临的两汉之交的学术情势与西汉早期的司马谈有所不同，增多后四家体现出新形势下的学术要求，不可以“退步”与否作为衡量诸子分类高下的标准。

这种因学术情势不同而导致的学术排序有别，在《诸子略》“前六家”中体现得更为明显。

四、《汉志》“前六家”排序与《论六家要指》之差异及缘由

如前所述，《汉志·诸子略》“儒、道、阴阳、法、名、墨”前六家之定名，源自司马谈《论六家要指》之“阴阳、儒、墨、名、法、道”，而排序有所不同。司马谈之排序以及对各家思想主张之论说，体现出司马氏个人学术渊源及汉初学术情势的特点。

《论六家要指》中，“阴阳家”居首，从学理上讲，乃因“春生夏长，秋收冬藏，此天道之大经也，弗顺则无以为天下纲纪”[②]。清人刘光蕡更以阴阳家为中国大道之所先出，云“道之大

① 赵吉惠：《〈史记·论六家要指〉的文本解读与研究》，载《人文杂志》1997 年第 6 期。

② 西汉·司马迁：《史记》卷一百三十《太史公自序》，北京：中华书局，1959 年，第 3290 页。

原出于天，故法天为政，必在有形之迹。《尧典》首言历象，命舜以位，亦曰‘天之历数在尔躬’。阴阳者，天之迹也。……道家之说易遁于虚，则进而征诸实，乃以民为天，孔孟之说是也。阴阳家最先，道家次之，儒家又次，此中国大道从出之先后也”[①]，故而将阴阳家排在第一位。从汉初学术情势来讲，则由于“邹衍、邹奭之徒，盖甚博辩，其说在当时学界盖甚有力。观西汉时董仲舒、刘向诸大师所论述，似蒙此派之影响不鲜，则其为有力之一派可推知”[②]。

“儒、墨”其次，主要盖缘于此二家之学在战国时期即为“显学”，且曾经有“孔、墨之后，儒分为八，墨离为三，取舍相反不同”（《韩非子·显学》）之分化。虽然学术分化表明后来诸家可能会逐渐偏离原初学说，却也同时表明两派学说的强大生机。司马氏总结诸子之学，沿用韩非之划分，自在情理之中。

继而排定“名、法”二家，原因盖在于：“‘名学为整理思想之方法，各家各皆有其名学，不能以“名”专立一家。’此论胡适倡之，颇含真理。然惠施、公孙龙一派，不仅以辩论名实为治学之手段，而实以为彼宗最终之目的，此其所以异于他家也。故此派不能隶属或合并于任何一派，只能别指目之曰‘名家’，有固然矣。法家晚出，其于儒、墨、道、名，皆有所受。然单提直指，摆落群言，况有韩非之徒大张其军，景从实众，故析为一家，亦云至当。”[③]

至于“道家”，虽在六家中位列最末，却不意味着在司马谈的观念中最不重要，置于最后，反而表明最为司马氏所推重。这

---

① 清·刘光蕡撰、陈锦春整理：《前汉书艺文志注》，前揭，第 24 页。

② 梁启超：《司马谈〈论六家要指〉书后》，载《饮冰室合集七·专集之八十二》，前揭，第 3 页。

③ 梁启超：《司马谈〈论六家要指〉书后》，前揭，第 3 页。

算是《论六家要指》在六家排序上的一个特例。从《论六家要指》的本文[①]看，司马谈对于道家以外五家主张之论说，均先指其弊端，继而扬其长处，而惟于道家只阐长处，未及弊端。并且对于道家长处的阐扬，在与对待儒家的弊端对比中展开，云：

> 道家使人精神专一，动合无形，赡足万物。其为术也，因阴阳之大顺，采儒墨之善，撮名法之要，与时迁移，应物变化，立俗施事，无所不宜，指约而易操，事少而功多。儒者则不然。以为人主天下之仪表也，主倡而臣和，主先而臣随。如此则主劳而臣逸。至于大道之要，去健羡，绌聪明，释此而任术。夫神大用则竭，形大劳则敝。形神骚动，欲与天地长久，非所闻也。

可见，司马谈的观念中，“道家”之学明显高于“儒家”。这与司马谈的学术渊源密切相关。《史记·太史公自序》云：“太史公学天官于唐都，受《易》于杨何，习道论于黄子。”刘宋裴骃《史记集解》引徐广曰：“《儒林传》曰黄生，好黄老之术。”[②] 加之汉代最初七十年里，朝廷重视的是黄老之学的无为而治，故而司马谈有着明显的道家倾向。

《太史公自序》又云：“太史公仕于建元、元封之间，愍学者之不达其意而师悖，乃论六家之要指曰……”建元（前140—前135）与元封（前110—前105）为汉武帝之二年号，不过需要注

---

① 赵吉惠先生认为《论六家要指》之本文应当分为前后两个层次，“夫阴阳四时”上为一部分，当出司马谈之手，为《论六家要指》之最初本文；“夫阴阳四时”下为一部分，为司马迁解释父文字之“疏文”。见氏著《〈史记·论六家要指〉的文本解读与研究》，前揭。

② 西汉·司马迁：《史记》卷一百三十《太史公自序》，前揭，第3288页。

意，司马谈作《论六家要指》虽大致处于其间，武帝朝“表章六经，抑黜百家”的政策也大致在此一时期开始推行，但司马氏个人“重道轻儒”的学术立场却在此之前已经形成，而且“表章六经，抑黜百家”政策的推行有一过程，不会立竿见影地反映到《论六家要指》的文字中①。然而大约一百余年后刘向、刘歆父子奉命校理群书而成《别录》、《七略》，后又有班固继而修成《汉志》时，无论学术情势的嬗变还是编修者个人的思想倾向，都与司马谈在汉初有了很大差别，体现在诸子“九流十家”的论说及排序上，也正因此不同。

第一，关于“儒、道”次序。

在《汉书·艺文志》中，儒居首位，道家次之。相较于司马谈的《论六家要指》，道家退居次席，儒家后来居上。这与汉武之后思想界的变化有关，其中有几件事尤为重要：一是武帝建元五年（前 136 年）春，设立《诗》、《书》、《礼》、《易》、《春秋》之五经博士；二是元光元年（前 134 年），诏举贤良对策，大儒董仲舒上著名的《天人三策》，为“表章六艺，抑黜百家”提供了理论上的支持；三是元朔五年（前 124 年），丞相公孙弘提出为博士官设立弟子员。于是，一套为了研究经典、培养儒生的完整制度开始形成，经学进入其“昌明时代”（皮锡瑞《经学历史》）。“经过汉武帝即位后几十年的努力，儒家学说终于被抬上统治思想的位置，完成了统治思想的转折。这对巩固西汉中央集

① 有学者称：“事实上，汉武帝从未采纳过董仲舒‘罢黜百家，独尊儒术’的建议，更未真的有过‘罢黜百家，独尊儒术’的实际行动，有的只是‘绌抑黄老，崇尚儒学’。说汉武帝‘罢黜百家，独尊儒术’与汉初的政治、经济以及思想斗争的实际情况不符，也与汉武帝以后的整个中国思想史不合。”（见孙景坛：《汉武帝“罢黜百家，独尊儒术”子虚乌有——中国近现代儒学反思的一个基点性错误》，载《南京社会科学》1993 年第 6 期）无论汉武帝其时的政策到底为何，皆与汉初有所不同，即有变“重道轻儒”为“重儒轻道”的趋向，与司马谈之思想主张正好相反。

权的大一统局面，削弱和打击地方势力的分裂活动，包括反击外族入侵等，都起了一定的作用”[①]，道家在这一过程中也逐渐退居思想界的次席。这一情势反映到刘班著作中，便是置“儒家”于诸子之首，并且在《汉志》中论说儒家学说之主张云：“游文于《六经》之中，留意于仁义之际，祖述尧舜，宪章文武，宗师仲尼，以重其言，于道最为高。”对于这一表述方式，清人周寿昌《汉书注校补》云：“本《志》自此以下道家至农家，凡八家，俱用‘此其所长也’五字称之，下便作抑辞。独于此，以‘于道为最高’五字极力推重，所以别儒于诸家也。”[②] 由此可见《七略》、《汉志》体系中“儒家”之尊崇。

不过也有学者认为，用置于“九流”首位以及用“于道最为高”对儒家进行描述，非但不足以证明儒家之尊贵，反而有点自贬身价。在他们看来，其余八家皆不过儒家之一端，儒家之尊不当与诸子并列。宋人王应麟即云：

> “于道最为高。”唐氏曰：“此自谓尊儒，不知与九流并列，已不是。八家皆儒家之一偏一曲耳。”淇水李氏曰：“儒者之术，教化仁义而已也。使儒者在人主左右，得以仁义教化為天下之治，则所谓道家者，不过为岩野居士；名、法家者，不过为贱有司；阴阳者，食于太史局；而从横、杂、墨之流，或驰一传，或效一官；农家者流，耕王田，奉国赋以乐天下之无事。彼得与儒者相抗而为流哉！”[③]

---

① 许道勋、徐洪兴：《中国经学史》第一章，上海：上海人民出版社，2006 年，第 54 页。

② 转引自陈国庆：《汉书艺文志注释汇编》，北京：中华书局，1983 年，第 117 页。

③ 南宋·王应麟撰、尹承整理：《汉艺文志考证》，载王承略、刘心明主编《二十五史艺文经籍志考补萃编》第一卷，北京：清华大学出版社，2014 年，第 127 页。

甚至有学者以为儒家既然传述六艺，则与六艺实为一体，故而“儒家不能与经部并立”。近人江瑔云：

> 儒家之学既云出于司徒之官，必渊源于保氏。保氏以六艺教民，儒家传六艺之学，故以儒称。是以班氏论儒家，亦谓：“游文于《六经》之中。”《庄子·外物篇》亦云：“儒以诗礼必冢。”是则儒家之得名，虽出于保氏，而实由于六艺。无六艺，则儒家之名无由成；舍六艺而称儒家，非真儒家也。然传六艺之学者首推孔子，则孔子当为儒家之首，孔子之六经尤当为儒家著述之首。今儒家无孔子名，只云“宗师仲尼”，而经又别隶于六艺类。一似经自经，儒自儒；似孔子非儒家，似儒家非传六艺之学，是真未可解也[①]。

照此说法，“儒家”似应当并于“六艺略”，然而这却混淆了“六艺”作为“王官学”，而“儒家”仅属“百家言”的根本区别。至于孔子，述而不作，传述六经，地位特殊，需要将其与一般儒家人物区别开来，缘由在于：“孔子之书始终列在经部，不入儒家，因为孔子是经学家，是儒家创始人，其弟子才是儒家学派成员。另列‘儒家’于诸子类之首，列入‘儒家’类的都是孔门后学及其信徒论述儒家内圣外王理论的专著……换句话说，中国传世文献的分类法，自汉代以来变化不断，但无论哪一家目录，变的都是子、史、集之间的分合，经部区别于、高于子部的地位始终都是不变的。”[②]

---

① 江瑔：《读子卮言》卷一，台北：广文书局，1982 年，第 44—45 页。

② 董恩林：《从王官之学到经学儒学》，载《孔子研究》2012 年第 6 期。

至于“道家”，在汉初曾经风光一时，但汉武之后尊儒抑道，它便黯淡下去了，居于儒家之后，这也是自然之情势。然而有学者却认为这一“儒先道后”的排列出了大问题，甚至怀疑刘歆、班固改动了刘向《别录》的原本。在他们看来，“道家”当居于“儒家”之前。清人刘光蕡云：

> 孔子承尧、舜、禹、汤、文、武、周公之统，而为道宗，则孔子之道，君道也。今儒家出于师徒之官，则得君道之一端，而非孔子为儒家也。九流十家，如圣门四科。德行即道家也，言语、政事、文学皆儒家也。盖以道问学入者为儒家，而以尊德性入者为道家。其他皆为道之一体。即儒、道两家而论，道为人君南面之术，儒乃司徒之官，则道宜于儒家之前，子政与太史公所见同也。今列儒家于道家之前，当时汉末学术晦于词章训诂，刘歆变乱父书，孟坚不察而从之也。……子政以孔子所订之六经叙于前，《论语》、《孝经》、《家语》继之，而以九流附于后。是以孔子侪于黄帝、尧、舜、禹、汤、文、武之间，即汉儒素王之说也。六经如君，九流如百官。六经大体，儒、道两家为近。其为政，道家正君德，儒家尽君道。其为学，道家重性，儒家重学。其在孔门，道家如德行科，儒家即政事、言语、文学。子政叙九流全仿史公。此处必以道家为先，儒次之。太史公论六家要指之道家、儒家，不以孔子为儒也。班氏以孔子为儒，此处必改子政原本，进儒家于道家之前。何以知之？以其叙儒家为出于司徒，而道家为人君南面之术。知子政原本道家列前也。知九流皆吾道之支流，则不争儒、道两家之先后[①]。

① 清·刘光蕡撰、陈锦春整理：《前汉书艺文志注》，前揭，第20—21页。

这段话里，刘氏乃以“道宜于儒家之前”，其基本观点有二：一，刘向所见儒道关系，与司马谈、司马迁父子相同，《别录》之排列诸子当仿《论六家要指》，道家当列于前；二，刘歆、班固因汉末学术晦于训诂不能通达诸子精义，乃变乱向书而致“儒先道后”。认识这一问题，需要考虑如下因素：

其一，司马谈之《论六家要指》的确有“尊道抑儒”的倾向，但这“仅能代表司马谈前期的思想态度，它的写作是以建元二年《鲁诗》学者赵绾、王臧倡导改制而触怒好黄老的窦太后这一儒道大交锋作为直接背景。……当时司马谈刚从黄子处学道归来，确实站在黄老思想立场之上。但是后来随着汉家统治思想由道而儒的转变，特别是通过亲身参加春秋公羊学派所倡导的受命改制，司马谈加深了对公羊家所阐释的孔子学说价值的认识，思想立场从黄老转变到儒家方面来”[①]。据《太史公自序》，司马谈在临终前勉励其子史迁时，也正是以孔子学说、六经大义来激励史迁修史以上继孔子《春秋》。这一方面再次证明司马谈思想之儒学转向，另一方面也表明史迁乃以六艺经术，以孔子之《春秋》学，作为整部《史记》写作的基本理论基础。换句话说，司马氏父子最终是倾向于儒学的。

其二，司马谈所生活的汉代初年，黄老之学占据优势，司马谈受其影响，论列诸子时方有推崇道家之说。然而刘向所生活的时代，黄老道家已经逐渐淡出，经学建立，儒学推尊，儒家影响超越道家已成时代之趋势。虽然刘向本人亦受到道家、阴阳家、法家的不小影响，但其基本思想主导仍归儒家。他所编撰的《新

① 陈桐生：《〈史记〉与诸子百家之学·绪论》，合肥：安徽大学出版社，2006年，第11页。

序》、《说苑》、《列女传》诸书，指导思想便是儒家的政治思想和伦理道德观念[①]。因此，刘向仿照《论六家要指》而作出“道先儒后”排列的可能性不大。

其三，如前所述，从刘向《别录》之佚文看，《汉志》所本“儒先道后”的诸子排序格局在《别录》中已然形成，并且这一排序包含了刘向对于汉代学术思想的判别与思考。

近人顾实则指出“儒先道后”排序之“乖戾处”有二，并认为这仅是汉代政策使然，若从学术发展来讲则应当是“道先儒后”，云：

> 道家诚出于史官，伊尹、太公非史官也，则其权首，非自黄帝而谁与？黄帝立史官以来，史氏世守其绪，下至周末。老子为柱下史，爰播黄帝之书于民间。不然，则黄老道德之术，曷为而来哉？司马谈家世为史，犹知此义，故先黄老而后《六经》，其明验也。自武帝崇儒，而《刘略》、《班志》咸体此旨，不独先《六经》而后黄老也，抑且黄、老而老、黄之，先老而后黄也矣。然试问合于历史自然之序否，其乖戾一也。儒家助人君明教化，道家人君南面之术，先儒而后道，是未有人君而已有助人君者也，其乖戾二也。故于此而谓之汉氏之政策则可，谓之学术当然，则无是处[②]。

汉氏之儒学政策，前已述及，此不多言。顾氏这里所谓“历史自然之序”及“学术当然”，可以理解成以“道家之学”为诸

① 吴全兰：《刘向哲学思想研究》第二章，北京：中国社会科学出版社，2007年，第52页。

② 顾实：《汉书艺文志讲疏》，上海：上海古籍出版社，1987年，第127—128页。

子学之所从出，故理当居于儒家之前。此一问题，涉及诸子之学的渊源。

有学者主张“道家为百家所从出”。近人江瑔云：“百家之学俱源于史，上已详述之矣。然则春秋战国以前，学在官而不在民，自史官失守，而百家之学即联镳而齐起、并辔而交驰乎？非也。其起也有先后焉，有程序焉，有递嬗相生之道焉。盖言其末流，虽并辔联镳，各不相谋，而溯其初起之源，则实统于一。一者何？即道家是也。道家者，上所以接史官之传，下所以开百家之学者也。”①

也有学者主张诸子百家“其源皆出于六艺”。清人章学诚云：“周衰文弊，六艺道息，而诸子争鸣。盖至战国而文章之变尽，至战国而著述之事专，至战国而后世之文体备；故论文于战国，而升降盛衰之故可知也。战国之文，奇邪错出，而裂于道，人知之；其源皆出于六艺，人不知也”②，陈钟凡先生云“《六经》皆古之典礼，百家者，礼教之支与流裔也”③，亦以百家出于“六艺”。

可见，诸子渊源之说本不定于一，“学术之当然”亦未有定说，且有学者批判“诸子出于道家”云：“近人有谓诸子之学，皆原本于黄帝者。姑无论黄帝之书，多出后人依托，若溯渊源所自，则中国万事万物，皆可推本于万能之轩辕黄帝，岂独十家九流之学乎！”④ 何况，司马谈《论六家要指》之“先黄老而后《六经》”，恰恰不是出自“历史自然之序”或“学术之当然”，因为

① 江瑔：《读子卮言》卷二，前揭，第 75 页。

② 清·章学诚著、叶瑛校注：《文史通义校注》卷一《诗教上》，前揭，第 60 页。

③ 陈钟凡：《诸子通谊·原始》，台北：商务印书馆，1977 年，第 1 页。

④ 罗焌：《诸子学述》上编第六章，上海：华东师范大学出版社，2008 年，第 71 页。

司马谈所推崇的黄老之学属于秦汉以来的“新道家”①，其特点是“因阴阳之大顺，采儒墨之善，撮名法之要”，而不是以“无为无不为”为特点的老子为代表的“原始道家”。司马谈之排序，恰恰出于“汉氏之政策”，因为若从产生顺序上讲，黄老道家无论如何是在“六经”之后的。

综言之，《七略》、《汉志》“儒先道后”的排序次序，反映了从西汉后期至东汉学术思想发展的实际状况。

第二，关于“阴阳家”次序。

在《论六家要指》中，“阴阳家”居于首位，在《汉志》中则位列第三。出现这种次序上的变化，并非完全意味着阴阳学说的渐趋没落，而是目录学上的分类排序在一定程度上掩盖了学术上的真相。

顾颉刚云：“汉代人的思想的骨干，是阴阳五行。无论在宗教上，在政治上，在学术上，没有不用这套方式的。”② 可见阴阳学说在汉代的重要。然而“阴阳家”不等于“阴阳学”，因为作为九流之一的阴阳家，是须有人物、有著述的；而作为一种思想学问，阴阳学的形迹就会隐遁一些。有学者认为：“阴阳五行学说在西汉并非只是单纯地遭到削弱，而是被道家、儒家等学说吸收、转化，甚至影响到兵法、数术、方技等领域，在武帝‘独尊儒术’的治国方略推行后，在国家政治生活领域产生了更持久而深刻的作用。”③

不过，阴阳学毕竟是发生了衍化，朝廷意识形态领域里占主导的毕竟是儒学，故而在汉代，“阴阳以儒术见重于世，是附儒

① 参熊铁基：《秦汉新道家》，上海：上海人民出版社，2001 年。

② 顾颉刚：《秦汉的方士与儒生》第一章，上海：上海古籍出版社，1998 年，第 1 页。

③ 徐奉先：《从〈汉书·艺文志〉看西汉阴阳家的衍化》，载《河北科技大学学报》2012 年第 4 期。

术而传，地位仅次于儒、道两家”①，故而在《七略》、《汉志》中，阴阳家排在第三位。

第三，关于“法、名”次序。

名家与法家的关系十分密切，不易区分，究其因，乃在于“名家古多合言刑名，刑即法也。盖法与名关系最切，故《淮南子·要略篇》曰：‘申子者……刑名之书生焉。’此论法家，而与名连言之。《尹文子·仁义篇》曰：‘以名法治国，万物所不能乱。’此名家言也，而与法合言之。……故古名、法家常相乱而不易别”②。

在《汉志》中，“儒、道”下即排“法、名”。照李零的说法，在汉代，“阴阳家是儒家的附庸，地位仅次于道家”③；而“法家是道家之附庸，文、景后消亡。晁错是文、景之际人，乃最后的法家。目中书，几乎全是战国古书。比战国早，一本没有；比战国晚，只有《晁错》”④。排在九流前两位的是“儒、道”，作为二者附庸的“阴阳、法家”分列三、四位，这大概是《汉志》如此排列的缘由，亦是基于汉代子学发展的实际。

有学者认为这一排序不妥，章学诚基于二家学说主张之“事理”，以为“名家之书，当叙于法家之前，而今列于后，失事理之伦叙矣。盖名家论其理，而法家又详于事也。虽曰二家各有所本，其中亦有相通之原委也”⑤。刘光蕡亦从学术自然之序出发，论定“法家宜在名家之后”。他说：“法出于刑名，出于礼也。礼

---

① 李零：《兰台万卷：读〈汉书·艺文志〉》，前揭，第 98 页。

② 王蘧常：《诸子学派要诠》，北京：中华书局、上海：上海书店，1987 年，第 187 页。

③ 李零：《兰台万卷：读〈汉书·艺文志〉》，前揭，第 97 页。

④ 李零：《兰台万卷：读〈汉书·艺文志〉》，前揭，第 100 页。

⑤ 清·章学诚著、叶瑛校注：《文史通义校注·校雠通义》卷三，前揭，第 1044 页。

失而后入于刑，有名而后法生焉。法不能先名，自然之序也。”①

第四，关于“墨家”次序。

墨家曾在先秦与儒家并为“世之显学”。《吕氏春秋·当染篇》有云：“孔、墨之后学显荣于天下者众矣，不可胜数。”可见墨学之传承一度亦相当昌盛。然而，“秦汉以来，墨家作为思想体系和学派逐渐消失无闻，并且此后再也没有出现过相类似的独立学说、思潮或派别。这大概是由于，尽管作为小生产劳动者的手工匠作和农民仍大量地长期地存在，但已经没有像氏族结构彻底瓦解的春秋战国时代那种自由的社会环境和自由的意识气氛。特别在独尊儒术以及后来佛教东来之后，小生产劳动者文化落后，见闻闭塞，经年累月束缚在自己的狭小天地内，一般便受着社会统治意识的控制和支配，很难从自身中再产生像墨子这样的思想家或思潮、学派”②。

不过，墨家作为一个学派不复存在，不意味着墨学思想已经断绝，小生产劳动者长期存在这一社会基础，使得墨家的某些观念、行为以至组织形态，还会在汉代社会中以各种形态表现出来。“墨家的好些思想如功利、重力等，已经以不同方式渗入或溶（融）合在法家和儒家思想中。特别由于儒墨两家原都以古代氏族传统为背景，他们对氏族制度这一社会体制和秩序都是基本肯定的，对人生世事、政治经济也都采取积极作为的态度，都讲父慈子孝，兄友弟恭，都讲任贤使能。……既然有上述这些共同基础和特征，儒家也用不着花多大气力，便不留痕迹地吸收了所可以容纳的墨子中的许多思想和观念。”③ 因此，在汉代有一种

---

① 清·刘光蕡撰、陈锦春整理：《前汉书艺文志注》，前揭，第25页。

② 李泽厚：《中国古代思想史论·墨家初探本》，合肥：安徽文艺出版社，1994年，第69页。

③ 李泽厚：《中国古代思想史论·墨家初探本》，前揭，第72—73页。

"视墨同儒"的观念，而这造成了"墨学中绝"的假相①。

正缘于此，汉初司马谈在论列诸子时，称："墨者俭而难遵，是以其事不可遍循。然其强本节用，不可废也。……要曰强本节用，则人给家足之道也。此墨子之所长，虽百家弗能废也。"张舜徽先生认为："司马特为拈出强本节用四字，可谓能识其大。"②只是，司马氏在《论六家要指》中置"墨家"于"儒家"后，盖取自《韩非子·显学》"世之显学，儒墨也"而来。至于在《七略》、《汉志》中，墨家作为一门学派之消亡较诸汉初更甚，故而置于"前六家"之末。

五、简短的结语

《七略》、《汉志》将先汉诸子划分为"九流十家"，并且有一个次序的排定。这一次序，与编修者的学术倾向有关，与所处时代的思想观念有关。古典目录著作，皆具有较强的"学术史特性"，对待它们，当然不可"推挹太过"，但更不可"讥其卤莽灭裂"。这一传统来自《庄子·天下篇》。章学诚曾云："六艺之书与儒家之言，固当参观于《儒林列传》；道家、名家、墨家之书，则列传而外，又当参观于庄周《天下》之篇也。……古人著书，苟欲推明大道，未有不辨诸家学术源流；著录始于刘、班，而义法实本于前古也。"③

当然，无论《七略》还是《汉志》，"九流十家"排列次序背

① 参郑杰文：《中国墨学通史》第三章《两汉时期墨学的流传和影响》，北京：人民出版社，2005年。

② 张舜徽：《汉书艺文志通释》，前揭，第321页。

③ 清·章学诚著、叶瑛校注：《文史通义校注·校雠通义》卷三，前揭，第1046页。

后的观念，因文献不足，大多由后人推定。学术代变，与时消息，至于清代，《四库全书总目》“子部”所列十四家，无论名目还是次序都与《七略》、《汉志》有大不同。欣慰的是，编修者对于所以定名排序之因由皆有明确论说[①]，由此既可明晓古典目录之学术品位，亦可证明本篇论文之不为妄做也。

① 见清·永瑢等：《四库全书总目》卷九一，北京：中华书局，1965年，第769页。

日藏南宋刊单疏本《毛诗正义》（郑风）校读记

——兼议版本与学术的关系

提要：唐代由孔颖达主持编撰的《毛诗正义》，是诗经学史上的重要文献。南宋刊单疏本《毛诗正义》，代表了最初和最正规的版本面貌。今日《毛诗正义》之通行版本为清代阮刻本，属经文、注文、疏文的合刻本。通过单疏本和合刻本的对勘，可以发现诸多文字差异，并可明了版本与学术的诸多关系。

《毛诗正义》四十卷，是唐代贞观年间由孔颖达奉太宗之命主持编撰的《五经正义》之一。它的编纂，集汉魏诗学之大成，是唐初整合南北经学的产物，被称为《诗经》研究史上的“第二个里程碑”①。

2012年1月，北京人民文学出版社影印出版了日本武田科学振兴财团杏雨书屋所藏南宋刊（绍兴九年，公元1139年）单疏本《毛诗正义》（以下简称《单疏本》）。这一版本，被称为《毛

① 夏传才：《诗经研究史概要》，郑州：中州书画社，1982年，第99页。

诗正义》现存版本中之最优者，其中一个很重要的原因在于：单疏本（仅有孔颖达的疏文，未与经文、《毛传》、《郑笺》合刻）是后来所有注疏刻本的祖本，《毛诗正义》的其余诸本均从单疏本衍生而来，单疏刻本是《毛诗正义》的最初①和“最正规的面貌”②。

《毛诗正义》今日最通行的版本是清人阮元主持刊刻的《十三经注疏》本（中华书局，1980 年 9 月版，以下简称《阮刻本》），但这一本子是经文、注文、疏文的合刻本，与单疏本的体制不同。今就疏文部分，将阮刻本与单疏本对勘，并参照阮刻本所附校勘记（以下简称《校勘记》）以及李学勤先生主编《毛诗正义》整理本（北京大学出版社，1999 年 12 月版，以下简称《标点本》），作校记若干，并就版本流传与学术发展的关系略作陈述，以为《诗经》研究提供些许参考。

因《毛诗正义》篇幅宏大，今只选择《单疏本》最先之《郑风》（之前内容原阙）21 首诗（包括居首之《郑谱》）为校勘对象，并以《阮刻本》为底本，《单疏本》为校本。

一、《郑谱》

1. 而兼云宣王，明是其母弟也

案：“是”，《单疏本》无此字。

2. 又云为幽王大司徒

案：“云”，《单疏本》无此字。《校勘记》云：“闽本、明监

① 《毛诗正义》形成之后的三百多年，一直以抄本的形式流传，至宋代方出现抄本基础上的刻印本。

② 李霖：《南宋刊单疏本毛诗正义·影印前言》。

本、毛本同。案此不误。浦镗云衍‘云’字，非也。《谱》以上说京兆郑县，以下说河南新郑，故以‘又云’为更端之辞。山井鼎《考文》载永怀堂板‘又云’作‘桓公’，出于臆改，其板自是俗书，无足论者。卢文弨亦取改此文，失之矣。”

3. 桓公臣善，于是卒言于王

案：“臣”，单疏本作“曰”。《校勘记》云：“闽本、明监本、毛本同。案山井鼎云《史记》‘臣’作‘曰’，是也。”《标点本》据改，作“曰”。

4. 斩之蓬、蒿、藜、翟而共处之

案：“翟”，《单疏本》作“藋”。《校勘记》云：“闽本、明监本、毛本同。案浦镗云‘藋’误‘翟’，是也。”《标点本》据改，作“藋”。

5. 子文公踕立

案：“踕”，《单疏本》同。《校勘记》云：“闽本、明监本、毛本同。案此不误。浦镗云‘踕’《传》作‘捷’，是也。此据《世家》。”

6. 是突前篡之笺

案：“笺”，《单疏本》作“初”。《校勘记》云：“闽本、明监本、毛本‘笺’作‘初’。案皆非也，当作‘事’，上下文可证。”《标点本》据改，作“事”。

7. 宜是初田事也

案：“田”，《单疏本》作“年”。《校勘记》云：“闽本、明监本、毛本‘田’作‘年’。案皆非也，‘田’当作‘日’，形近之讹。”《标点本》据改，作“日”。

8. 后人不能尽得其弟

案：“弟”，《单疏本》作“第”，盖是也。

二、《缁衣》

1. 五曰以仪礼辨等、父坐子伏之等，辨其等级

案：二“辨”，《单疏本》均作“辩”。

2. 度谓宫室衣服之制

案：“衣”，《单疏本》作“车”。

3. 此衣若敝、敝则更愿王为之

案：二“敝”，《单疏本》均作“弊”。

4. 而言予为子授者

案：“子”，《单疏本》作“予”。《校勘记》云：“闽本、明监本、毛本同。案浦镗云‘予’讹‘子’，是也。”《标点本》据改，作“予”。

5. 非民所能改受之也

案：“受”，《单疏本》作“授”。《校勘记》云：“闽本、明监本、毛本同。案浦镗云‘授’讹‘受’，是也。”《标点本》据改，作“授”。

6. 又再染以黑乃成缁

案：《单疏本》同。《校勘记》云：“闽本、明监本、毛本同。案‘乃’上，浦镗云脱‘则为緅又复再染以黑’九字。考《周礼》注，是也，此以‘黑’复出而脱去。”《标点本》据以补“则为緅又复再染以黑”九字。

7. 此缁衣卿士冠礼所云

案：“卿”，《单疏本》作“即”。《校勘记》云：“闽本、明监本、毛本同。案浦镗云‘即’误‘卿’，是也。”《标点本》据改，作“即”。

8. 周缁衣，卿士所服也

案："周"，《单疏本》作"则"。《校勘记》云："闽本、明监本、毛本'周'作'则'。案所改非也，'周'当作'明'，形近之讹。"《标点本》据改，作"明"。

9.《伐柯》言王迎周公

案："言"，《单疏本》作"劝"。

三、《将仲子》

1. 是致大乱大也

案：下"大"字，《单疏本》无。《校勘记》云："［补］毛本下'大'字作'国'。案'国'字是也。"《标点本》据改，下"大"字作"国"。《单疏本》或是也。

2.《四牡》传云杞枸继

案："继"，《单疏本》作"檵"。《校勘记》云："闽本、明监本、毛本同。案考彼《传》及《尔雅》，皆是'檵'字，此'继'字当误。"《标点本》据改，作"檵"。

3. 吴公子庆忌骤谏吴王

案："王"，《单疏本》作"子"，或非。

4. 不请公子吕矣，则祭仲之谏多于公子吕矣

案：上"矣"字，《单疏本》同。《校勘记》云："闽本、明监本、毛本同。案浦镗云'矣'或'然'字之误，属下。是也。"《标点本》据改，"矣"作"然"，属下。

5. 实败名病大事

案："败名"，《单疏本》同。《校勘记》云："闽本、明监本、毛本同。案'败名'二字当衍。此引《晋语》'实病大事'，或记

《左传》‘败名’于傍，遂误入。《皇皇者华》正义引‘实病大事’，不误。”《标点本》据删。

6. 故云彊韧之木

案：“韧”，《单疏本》同。《校勘记》云：“闽本、明监本、毛本同。案《传》作‘忍’，《正义》作‘韧’。‘忍’、‘韧’，古今字，易而说之也。例见前，余同此。”

7. 驳马，梓榆

案：“榆”，《单疏本》作“榆”。《校勘记》云：“闽本、明监本、毛本‘榆’作‘榆’。案‘榆’字是也。《晨风》正义引作‘榆’。”《标点本》据改，作“榆”。

四、《叔于田》

1. 以宠私过度

案：“私”，《单疏本》作“禄”。

2. 言其不妄为武

案：《单疏本》“武”下有“也”字。

五、《大叔于田》

1. 然则薮非一

案：《单疏本》“薮”下有“泽”字。《校勘记》云：“闽本、明监本、毛本同。案‘则’当作‘泽’，上下文可证。”《标点本》据改，“则”作“泽”。

2. 孙炎曰狃伏前事

案：“伏”，《单疏本》作“怣”。《校勘记》云：“闽本、明监本、毛本同。案浦镗云‘怣’误‘伏’，是也。”《标点本》据改，作“怣”。

3. 欲止则往

案：“往”，《单疏本》作“住”。《校勘记》云：“闽本、明监本、毛本同。案浦镗云‘住’误‘往’，是也。”《标点本》据改，作“住”。

4. 乘一乘之锝马

案：《单疏本》同。《校勘记》云：“闽本、明监本、毛本上‘乘’字误‘秉’，‘锝’误‘鸨’。案经、传皆作‘鸨’，《正义》作‘锝’。‘鸨’、‘锝’古今字，易而说之也。例见前，标起止。”

5. 谓弢弓而纳之鬯中

案：“弢”，《单疏本》作“弛”。

六、《清人》

1. 御敌于竟

案：疏文二处“御敌于竟”，《单疏本》“竟”均作“境”。《校勘记》云：“闽本、明监本、毛本‘竟’作‘境’，下言‘御敌于竟’同。案所改是也。《序》作‘竟’，《正义》作‘境’，下文皆可证。‘竟’、‘境’古今字，易而说之也。《考文》古本序亦作‘境’，误采《正义》所易之今字。”

2. 狄人以去

案：“以”，《单疏本》作“已”。

3. 使四马被驰駈敖游

案：《单疏本》“被”下有“甲”字；“駈”，《单疏本》作

"驱"。《校勘记》云："明监本、毛本'被'下有'甲'字，闽本剜入。案所补是也。"《标点本》据改，"被"下补"甲"字。

4. 是守国之兵长

案：《单疏本》"长"上有"用"字，是也。

5. 《鲁颂》以矛与重弓共文

案：《单疏本》"矛"上有"二"字，是也。

6. 然题者，表识之言

案：《单疏本》"然"下有"则"字。

7. 注云：右，阳也

案："右"，《单疏本》作"左"。《校勘记》云："闽本、明监本、毛本同。案浦镗云'左'误'右'，是也。"《标点本》据改，作"左"。

8. 郑兵缓为右

案："兵"，《单疏本》作"丘"，是也。

9. 故《月令》说耕耤之义云

案："耤"，《单疏本》作"籍"。

10. 齐侯伐我比鄙

案："比"，《单疏本》作"北"，是也。

七、《羔裘》

1. 刚则疆

案："疆"，《单疏本》作"彊"，是也。

2. 亦谓朝夕贤臣

案："夕"，《单疏本》作"多"。《校勘记》云："［补］'夕'当作'多'。"《标点本》据改，作"多"。

八、《遵大路》

1.《说文》掺字山音反声训为敛也

案：《单疏本》“字”下有“参”字；“山音反”三字，《单疏本》为双行小字。《校勘记》云：“闽本、明监本、毛本‘字’下有‘参’字。案所补是也。‘山音反’三字当双行细书，即为‘参’字作音也。闽本、明监本、毛本‘山’误‘此’。”《标点本》据改，补“参”字。

2. 操字枭此遥反声

案：“此遥反”，《单疏本》作双行小字。《校勘记》云：“闽本、明监本、毛本同。案‘此遥反’三字当双行细书，即为‘枭’字作音也。此‘枭声’与上‘参声’，皆二字连文。”《标点本》据改。

3.《正义》曰：《释诂》文

案：“诂”，《单疏本》作“语”，误也。

九、《女曰鸡鸣》

1. 刺不说德也

案：“说”，《单疏本》作“悦”。

2.《笺》德谓至德也

案：“也”，《单疏本》作“者”。《校勘记》云：“闽本、明监本、毛本‘也’作‘者’。案所改是也。”《标点本》据改，作“者”。

3. 佩玉有衡牙

案："衡"，《单疏本》作"冲"。《校勘记》云："［补］《礼记》'衡'作'冲'。"《标点本》据改，作"冲"。

4. 诸侯佩山玄玉

案："诸"，《单疏本》作"公"。《校勘记》云："明监本、毛本同，闽本'诸'作'公'。案此'公'字用《礼记》文改也。"《标点本》据改，作"公"。

5. 佩有琚玖

案："玖"，《单疏本》作"瑀"。

6. 俱辞不言来客非异国

案：《单疏本》"俱"作"但"，"客"作"容"。

7. 此章非是异国耳

案："非"，《单疏本》作"必"。《校勘记》云："闽本、明监本、毛本'非'作'必'。案所改非也，'非'当作'自'。"《标点本》据改，作"自"。

十、《有女同车》

1. 忽所不娶

案："娶"，《单疏本》同。《校勘记》云："闽本、明监本、毛本同。案《序》作'取'，《正义》作'娶'，'取'、'娶'古今字，易而说之也。例见前，《考文》古本序作'娶'，误采此，添'忽'字亦误采此也。下笺'郑人刺忽不取齐女'，小字本、相台本、十行本皆不误，闽本以下亦误为'娶'。余同此。"

2. 曰雍始

案："始"，《单疏本》作"姞"。《校勘记》云："闽本、明监本、毛本同。案浦镗云‘姞’误‘始’，考《左传》，是也。”《标点本》据改，作“姞”。

3. 此解锵锵之意

案：“锵锵”，《单疏本》同。《校勘记》云：“闽本、明监本、毛本同。案《传》及《经》皆作‘将将’，《正义》作‘锵锵’，易古字为今字而说之也。例见前。《庭燎》正义作‘将将’，当是不知者依经注改之耳。”

十一、《山有扶苏》

1. 二章章四句至美然

案：“然”，《单疏本》作“人”。“阮刻本”《毛诗序》“所美非美然”下“校勘记”云：“唐石经、小字本、相台本同。案《正义》云‘皆是所美非美人之事，定本所美非美然，与俗本不同’，是《正义》‘然’字当是‘人’字，标起止云‘至美然’，后改也。”

2. 所美非矣

案：“矣”，《单疏本》作“美”。《校勘记》云：“闽本、明监本、毛本‘矣’作‘美’。案所改是也。下文云‘此篇刺昭公之所美非美，养臣失宜’，是其证。”《标点本》据改，作“美”。

3. 毛以下章山有乔松是木、《传》以乔松共文

案：二“乔”，《单疏本》皆作“桥”。“传以乔松共文”下“校勘记”云：“闽本、明监本、毛本‘乔’作‘桥’。下‘以明乔非木也’、‘不取乔游为义’同。案‘乔’字是也。凡《正义》说《传》者例用‘乔’，十行本皆未误。此用毛义易字，非《正义》本经作‘乔’也。”

4. 扶渠其其华菡萏

案："其其"，《单疏本》作"其"。《校勘记》云："［补］衍一'其'字。"是也。《标点本》据改，删一"其"字。

5. 丑人之至意同

案："丑"，《单疏本》作"笺"。《校勘记》云："［补］毛本'丑'作'笺'。案'笺'字是也。"《标点本》据改，作"笺"。

6. 此章直名龙耳

案："章"，《单疏本》作"草"。《校勘记》云："闽本、明监本、毛本同。案浦镗云'草'误'章'，是也。"《标点本》据改，作"草"。

7. 不应言桥游也，今松言槁

案："桥"，《单疏本》作"槁"。《校勘记》云："闽本、明监本同，毛本'槁'作'桥'。下'明槁松喻无恩于大臣'，明监本、毛本皆作'桥'。案'槁'字是也。凡《正义》说《笺》者例用'槁'。十行本多未误，唯'不应言槁游也'，一字误作'桥'耳。"

8. 下篇言昭公有狂狡之志

案："狂"，《单疏本》作"壮"。《校勘记》云："闽本、明监本、毛本同。案'狂'当作'壮'，形近之讹。"《标点本》据改，作"壮"。

十二、《萚兮》

1. 诗人谓此萚兮

案："诗"，《单疏本》作"有"。

2. 必待风其吹女

案："女"，《单疏本》作"汝"。

3. 和者当汝臣

案：《单疏本》"当"下有"是"字。《校勘记》云："闽本、明监本、毛本'当'下有'是'字。案所补是也。"《标点本》据补"是"字。

十三、《褰裳》

1. 以国内有狂悖幼童之人

案："内"，《单疏本》作"曰"，盖误也。

2. 复思于郑

案："思"，《单疏本》作"归"。《校勘记》云："［补］'思'当作'归'。"《标点本》据改，作"归"。

3.《传》惠爱至水名

案："至"，《单疏本》作"溱"，盖误也。

4. 可知此子不斥大国之君

案："可"，《单疏本》作"何"。《校勘记》云："闽本、明监本、毛本同。案浦镗云'可'当'何'字误，是也。"《标点本》据改，作"何"。

5. 齐晋宋是诸夏大国

案："是"，《单疏本》作"卫"。《校勘记》云："闽本、明监本、毛本'是'作'卫'。案此非也，'宋'当作'本'，详见上。"《标点本》据改，作"本"。

6. 见子与他人之异有

案："有"，《单疏本》作"耳"。《校勘记》云："［补］毛本'有'作'耳'。"

十四、《丰》

1. 《笺》婚姻至之礼

案："婚"，《单疏本》作"昏"。

2. 谓之婚姻

案："婚"，《单疏本》同。《校勘记》云："闽本、明监本、毛本'婚'误'昏'，下同。案此《正义》十行本。唯'昏时'，《士昏礼》'昏'字不从'女'是也。其序注标起止皆作'婚'，则'婚'者，《正义》所易字。"

3. 之党为姻兄弟

案：《单疏本》"之"上有"壻"字。《校勘记》云："闽本、明监本、毛本'之'上有'壻'字。案所补是也。"《标点本》据补"壻"字。

4. 诗人此句故言堂耳

案："此"，《单疏本》作"比"，盖误也。

5. 此女失其配耦、以不得配耦

案：二"配"字，《单疏本》均作"妃"。

十五、《东门之墠》

1. 故名曰为刺也

案："名曰"，《单疏本》作"各自"。《校勘记》云："闽本、明监本、毛本同。案'名曰'当作'各自'，形近之讹。"《标点本》据改，作"各自"。

2. 男女之际近而易

案："而易"，《单疏本》同。《校勘记》云："小字本、相台本同，闽本、明监本、毛本同。案《正义》云'阪云远而难，则坛当云近而易，不言而易，可知而省文也'。是传本无'而易'二字。《释文》于下'易越'始云'以豉反，下同'，当是亦无此二字也。各本皆衍。"《标点本》据删"而易"二字。

3. 则茹芦在阪

案：《单疏本》"则"下有"如"字。《校勘记》云："闽本、明监本、毛本同。相台本'则'下有'如'字。《考文》古本同，小字本作'以'。案有'如'字者是也。" 《标点本》据补"如"字。

4. 坛阪可以喻难耳

案：《单疏本》"难"下有"易"字。《校勘记》云："闽本、明监本、毛本'难'下有'易'字。案所补是也。"《标点本》据补"易"字。

5. 是女欲奔男

案："欲"，《单疏本》无此字。

6. 故知以礼为送近

案："送"，《单疏本》作"远"。《校勘记》云："［补］毛本'送'作'远'。案'远'字是也。"《标点本》据改，作"远"。

7. 女乎男迎己之辞

案："乎"，《单疏本》作"呼"。《校勘记》云："［补］'乎'当作'呼'。"《标点本》按曰："'乎'、'呼'古今字。"

十六、《风雨》

1. 言风雨且雨

案：上“雨”字，《单疏本》作“而”。《校勘记》云：“［补］毛本作‘风而且雨’。”

十七、《子衿》

1. 郑国衰乱不修校

案：《单疏本》“校”上有“学”字。《校勘记》云：“闽本、明监本、毛本‘校’上有‘学’字。案所补是也。”《标点本》据补“学”字。

2. 故曰校也

案：“曰”，《单疏本》作“称”。

3. 衣皆谓之襟。李巡曰衣皆

案：二“皆”，《单疏本》均作“眦”。《校勘记》云：“闽本、明监本、毛本同。案浦镗云‘眦’误‘皆’。考《尔雅》，是也。段玉裁云：‘作“皆”不误，皆犹交也，衣皆谓衣领，衣之交处也。此当是李巡本独得之。他本作“眦”，不可解，乃字之误耳。’”

十八、《扬之水》

1. 被他人之言

案："被"，《单疏本》作"彼"。《校勘记》云："闽本、明监本、毛本'被'作'彼'。案所改是也。"《标点本》据改，作"彼"。

十九、《出其东门》

1. 而辍高渠弥

案："辍"，《单疏本》作"辗"。《校勘记》云："闽本、明监本、毛本同。案浦镗云'辗'误'辍'，是也。"《标点本》据改，作"辗"。

2. 郑国之人有弃其妻

案：《单疏本》"妻"下有"者"字。《校勘记》云："闽本、明监本'妻'下有'者'字。案所补是也。"《标点本》据补"者"字。

3. 缟衣綦巾，所为作者之妻服也

案：《单疏本》同。《阮刻本》于"缟衣綦巾，聊乐我员"笺文下撰"校勘记"云："小字本、相台本同。案此'所'字上当有'己'字。《正义》当本云：'故言缟衣綦巾，己所为作者之妻服也，己谓诗人自己。'今《正义》脱去'所'上'己'字耳。不然，此笺更无'己'字，其'己谓诗人自己'者安所指乎？《考文》古本有'己'字，采《正义》而得之者也。"《标点本》

据补“已”字。

4. 即委菜也

案：“菜”，《单疏本》作“叶”。《校勘记》云：“闽本、明监本、毛本‘菜’作‘叶’。案所改是也。”《标点本》据改，作“叶”。

二十、《野有蔓草》

1. 下章首二句是也

案：“下”，《单疏本》同。《校勘记》云：“闽本、明监本、毛本同。案浦镗云‘二’误‘下’，是也。”《标点本》据改，作“二”。

2. 郊外野中有蔓延之草

案：“蔓延”，《单疏本》同。《校勘记》云：“闽本、明监本、毛本同。案‘蔓延’当倒，下文可证。”《标点本》按曰：“孙校：‘似非倒。’”

3. 露润之兮

案：“露”，《单疏本》作“霑”。《校勘记》云：“［补］毛本‘露’作‘霑’。”

4. 郑以仲春为媒月

案：“媒”，《单疏本》作“婚”。《校勘记》云：“闽本、明监本、毛本同。案浦镗云‘婚’误‘媒’，是也。”《标点本》据改，作“婚”。

二十一、《野有蔓草》

1. 士曰已观乎

案："乎"，《单疏本》同。《校勘记》云："闽本、明监本、毛本同。案浦镗云'乎'当'矣'字误，是也。"《标点本》据改，作"矣"。

关于版本与学术的关联，谨据如上校勘成果简述如下：

第一，关于日藏单疏本《毛诗正义》：

1. 该本确乎文字精核，刊刻精良，并可以用之校正俗本，稽疑抉奥，譬如《女曰鸡鸣》第9条作"俱辞不言来客非异国"难以说解，《单疏本》作"但辞不言来，容非异国"便可圆通；《清人》第5条"《鲁颂》以矛与重弓共文"，《单疏本》"矛"上有"二"字当是等等；《阮刻本》校勘记所提供的校勘成果，亦有不少与《单疏本》面貌一致，故该本堪称《毛诗正义》的优良版本。

2. 不过《单疏本》文字上亦有不少误处，譬如《遵大路》第3条"《正义》曰：《释诂》文"，《单疏本》误作"释语文"；《褰裳》第3条"《传》惠爱至水名"，《单疏本》"至"误作"溱"等等。

第二，关于阮刻本《毛诗正义》：

1.《阮刻本》通过参校"闽本、明监本、毛本、唐石经、小字本、相台本、十行本"等众多版本，以"校勘记"的形式对底本错讹进行了很大程度的弥补，最大限度地保存了《毛诗正义》文字的最初面貌，使诗经学研究的主要趋向不会受到致命影响，

这正是《阮刻本》的重要学术价值所在。

2. 因《阮刻本》校勘时未曾参照更为优良的《单疏本》、越刊八行本及宋刊《毛诗要义》等重要版本，故而也有某些文字未能进行校正，譬如《清人》第 8 条“郑兵缓为右”，“兵”当依《单疏本》作“丘”；同篇第 10 条“齐侯伐我比鄙”，“比”当依《单疏本》作“北”等等。

第三，关于李学勤标点本《毛诗正义》：

1. 该本充分吸收《阮刻本》“校勘记”的校勘成果，对《毛诗正义》文字作了相应改动，且施加现代标点（尽管有不少句读和标点之误），相较于《阮刻本》的确更为方便使用——《阮刻本》的“校勘记”往往为使用者忽略，这会在很大程度上削弱其学术价值。

2.《标点本》对《阮刻本》“校勘记”绝大多数遵从并照改照补，然亦有未采纳者，譬如《野有蔓草》第 2 条“郊外野中有蔓延之草”，《校勘记》以为“蔓延”当倒，《标点本》采“孙校：似未倒”之说。亦偶有遵改而可商者，譬如《将仲子》第 1 条“是致大乱大也”，《校勘记》以为下“大”字当作“国”，《标点本》据改；《单疏本》无下“大”字，或是也。

第四，关于“单疏本”与“合刻本”：

1.《单疏本》虽然在很大程度上保存了《毛诗正义》的最初面目，但因其功能主要用于“研究经学理论”[①]，且使用《单疏

---

① 李霖在《南宋刊单疏本毛诗正义·影印前言》中说：“义疏类著作，尽管在形式上顺着经注文进行说解，但并非单纯以讲解经注文义为目的，而是通常都要展开各种经学理论问题的讨论……（义疏）在本质上是独立的学术著作，南北朝以来一直到南宋初，都以单独流传为常态……事先熟读经注文，无疑是阅读《正义》的必要前提。”

本》需要以熟悉经注文字为前提，确乎不便观览，不易流传[①]。

2.《毛诗正义》的版本面目，从起初的“单疏本”到后世的“合刻本”，是文献流传和学术发展过程中的自然选择，自然有其学术合理性，不能简单地视为出于民间营利和学术退步。

① 时任“提举两浙东路常平茶盐公事”的黄唐，在南宋越刊八行本《礼记注疏》识语中，曾经指出以往单疏本在体例上的特点及问题，云：“六经疏义自京监、蜀本皆省正文及注，又篇章散乱，览者病焉。本司旧刊《易》、《书》、《周礼》，正经注疏萃见一书，便于披绎。”